dtv

Die Globalisierung bestimmt die politische Diskussion, ob es nun um die Verlagerung der heimischen Industrie ins Ausland geht oder um die Einführung des Euro um jeden Preis. Und wenn dann bei uns Massenentlassungen und Kürzungen im Sozialetat anstehen, rechtfertigen Politiker und Unternehmer sie gerne mit dem zynischen Argument, wir müßten Opfer bringen, um gegen die Konkurrenz aus Billiglohnländern bestehen zu können. Theoretisches Fundament der Globalisierung ist der Neoliberalismus, der die uneingeschränkte Herrschaft des Marktes predigt. Die zunehmende weltweite Vernetzung der Märkte erscheint vor diesem Hintergrund als eine naturgegebene, unausweichliche Entwicklung. Doch die angeblich »schicksalhafte« Globalisierung, so zeigen Boxberger und Klimenta, ist das Ergebnis einer Politik für Großkonzerne. Die Autoren entlarven die zehn gängigsten Lügen in der aktuellen Debatte, wie z. B. »Unser Sozialstaat ist zu teuer« oder »Hohe Löhne gefährden den Standort Deutschland«. Sie widmen sich vor allem der innerdeutschen Problematik, liefern neueste Daten und stellen mögliche politische Alternativen zur Diskussion.

Gerald Boxberger ist promovierter Volkswirt und SPD-Mitglied. Derzeit ist er freier Dozent und Publizist für Wirtschafts- und Sozialpolitik in Regensburg.
Harald Klimenta ist Diplomphysiker. Er ist Mitglied von Bündnis 90/Die Grünen und war in Regensburg Direktkandidat für den Bundestag. Klimenta ist Initiator zahlreicher Seminare und Vorträge zum Thema Globalisierung.

Gerald Boxberger
und Harald Klimenta

Die zehn Globalisierungslügen

Alternativen zur Allmacht des Marktes

Deutscher Taschenbuch Verlag

Originalausgabe
Mai 1998

Umschlagkonzept: Balk & Brumshagen
Umschlagfoto: © Rob Atkins / THE IMAGE BANK
Satz und Gestaltung: Hartmut Czauderna,
Gräfelfing
Gesetzt aus der 10,4/13˙ Stempel Garamond
auf Apple Macintosh QuarkXPress
Druck und Bindung: C. H. Beck'sche Buchdruckerei,
Nördlingen
Gedruckt auf säurefreiem, chlorfrei gebleichtem Papier
Printed in Germany · ISBN 3-423-36085-2

Inhalt

III. Realistische Alternativen

I. Das Zeitalter der Globalisierung: Ein Planet unterwirft sich wirtschaftlichen Zwängen

»Die gewaltigen Kräfte, die da wirken, werden die Welt verändern wie nie zuvor; und die Konzerne treiben diesen Wandel immer schneller voran. Hilflos schauen die Nationalstaaten zu, nach und nach verlieren sie ihre Macht an die wahren ›global players‹.«

›Der Spiegel‹, Nr. 39/1996

Der materielle Wohlstand, den wir uns schaffen, wächst beständig, und das seit mehreren Jahrzehnten. Nach dem Ende des Zweiten Weltkriegs begann in der Bundesrepublik ein gigantisches Wirtschaftswachstum, das nicht ganz zu Unrecht als »Wirtschaftswunder« bezeichnet wird. Unter dem Slogan »Soziale Marktwirtschaft« wurde ein Sozialstaat geschaffen, der weltweit Vorbildcharakter hatte. Gewerkschaften setzten Arbeitszeitverkürzungen und Lohnsteigerungen durch, die eine enorme Steigerung des Wohlstands und der Lebensqualität in der gesamten Bevölkerung bewirkten. Durch technologischen Fortschritt konnte mehr Arbeit in kürzerer Zeit verrichtet werden, immer mehr Menschen leisteten sich mehrere Urlaube im Jahr.

Wie aber sieht die Gegenwart aus? Unser Bruttosozialprodukt wächst und wächst, 1997 um mehr als 2 %. Im Jahr zuvor stieg die Zahl der Patentanmeldungen um über 20 %, der Fortschritt geht offenbar weiter. Derzeit hat ein Computer mit einem Marktwert von 2000 DM eine Rechnerleistung, für die man vor zehn Jahren mindestens die 100fache Summe hätte bezahlen müssen, vor 25 Jahren war sie reine Zukunftsmusik. Durch neue Technologien sind wir in der Lage, komplexe Arbeitsschritte zu automatisieren und unser Leben immer bequemer zu gestalten. Die Beschaffung von Informationen wird dank Internet und anderer neuer Medien einfacher und billiger, über Fortschritte in der Medizin liest man fast täglich, und seit dem Zusammenbruch des Ostblocks müssen wir in Mitteleuropa vor einem Krieg keine Angst mehr haben.

Trotzdem sinkt der Lebensstandard vieler Menschen in der Bundesrepublik. Anfang 1998 waren in Deutschland offiziell fast fünf Millionen Menschen arbeitslos, insgesamt fehlen über acht Millionen Jobs. Nach Angaben der Kirchen sind rund fünf Millionen Menschen auf Sozialhilfe angewiesen, davon rund ein Drittel Jugendliche und Kinder – und das in einem der reichsten Industrieländer der Erde. Die durchschnittlichen Einkommen von Arbeitern und Angestellten liegen auf dem Niveau von vor 15 Jahren, Tendenz fallend. Eine ständig wachsende Zahl von Menschen ist so von den gesamtgesellschaftlich erwirtschafteten Reichtümern ausgeschlossen.

Wie kann es sein, daß unsere Wirtschaft wächst, Deutschland immer reicher wird, die technologische Entwicklung unaufhaltsam fortschreitet und es trotzdem großen Teilen der Bevölkerung immer schlechter geht? Einen dürftigen Erklärungsversuch bieten uns täglich die Medien an: Wir befinden uns auf dem Weg ins Zeitalter der Globalisierung, der globalen Märkte und globalen Konkurrenz der Wirtschaftsstandorte. Dafür brauchen wir angeblich einen »schlanken« Staat und keinen überflüssigen sozialstaatlichen Ballast. Wirtschaftswachstum müsse dazu verwendet werden, die Gewinnsituation der Unternehmen zu verbessern. Lohnerhöhungen seien im verschärften internationalen Wettbewerb der Tod des Standorts Deutschland. Das deutsche Modell der Sozialen Marktwirtschaft, einst Vorbild in der Welt, sei nicht mehr zeitgemäß; es wird als Konzept ewig Gestriger diffamiert. Eine zunehmend globale Wirtschaftstätigkeit dient als Begründung für sinkende Löhne und Unternehmenssteuern und für den Rückzug des Staates aus seinen sozialen und wirtschaftlichen Aufgaben.

Die Globalisierung der Weltmärkte

Kein Vortrag, keine Diskussionsveranstaltung, kein Zeitungsartikel und kein Politikerstatement zum Standort Deutschland, ohne daß der Begriff »Globalisierung« bemüht wird. Im weitesten Sinn kann darunter verstanden werden, daß immer weltumfassender mit Waren, Dienstleistungen und Kapital gehandelt wird. Konzerne wie McDonald's, Toyota oder die Siemens AG produzieren und verkaufen ihre Produkte weltweit. Immer mehr Unternehmen konkurrieren auf dem Weltmarkt gegeneinander, Landesgrenzen spielen immer weniger eine Rolle. Wir befinden uns auf dem Weg in eine Ära des globalen Kapitalismus.[1] Der Welthandel hat sich zwischen 1984 und 1996 verdoppelt, der grenzüberschreitende Handel stieg zwischen 1950 und 1993 dreimal so stark an wie die weltweite Warenproduktion.[2] Im selben Zeitraum stieg der Anteil der Weltproduktion, die über Landesgrenzen hinweg gehandelt wird, von 7 % auf 17 %.[3] Auch in der Bundesrepublik ist eine immer stärkere Exportorientierung zu beobachten: Der Anteil der ausgeführten Waren an allen produzierten Gütern der Volkswirtschaft, die sogenannte Exportquote, ist zwischen 1980 und 1994 von 24 % auf 35 % gestiegen.[4] Das Gesamtvolumen des Exportes betrug 1996 784,3 Mrd. DM[5] und ist damit so groß wie das Bruttosozialprodukt von Spanien.

Doch weitaus dramatischer hat sich die Situation auf den Kapitalmärkten verändert: Internationale Kapitaltransfers haben sich in den letzten zehn Jahren verzehnfacht. Auf dem Devisenmarkt werden täglich umgerechnet etwa 1500 Mrd. DM umgesetzt – in zwei Tagen soviel wie das deutsche Bruttosozialprodukt, und das »... entspricht in etwa dem 70fachen des täglichen weltweiten Exportes von Waren und Dienstleistungen«.[6] Kapitalhandel und Warenhandel haben sich voneinander entkoppelt.

Wie schon die obengenannten Zahlen andeuten, ist der Trend zur Internationalisierung zwar auch auf den Warenmärkten zu beobachten; wirklich global ist aber nur der Kapitalmarkt: Von jedem Ort der Welt aus können heute die Kursdaten der verschiedenen Finanzbörsen abgerufen sowie Aktien, Währungen und Schuldverschreibungen verkauft und gekauft werden. Wer Geld leihen oder verleihen will, befindet sich in globaler Konkurrenz mit anderen weltweiten Anbietern und Nachfragern – die Finanzmärkte sind zum vielzitierten »globalen Dorf« geworden. Die neue Dimension der Beweglichkeit von Kapital ist durch moderne Informationstechnologien (Satelliten, Internet) und vor allem durch den Abbau von gesetzlichen Bestimmungen gegen Kapitaltransfers möglich geworden.

Grenzüberschreitenden Warenhandel gibt es schon seit Jahrtausenden: Bereits im Römischen Reich existierten ausgedehnte Handelsbeziehungen, die bis nach Asien reichten. Engländer, Spanier und Portugiesen importierten als Seemächte über Hunderte von Jahren Waren und Rohstoffe aus ihren Kolonien in Übersee. Schon vor dem Ersten Weltkrieg wurden ähnlich hohe nationale Exportquoten erreicht wie heute. Seit der Erfindung der Dampfkraft, die schnelle Transporte auf der Schiene und auf dem Wasser erlaubte, wurden die Transportkosten extrem verringert. Im Vergleich zu 1930 betragen sie heute bei der Seefracht nur noch die Hälfte, bei der Luftfracht ein Sechstel und in der Telekommunikation nur noch ein Hundertstel.[7] Der internationale Warenaustausch nahm zu und damit auch die Konkurrenz zwischen den exportorientierten Unternehmen in den einzelnen Ländern.

Der Begriff »Globalisierung der Wirtschaft« suggeriert, daß alle Waren überall gekauft werden können und daß jede Industrie und jede Dienstleistung in direkter Konkurrenz zueinander stehen. Dabei gibt es immer noch hohe Zölle, die den Warenaustausch behindern. Die Zölle sind zwar durch Verträge gesenkt worden, und es gibt regional begrenzte Freihandelszonen, die zollfreien Warenverkehr ermöglichen, aber von einem globalen Warenhandel sind wir noch weit entfernt. Außerdem rentiert es sich bei vielen Waren trotz niedriger Ölpreise nicht, sie um den halben Globus zu transportieren – sie werden vor Ort für die jeweiligen Märkte produziert. Die Vorstellung, daß in Europa oder in der Bundesrepublik immer für den gesamten Weltmarkt produziert wird, ist falsch: Weniger als 10 % der in der EU produzierten Waren verlassen das Gebiet der Union. Fast 60 % aller deutschen Ausfuhren gehen in EU-Länder und weniger als 6 % in den südostasiatischen Raum.[8] Weltumspannende Konkurrenz bei Anbietern von Dienstleistungen ist ebenfalls nicht die Regel. Sowohl viele Versicherungen als auch die meisten Servicebetriebe orientieren sich rein national.

Auch der Arbeitsmarkt ist internationaler geworden, nicht aber wirklich global. Zwar existiert im Rahmen der EU ein gesamteuropäischer Arbeitsmarkt, der die freie Wahl des Arbeitsortes prinzipiell ermöglicht. Sein Vorhandensein bekommt die deutsche Bauindustrie durch die Konkurrenz aus Niedriglohnländern wie Portugal zu spüren. Zu Völkerwanderungen kommt es trotzdem nicht – kulturelle, sprachliche und gesetzliche Barrieren bleiben bestehen.

Das transnationale Unternehmen als »Tausendfüßler«

Als Folge der Beweglichkeit von Kapital und Waren hat sich die Unternehmensphilosophie bei der Produktion von Gütern und Dienstleistungen stark verändert. Konzerne von heute haben in vielen Staaten ein Standbein: »Wir sind in rund 190 Staaten der Welt präsent«, stellt Heinrich von Pierer, Siemens-Vorstandschef, stolz fest. Das Bild eines Tausendfüßlers drängt sich auf: Wenn es in einem Land zu unbequem oder teuer wird, dann setzt der Konzern das Beinchen eben in ein anderes Land. Um möglichst kostengünstig produzieren zu können, wird der Produktionsprozeß über verschiedene Länder verteilt; es wird dort produziert, wo es am billigsten ist. Länderspezifische Kostenvorteile können durch den Aufbau globaler Zulieferbeziehungen optimal ausgenutzt werden. Die Unternehmen schöpfen aus allen weltweit verfügbaren »Produktionsquellen«. Dieses auch als »Outsourcing« oder »Global Sourcing« (engl. source = Quelle) bezeichnete Produktionskonzept betreiben vor allem die transnationalen Konzerne, die global Material, Rohstoffe, Arbeitskräfte und Vorprodukte einkaufen können. Die Standortvorteile moderner Industrieländer (gute Infrastruktur, hochqualifizierte Arbeitskräfte, sozialer Frieden) werden mit den Kostenvorteilen der Niedriglohnländer kombiniert.

Die deutsche Automobilindustrie hat schon seit langem Teile der Produktion an eigenständige Zulieferbetriebe abgetreten. Dieser Trend hat sich verstärkt und internationalisiert. So lassen VW und Opel wichtige Komponenten für ihre Automobile in Portugal oder Spanien fertigen, die dann in die Stammwerke nach Wolfsburg und Rüsselsheim transportiert werden. Dabei geht es nicht um die Schließung kompletter Produktionsstätten in der Bundesrepublik, es werden nur Teile der Produktion ins Ausland verlagert. Die Unternehmen produzieren nicht in Spanien, Portugal oder Tschechien, um die dortigen Märkte mit Autoteilen zu beliefern, sondern um die Kostenvorteile dieser Niedriglohnländer auszunutzen. Die Vorprodukte werden dann in die Bundesrepublik geliefert und dort zum Endprodukt zusammengebaut.

Dienstleistungen lassen sich heute über ein weltweites Datennetz »verschicken«. Transportkosten spielen hier keine Rolle, die globale Konkurrenz der Leistungsanbieter ist vollkommen. Inzwischen wird jedes fünfte in Frankreich neu erscheinende Buch von rund 60 Marokkanerinnen in Casablanca getippt und anschließend online an die Verlage und Druckereien in Frankreich übermittelt. Die amerikanische Firma Cigna verschickt jeden Tag 5000 Arzt-, Krankenhaus- und Apothekenrechnungen in ein 3500-Seelen-Dorf in Irland. Dort werden sie erfaßt und bearbeitet und sind dank zweier nur für diesen Datenaustausch reservierter Glasfaserkabel und der Zeitverschiebung wieder rechtzeitig zum Arbeitsbeginn in den USA.[9] Aber selbst so hochqualifizierte Arbeitnehmer wie Informatiker stehen heute in einem globalen Konkurrenzkampf mit ihren Kollegen aus Billiglohnländern. Für Firmen wie IBM, Microsoft, Hewlett-Packard, AT&T oder Reebok werden Computerprogramme zu Spottpreisen in Niedriglohnländern hergestellt. Am Stadtrand von Bangalore in Indien ist eine »Electronic City« entstanden, in der Programmierer für einen Lohn von umgerechnet 500 DM im Monat und ohne soziale Absicherung hochwertige Computerprogramme austüfteln.[10] Dank Videokonferenzen und einem weltweiten Datennetz können Kunden in aller Welt per Knopfdruck ihre Aufträge erteilen und erhalten nach wenigen Wochen eine für die jeweilige Firma und Aufgabe maßgeschneiderte Software. Hauptabnehmerländer dieser Software sind die USA und die europäischen Staaten, in denen die billigen Softwareimporte Arbeitsplätze hiesiger Programmierer und das hiesige Lohnniveau bedrohen.

Es kann festgehalten werden, daß die Globalisierung der Wirtschaft im wesentlichen durch folgende Faktoren geprägt ist:

- eine drastische Erhöhung des Warenaustauschs zwischen den Industriestaaten,
- eine noch nie dagewesene globale Mobilität von Kapital,
- eine neue Unternehmensphilosophie bei der Produktion von Gütern und Dienstleistungen – dem Outsourcing, das durch Waren- und Kapitalmobilität erst möglich geworden ist.

Die Gefahren globalisierter Märkte

»Man ist dabei, die europäische Staatszivilisation ... zu zerstören – und das im Namen des dümmsten Gesetzes der Welt, nämlich der Gewinnmaximierung.«

Pierre Bourdieu, französischer Soziologe[11]

Die Spielhallen der Kapitalbesitzer

Der Abbau von Kapitalverkehrskontrollen in den vergangenen 25 Jahren führte dazu, daß die Spekulation nahezu keinen Kontrollen mehr unterliegt und sich die Welt zu einem globalen Kasino entwickelt. Im Resultat wird die Wirtschaftspolitik ganzer Nationen den Entscheidungen von Spekulanten unterworfen. 1995 wurden für die unvorstellbare Summe von 41 000 Mrd. US-Dollar Terminkontrakte, das sind Verpflichtungen oder Optionen über Warenkauf oder -verkauf in der Zukunft, gehandelt.[12] Das Weltsozialprodukt, d. h. der Wert aller weltweit erwirtschafteten Güter und Dienstleistungen, belief sich 1993 auf »lediglich« 23 000 Mrd. US-Dollar. Die beliebten »Wetten« auf zukünftige Warenpreise, sogenannte Warentermingeschäfte, haben, wie an der Größenordnung der Zahlen zu erkennen, nur noch wenig mit dem realen Güterhandel zu tun. Es geht fast ausschließlich um Spekulation auf zukünftige Preisveränderungen, etwa bei Rohstoffen, die mit Förderung und Erleichterung von Handelsgeschäften nichts mehr zu tun hat. Die Finanzwelt hat sich von der Welt der Waren abgekoppelt.

Die nationalen Notenbanken und Regierungen haben die Hoheit in der Währungspolitik längst an den internationalen Kapitalmarkt abgegeben. Nicht etwa die Politiker, sondern die Anlageberater großer Fonds, Banken und Industriekonzerne entscheiden über den Kurs von Währungen. Währungsoptionen, d. h. das Recht, eine Währung zu einem bestimmten Zeitpunkt und zu einem bestimmten Kurs kaufen oder verkaufen zu können, wurden ursprünglich geschaffen, um Handelsgeschäfte mit dem Ausland abzusichern. Heute sind 99 % des Handels mit Währungen reine Spekulation auf zukünftige Zinsen und Wechselkurse. Nur 1 % dient der realen Absicherung von Handelsgeschäften.[13]

Die Schlacht um das europäische Währungssystem[14]

Wie real die Macht der Währungsspekulanten heute ist, zeigt das Beispiel Großbritannien. Im September 1992 mußte das britische Pfund entgegen dem erklärten Willen der englischen Regierung abgewertet werden. Zentraler Grund dafür war der Anstieg des Zinsniveaus vor allem in Deutschland, welches so Kapital anlockte, um die Wiedervereinigung zu finanzieren. Gleichzeitig wollte England seine Zinsen nicht erhöhen, denn das hätte die Investitionstätigkeit der Unternehmer noch weiter vermindert und damit die Arbeitslosigkeit erhöht. So flossen aufgrund eines freien Kapitalmarktes Devisen aus England ab, da die Anleger die höheren Zinsen im Ausland ausnutzen konnten. Zusätzlich wollte England seinen Wechselkurs gegenüber der D-Mark stabil halten. Eine Abwertung hätte zu einem Preisanstieg von Importgütern und somit zu einem Ansteigen der Inflation geführt. England konnte daher entweder seine Arbeitslosenquote auf dem bestehenden Niveau halten oder den Wechselkurs durch Zinserhöhungen stabilisieren. Da Zinserhöhungen angesichts einer angespannten Arbeitsmarktlage ausgeschlossen waren, war der Kurs des englischen Pfundes nicht mehr glaubwürdig. Deshalb konnten unter Mitwirkung des amerikanischen Finanzgurus George Soros einige hundert Bank- und Fondsmanager nahezu risikolos auf eine Abwertung des englischen Pfunds spekulieren. Obwohl die Bank of England fast ihre gesamten DM- und Dollarreserven für Stützungskäufe der eigenen Währung aufbrauchte, konnte sie den Kursverfall nicht verhindern.

Die Strategie der Anlagespekulanten war denkbar einfach: Sie liehen sich täglich wachsende Summen britischen Pfundes, um sie dann sofort bei britischen Banken gegen DM umzutauschen. Die nötigen DM-Scheine forderten die englischen Geschäftsbanken wiederum bei der englischen Zentralbank an. Die Spekulanten wußten mit ziemlicher Sicherheit, daß der Bank of England langsam die DM-Reserven ausgehen würden. Die einzige Möglichkeit, den Tauschforderungen der Spekulanten nachkommen zu können, bestand dann darin, den Kurs des englischen Pfundes abzuwerten. Innerhalb weniger Tage verlor das britische Pfund fast 9 % an Wert. Die Spekulanten machten enorme Gewinne, da sie ihre Pfundkredite wesentlich kostengünstiger begleichen konnten. Allein der Quantum-Investmentfonds von George Soros machte nach eigenen Angaben rund eine Milliarde US-Dollar Gewinn. Das Pfund mußte aus dem europäischen Währungssystem ausscheiden, das bis dato einigermaßen feste Wechselkurse zwischen den europäischen Währungen garantiert hatte. In den nächsten Tagen wiederholte sich diese Prozedur in Italien, Spanien, Schweden und Irland und nach langem Kampf auch in Frankreich, jedoch immer unter weitgehendem Ausschluß der Öffentlichkeit, die die komplizierten Mechanismen der Währungspolitik nicht durchschauen konnte. Am Ende hatten die beteiligten europäischen Zentralbanken alle Schlachten verloren. Ein Europäisches Wechselkurssystem existiert seitdem nur noch auf dem Papier, denn um dessen formales Weiterbestehen zu sichern, wurden Währungsschwankungen von bis zu 15 % zugelassen.

Die europäischen Steuerzahler kostete die Devisenspekulation rund 100 Mrd. DM, denn die Verluste der Zentralbanken müssen aus dem Haushalt der jeweiligen Regierungen beglichen werden. Die Politiker mußten hilflos zusehen, wie das von ihnen geschaffene Währungssystem nahezu risikolos von Spekulanten dazu verwendet wurde, Kapitalbeträge in Milliardenhöhe aus den Staatshaushalten heraus in Investmentfonds – vor allem in US-amerikanische – umzuverteilen. George Soros selbst kommentierte trocken: »Wenn ein Mann ein Wechselkurssystem zerstören kann, dann ist mit dem System etwas nicht in Ordnung.«

Solange spekulative Kapitalanlagen in der heutigen Form möglich und rentabel sind, sind Unternehmensgewinne keine Garantie für die Schaffung von Arbeitsplätzen. Ist die erwartete Profitrate langfristiger Geldanlagen nicht ausreichend hoch, geht kein Unternehmer das Risiko einer Realinvestition ein. Wie das Beispiel der Deutschen Metallgesellschaft zeigt, kann es fatale Folgen für Großbetriebe haben, den Verlockungen des Kapitalmarktes und der schnellen Gewinne zu erliegen. Durch eine Fehlspekulation mit Ölkontrakten machte eine der größten deutschen Aktiengesellschaften einen Verlust von 2 Mrd. DM; 7000 Arbeiter verloren ihren Job.[15]

Nationale oder EU-weite Gesetzesinitiativen zur Wiederbeschränkung des Kapitalverkehrs, beispielsweise um Gewinntransfers der Unternehmen ins Ausland zu verhindern, werden kaum diskutiert. Die Schäden, die der Volkswirtschaft dadurch entstehen, sind enorm. Allein die 30prozentige Quellensteuer auf Kapitalerträge führte in Deutschland zur Kapitalflucht von etwa 245 Mrd. DM ins Ausland.[16] Angesichts der Macht des internationalen Kapitals und trotz der enormen sozialen Risiken für die Arbeitnehmer, die ein entfesselter Kapitalmarkt mit sich bringt, reagieren europäische Spitzenpolitiker bis jetzt – wenn überhaupt – nur verbal. Den drastischsten Vergleich fand der französische Präsident Jacques Chirac, der die Spekulanten als das »AIDS der Weltwirtschaft« bezeichnete. Dabei nutzen Spekulanten nur die Möglichkeiten deregulierter Kapitalmärkte aus. Aber von Gegensteuerung oder einem Umdenken ist in der politischen Führungselite nichts zu spüren.

Die Macht multinationaler Konzerne

In der freien Marktwirtschaft gilt das Gesetz, daß große Industriebetriebe die Neigung besitzen, kleinere zu »fressen«. Diese Fusionen waren bisher weitgehend auf den nationalen Rahmen beschränkt, und durch das nationale Kartellrecht sollten Fusionen zu Marktmonopolen verhindert werden. Das Konkurrenzprinzip ist in der Bundesrepublik durch das Gesetz gegen Wettbewerbsbeschränkungen (GWB) und das Bundeskartellamt abgesichert, da eine Marktwirtschaft von sich aus die Tendenz zeigt, große Strukturen zu bevorteilen, und damit zur Selbstaufhebung des Wettbewerbs neigt.

Durch die Bildung des europäischen Binnenmarktes und durch den globalisierten Kapitalmarkt wurde die Situation völlig verändert. »Europa wächst zusammen. Zahlreiche Großunternehmen versuchen durch weitere Übernahmen und Fusionen, sich auf den zusammenwachsenden europäischen Markt und auf den Weltmarkt vorzubereiten.«[17] Freie Kapitaltransfers machen es für kapitalstarke, große Betriebe möglich, weltweit Betriebe zu übernehmen und so weiter zu wachsen. Beispiele transnationaler Firmenfusionen gibt es zuhauf. Die Deutsche Aerospace-AG (DASA) übernahm die niederländischen Fokker-Werke. BMW kaufte mit der Firma Rover den letzten selbständigen englischen Automobilhersteller auf, und die schwedische Firma Volvo wurde von Renault übernommen. Auch Siemens ist im Kaufrausch: »Gefragt ist eine gesunde Aggressivität«, so der Konzernstratege Hermann Franz.[18] Das Ergebnis der Freßsucht der Großen sind gigantische Industriekomplexe (vgl. Tabelle 1). Immer öfter organisieren sich Multis als Mischkonzerne, d. h. Industriebetrieb, Handelsunternehmen und Bank werden in einer gemeinsamen Holding organisiert. Mitsubishi dürfte hier der größte sein, mit einem Umsatz von etwa 350 Mrd. Dollar.[19]

Die Position des deutschen Kartellamtes wird im Kampf der Konzerne immer schwächer. Viele Zuständigkeiten liegen schon heute bei der EU-Wettbewerbskommission in Brüssel, u. a. die Genehmigung von Großfusionen von Firmen mit mehr als 9,5 Mrd. DM gemeinsamem Umsatz. Seit 1990 wurden von 130 Fusionsanträgen nur sieben abgelehnt; die Behörde ist bei der Fusionskontrolle weit weniger streng als das Bundeskartellamt. »Die Sicht der EU-Kommission nützt vor allem den großen Industriekonzernen mit ohnehin guten Verbindungen zur Poli-

Tabelle 1: Die umsatzstärksten Industrieunternehmen der Welt

Unternehmen	Land	Umsatz in Mio. US-$	Entspricht etwa dem BSP von:
1. General Motors	USA	164 069	Indonesien
2. Ford	USA	146 991	Dänemark
3. Royal Dutch/Shell	NL/GB	139 083	Thailand
4. Exxon	USA	134 249	Südafrika
5. Mobil Oil	GB	81 503	Israel / Portugal
6. General Electric	USA	79 179	Griechenland
7. IBM	USA	75 947	
8. BP	GB	75 797	
9. Hitachi	J	70 677	Malaysia
10. Toyota Motors	J	70 653	Singapur
11. Daimler-Benz	D	69 310	Philippinen
13. Volkswagen	D	64 409	Kolumbien
15. Siemens	D	60 586	Venezuela

Quelle: FAZ-Beilage vom 8. Juli 1997, »Die 100 größten Unternehmen«, Fischer Weltalmanach

tik.«[20] Die Konzerne argumentieren, daß mit ausländischen Firmen ein harter Konkurrenzkampf existiere und sie deshalb mit anderen Konzernen fusionieren müßten, um die Mittel zur Finanzierung von Produktforschung und -entwicklung aufzubringen, die möglichst schnell Ergebnisse vorweisen können. »Für die meisten Unternehmen gilt, nur die ersten drei bis fünf eines internationalen Marktes werden auf Dauer Geld verdienen.«[21] Die herrschende Struktur der Wirtschaft erfordert von den Unternehmen höchste Geschwindigkeit bei der Entwicklung neuer Produkte, denn nur wer als erster auf dem Markt ist, hat Chancen, die Entwicklungskosten wieder hereinzuspielen. »Die Schnellen fressen die Langsamen – und weil niemand gefressen werden will, drücken die Unternehmen aufs Tempo: schneller denken, entscheiden, entwickeln, produzieren – der Konkurrenz immer eine Nasenlänge voraus.«[22] Über Fusionen lassen sich auch hier Wettbewerbsvorteile erlangen.

Großkonzerne bedeuten enorme Gefahren für einen demokratischen Staat. Durch zunehmende Unternehmenskonzentration entstehen gewaltige Machtpotentiale jenseits von Parlament und Regierung, die ohne jede demokratische Legitimation sind. Die Konzerne haben eine starke Position zur Durchsetzung ihrer Ziele gegenüber der Politik und kleineren Betrieben. Immer öfter und in immer größerem Maßstab bedienen sich diese Unternehmen via Forschungssubventionen an staatlichen Geldern. Den Profit aus den Produkten freilich teilen sie nicht mehr mit der Gesellschaft. Sie sichern sich Staatsaufträge, Steuererleichterungen und Subventionen, indem sie bei Nichtgewährung mit dem Abbau Tausender von Arbeitsplätzen oder mit Standortverlagerung drohen. Großkonzerne mit ihrem enormen Kapitalbesitz haben schon heute die Macht, Staaten bei der Standortwahl gegeneinander auszuspielen. Investiert wird dort, wo die Mischung aus Infrastruktur, Vergünstigungen (Steuererleichterungen und Subventionen) und Sozialabbau die meisten Vorteile bietet. Der Staat sieht sich gezwungen, Politik für Großkonzerne zu betreiben; es verwundert zu Recht, daß sich mittelständische Unternehmen in ihrer Politik nicht deutlich von den Gebaren der Multis abgrenzen und eine faire Wettbewerbspolitik einfordern. Denn die Führung in Sachen Innovation und Schaffung von Arbeitsplätzen haben nicht multinationale Konzerne, sondern kleine und mittelständische Betriebe bis 500 Beschäftigte.[23] Diese beschäftigen EU-weit 71,9 % aller Arbeitskräfte.[24]

Zu den Konzentrationsprozessen im Industriesektor gesellt sich der Fusionseifer und die zunehmende Macht der Banken. Immer weniger immer größere Banken kontrollieren mit ihrem Aktienbesitz und dem ihrer Kunden weite Teile der Wirtschaft. Etwa 84 % aller Stimmrechte der großen Aktiengesellschaften in Deutschland werden von Banken kontrolliert. Allein die 12 Aufsichtsratsmitglieder der Deutschen Bank sind in über 70 Aufsichtsräten der Industrie vertreten.[25] Die Deutsche Bank kommt auf eine Bilanzsumme von 886 Mrd. DM und erwirtschaftete 1996 einen Gewinn von 2,2 Mrd. DM.

Im Bankensektor beginnt gerade ein großes Fressen. Nach der

Fusion der Bayerischen Hypobank mit der Bayerischen Vereinsbank »zum größten Immobilienfinanzierer Europas« werden ca. 7000 Arbeitsplätze verlorengehen, obwohl jede der beiden Banken satte Gewinne erwirtschaftete, zusammen 4,84 Mrd. DM allein 1996.[26] Diese neue Bank ist bereits fast so groß wie die Deutsche Bank. Damit ist die Dresdner Bank nur noch die viertgrößte Bank Deutschlands, denn durch die Fusion der Bankgesellschaft Berlin mit der Norddeutschen Landesbank entsteht ein weiterer Riese.[27] Und in der Schweiz entsteht durch die Fusion der Schweizer Bankgesellschaft und des Schweizer Bankenvereins zur United Bank of Switzerland die zweitgrößte Bank der Welt, hinter der japanischen Bank Tokio-Mitsubishi und noch vor der Deutschen Bank. 13 000 Arbeitsplätze werden innerhalb der nächsten drei bis vier Jahre allein aufgrund dieser Fusion verlorengehen, und die Aktienkurse steigen in der berechtigten Hoffnung auf weitere Fusionen in diesem Sektor.[28]

Diese Entwicklung zu immer größeren und immer mächtigeren Unternehmenseinheiten wird durch die Globalisierung weiter verschärft. Größere Wirtschaftsräume bedeuten zwar zunächst ein Mehr an Konkurrenz der Betriebe untereinander. Die Sieger dieses Kampfes werden jedoch einige wenige Großkonzerne sein, die die unterlegenen Betriebe vereinnahmen und anschließend den Weltmarkt untereinander aufteilen werden.

Die soziale und ökologische Abwärtsspirale

Derzeit erleben wir die Folgen eines globalen Siegeszuges des Marktes. Die deutsche Industrie unterliegt einem »nie dagewesenen Wettbewerbsdruck« (v. Pierer, Siemens-Vorstandschef). Unter dem Eindruck dieser verschärften Konkurrenz muß die Industrie Kosten sparen. Das geschieht durch Arbeitsplatzabbau und durch die fortschreitende Kürzung von betrieblichen und staatlichen Sozialleistungen. Der Sozialstaat wird immer weiter beschnitten, und die Arbeitslosigkeit erreicht nicht nur hierzulande

Rekordmarken. Angesichts des internationalen Wettbewerbs können wir es uns angeblich immer weniger leisten, unter ökologischen Gesichtspunkten zu wirtschaften, behaupten führende Politiker und Unternehmer.

Sind den Unternehmen die Sozialleistungen und Umweltauflagen in Deutschland zu teuer, so kann es sich für sie ab einem gewissen Kostenunterschied lohnen, im Ausland zu produzieren. Umweltauflagen sind für diese Unternehmen nur Kostennachteile im internationalen Wettbewerb mit Konzernen in Staaten, die die Umwelt verschmutzen dürfen. Doch die Freihandelsideologen haben auch auf die Gefahr zunehmender Umweltverschmutzung eine Antwort, wenn auch eine wenig glaubwürdige: Da der Freihandel den Wohlstand aller Länder erhöhen soll, ist dadurch auch mehr Geld für den »kostspieligen« Umweltschutz vorhanden. Theoretisch stimmt die Behauptung, die Praxis sieht jedoch anders aus. Zum einen wird das Geld nicht für Umweltschutz ausgegeben – warum sollte es auch, wenn es in einem anderen Land als Gewinn an die Aktionäre ausgeschüttet werden kann. Zum anderen wird Wirtschaftswachstum nicht selten mit steigender Umweltverschmutzung erkauft. Die schöne Gleichung der Freihandelsideologen »mehr Wachstum macht Umweltschutz erst bezahlbar« bedeutet übersetzt also: Mehr Naturzerstörung erhöht potentiell die Mittel für deren Reparatur. Umweltschutz und Freihandel sind unvereinbar. Je mehr Freihandel, desto schärfer die Konkurrenz, desto länger die Transportwege und desto größer der Zwang, kostengünstig, d. h. zu Lasten der Umwelt produzieren zu müssen.

Der Wettlauf um niedrige Produktionskosten verursacht nicht nur eine ökologische Abwärtsspirale, sondern auch das »soziale Wettabrüsten« überall auf der Welt und in Europa. »Investoren träumen britisch« titelte die französische Zeitschrift ›Le Monde Diplomatique‹ am 6. Februar 1997. Großbritannien hat europaweiten »Vorbildcharakter«, wenn es um den Abbau von Sozialleistungen geht. Gerade das macht den britischen Standort im europäischen Vergleich für Investoren so attraktiv. Während Unternehmer über die zu teuren Sozialleistungen und zu hohen Löhne in Deutschland klagen, wird in Großbritannien kräftig investiert. So baut Siemens in Newcastle für 2,65 Mrd. DM eine Halbleiterfabrik, und ein koreanischer Konzern errichtet für 4 Mrd. DM eine Fertigungsanlage für Fernsehgeräte und Mikrochips. 40 % aller US-amerikanischen und japanischen Auslandsinvestitionen werden im Vereinigten Königreich getätigt.

Infolge dieses »britischen Wunders« kann man nun nahezu täglich in der Zeitung lesen, daß Deutschland die soziale Absicherung der Arbeitnehmer und die Höhe der Löhne reduzieren muß, um wieder attraktiv für Investoren zu werden. Der Standortwettbewerb führt so in eine soziale Abwärtsspirale: Bewegt sich Deutschland auf das britische Niveau hinab, müßten die Engländer ihre sowieso schon geringen Sozialstandards und Löhne noch weiter reduzieren und orientieren sich dann vielleicht an Brasilien, das noch billiger ist. Die Folge: eine endlose Schlacht gegen den Sozialstaat, die weder dem Arbeiter noch den Konsumenten nutzt, sondern den Unternehmern, die immer kostengünstiger und flexibler produzieren können.

Der internationale Wettbewerb um die beste Geldanlage und um den besten Investitionsstandort ist voll entbrannt. Man stellt sich zu Recht die Frage, wo denn der von Markt- und Wettbewerbstheoretikern immer wieder versprochene und beschworene Wohlstandsgewinn für alle bleibt. Zölle und andere Barrieren für Waren und Kapital wurden in den letzten Jahrzehnten durch politische Beschlüsse immer weiter abgebaut. Gleichzeitig jammern Unternehmer und Politiker über das Mehr an Konkurrenz und Markt, das sie zu drastischen Sparmaßnahmen im sozialen Bereich und zu niedrigen Löhnen zwingt. Warum werden Zölle abgebaut, warum wird globalisiert, wenn die Vorteile fraglich sind?

Die Theorie hinter der Politik

»Deutschland und England gehören zu den Staaten, wo man an den Freihandel glaubt, wie die Kinder an den Weihnachtsmann.«

›Le Monde Diplomatique‹, Nr. 02/1996

Privatisierung, Liberalisierung, Deregulierung

Grundlage unserer Wirtschaftsweise ist der Markt. Er soll über den Wettbewerb niedrige Preise und qualitativ hochwertige Produkte garantieren, was in erster Linie den Konsumenten zugute kommen soll. Wenn Unternehmen unter Wettbewerbsdruck stehen, sind sie gezwungen, mit minimalen Rohstoff-, Maschinen- und Lohnkosten zu produzieren. Sie sind gezwungen, sich bei ihrer Produktion an den Wünschen der Konsumenten zu orientieren, da sie sonst ihre Produkte nicht verkaufen können. Diese Vorteile marktwirtschaftlichen Wettbewerbs sind im Vergleich zur Planwirtschaft des Ostens besonders deutlich geworden. Die seit Mitte der 70er Jahre in den westlichen Industrienationen betriebene Privatisierung von Staatsbetrieben wird seitdem global mit erhöhtem Tempo verfolgt, da staatliche Unternehmen nicht dem Marktzwang zur Maximierung ihrer Profite ausgesetzt und von daher per se ineffizient seien. Privatisierungen sind allerdings nicht immer im Interesse der Konsumenten, wie wir in Kapitel II, »Lüge 5« zeigen.

Schon einer der Urgroßväter der modernen Wirtschaftswissenschaften, Adam Smith (1723–1790), forderte in seinem Hauptwerk ›Der Wohlstand der Nationen‹ (1776) eine Beseitigung von Zöllen und anderen Handelsschranken; Marktliberalisierung ist hier das Stichwort. Durch weltweite Konkurrenz und weltweiten Handel würden Güter besser und billiger, was für den Verbraucher von Vorteil sei. Die an sich vernünftigen Gedanken des grenzüberschreitenden Handels wurden nun jedoch zur Religion erklärt: Schärferer internationaler Wettbewerb habe Vorteile für alle Staaten.

Damit der Markt seine Segnungen frei entfalten kann, sind nicht nur Privatisierung und Marktliberalisierung nötig, der Staat soll sich auch möglichst weitgehend aus dem Wirtschaftsgeschehen heraushalten und nicht regulierend eingreifen. Diese These der Wirtschaftswissenschaften läßt sich unter dem Begriff Deregulierung zusammenfassen. Deregulierung bedeutet einen immer weitergehenden Verzicht auf Gesetze und Verordnungen, mit denen staatliche Instanzen in die Marktvorgänge eingreifen. Deregulierung ist zusammen mit Privatisierung und Marktliberalisierung zu einem Glaubensbekenntnis zum Markt erhoben worden. Diese »Dreifaltigkeit« bestimmt heute die Richtlinien der Wirtschaftspolitik aller wichtigen Industrienationen.

Freihandel nützt allen: Ricardos Gesetz der komparativen Kostenvorteile

Warum sollten wir keine Bananen importieren? Schließlich wachsen bei uns keine. Wir bauen die besseren Autos. Also exportieren wir sie ins Ausland, damit wir die Bananen bezahlen können. Handel ist offenbar eine gute Sache, und wir verdanken ihm einen großen Teil unseres Wohlstands. Der Löwenanteil des Welthandels wird jedoch zwischen den Industrieländern abgewickelt und besteht aus Produkten, die in allen beteiligten Ländern, nur zu verschiedenen Preisen und in unterschiedlicher Qualität, hergestellt werden. Die Bundesrepublik Deutschland ist eben nicht das einzige Land, das Autos exportiert. Daher stehen Betriebe aus verschiedenen Ländern in Konkurrenzbeziehung zueinander. Eine Freiburger Bäckerei beliefert den amerikanischen Markt mit Schwarzbrot, was allenfalls bei den Angestellten Verwunderung darüber hervorruft, daß die Amerikaner nicht fähig sind, selber Schwarzbrot zu backen. Holländischer Käse wird in die USA geliefert und umgekehrt amerikanischer

Käse nach Holland. Wäre es da nicht einfacher, die Käserezepte auszutauschen, und jeder produziert dann vor Ort? Weltumspannender Handel mit Waren – und sei er noch so unsinnig – ist zu einer banalen, allgemein akzeptierten Tatsache geworden.

Wenn zwei Staaten Güter zu verschiedenen Preisen produzieren können, ist es für beide Staaten vorteilhaft, wenn sie sich auf die Güter spezialisieren, die jedes Land am kostengünstigsten herstellen kann. Anschließend werden dann die Güter über Handelsbeziehungen ausgetauscht, und unter dem Strich ist dadurch der Wohlstand beider Länder gestiegen. Was aber, wenn ein Land einem anderen bei der Herstellung aller denkbaren Produkte überlegen ist? Ist es für das »schwächere« Land nicht sinnvoll, sich durch Zölle und Handelsbeschränkungen gegen den »starken« Nachbarn und seine billigeren Produkte zur Wehr zu setzen?

Ein weiterer Mitbegründer der modernen Wirtschaftswissenschaften, der Engländer David Ricardo (1772 –1823), entwickelte eine Theorie über die Folgen, die es hat, wenn ein Land generell billiger produzieren kann als ein anderes. Seiner Meinung nach gibt es selbst dann noch gute Gründe, die für den Freihandel sprechen.

Ricardo gibt folgendes einfaches Beispiel an: Es existieren nur zwei Güter – Wein und Tuch. Portugal produziert beides billiger als England. Aber Portugal hat nur eine begrenzte Zahl an Arbeitskräften, um eine bestimmte Menge Wein und Tuch zu produzieren. Daher ist eine Aufteilung der Produktion und ein anschließender Warenaustausch trotz der Überlegenheit Portugals bei beiden Produkten sinnvoll. Portugal muß zur Erzeugung einer zusätzlichen Einheit Wein auf weniger Tuch verzichten als England, wenn es seine Weinproduktion steigern würde. Das bedeutet, daß Portugal mit der gleichen Anzahl an Arbeitskräften wesentlich mehr Wein herstellen könnte als England, wenn es dafür auf die Produktion von Tuch verzichtet. Deshalb ist es sinnvoll, die Tuchproduktion den Engländern zu überlassen. England besitzt bei der Tuchproduktion trotz der höheren Produktionskosten »komparative Kostenvorteile« und nicht »absolute Kostennachteile«. Die Produktionskapazitäten der Länder sind begrenzt. Deshalb werden sie das produzieren, was sie am besten können, und hinterher ihre Produkte austauschen. Diese Aussage läßt sich auf viele Länder und viele Produkte verallgemeinern. Das Gesetz der »komparativen Kostenvorteile« ist die zentrale theoretische Begründung dafür, daß Freihandel in jedem Fall Vorteile für alle Staaten bringen soll. Dennoch ist nicht sicher, ob diese Vorteile der Bevölkerungsmehrheit zugute kommen oder ob große Teile der Bevölkerung durch Handel entsprechend der komparativen Kostenvorteile Nachteile in Kauf nehmen müssen, wenn z. B. in Entwicklungsländern anstatt von Nahrungsmitteln Kaffee für den Export angebaut wird.

Wenn sich jedes Land auf die Produktion der Güter konzentriert, bei denen es absolute oder komparative Kostenvorteile hat, so ist trotz gleichbleibender Produktionskapazitäten eine Erhöhung der Weltwarenproduktion möglich. Ertauscht sich nun jedes Land die Waren, auf deren Produktion es verzichtet hat, so hat es nach der Spezialisierung und nach dem internationalen Warentausch mehr Güter zur Verfügung als vorher. Theoretisch bietet demnach eine internationale Arbeitsteilung, in der jedes Land das produziert, was es am effektivsten herstellen kann, Vorteile für alle Nationen. Durch internationale Arbeitsteilung lassen sich viele Produkte billiger herstellen, was letztlich den Käufern dieser Produkte zugute kommt. Die Theorie der komparativen Kostenvorteile ist das wohl entscheidendste Argument, wenn es um die Begründung von Freihandel geht. Freihandel nützt demnach selbst Ländern, die in der Produktion aller Güter absolute Kostennachteile besitzen.

Das von Ricardo verwendete Wein-Tuch-Beispiel ist jedoch aus folgenden Gründen äußerst problematisch:

1. Ricardo wendet das Gesetz von den komparativen Kostenvorteilen sowohl auf Naturgüter als auch auf Industriegüter an. Da England zum Weintraubenanbau wenig geeignet ist, ist der Weinimport sinnvoll, und da Portugal einen Produktivitäts-

vorsprung bei der Erzeugung von Wein hat, ist seine Spezialisierung darauf in diesem rein statischen Modell ebenfalls sinnvoll. Der geschilderte Fall erscheint vordergründig plausibel. Den größten Anteil am Welthandel haben heute jedoch Industriegüter. Solange in verschiedenen Ländern eine stark unterschiedliche Ausstattung mit Infrastruktur, Wissen oder anderen Produktionsfaktoren besteht, ist der Handel von Industriegütern zwischen den Ländern sinnvoll. Die Unterschiede zwischen den industrialisierten Zentren sind heute jedoch marginal. Deshalb lassen sich Industrieprodukte nahezu überall auf der Welt mit identischen Maschinen unter ähnlichen Bedingungen herstellen. Da die Effizienz und Produktivität bereits durch Konkurrenz und Arbeitsteilung im Inland sehr hoch wird, wird die Verbilligung von Waren, um international konkurrenzfähig zu bleiben, immer mit der Forderung nach niedrigeren Löhnen oder Sozialabgaben einhergehen.

2. Gegen die von Ricardo genannten theoretischen Vorteile des Freihandels spricht vor allem die reale Entwicklung von Volkswirtschaften, die sich spezialisiert haben. So hat sich England im 18. Jahrhundert auf die Tuchproduktion festgelegt, und profitierte mehr und mehr von der industriellen Revolution, während zur Herstellung von Wein keine Maschinen nötig waren und Portugal deshalb auch keine Anstrengungen unternahm, technologische Innovationen voranzutreiben. England wurde zu einem Industriestaat, Portugal war in der „Spezialisierungsfalle«[29] gefangen. Die Folgen einer Entwicklung entsprechend komparativer oder absoluter Kostenvorteile erkennt man heute in den Ländern der »dritten Welt« (vgl. »Lüge 9«). Sie haben billige Arbeitskräfte, also dort gegenüber den Industrienationen Vorteile – warum sollten sie eine Politik betreiben, die die technische Entwicklung fördert? Um ihren Entwicklungsrückstand aufzuholen, müßten sie entgegen den Lehren Ricardos ihre komparativen Kostenvorteile opfern. Sie müßten eine eigenständige Wirtschaftspolitik betreiben und sich gegen den Spezialisierungsdruck wehren, der sie gegenüber den Indu-

striestaaten immer weiter zurückfallen läßt. Die Industriestaaten sind sich dessen bewußt. Fieberhaft versuchen deutsche Firmen, auch mit staatlicher Unterstützung, in verschiedenen Hochtechnologiebereichen andere Industriestaaten »einzuholen«, obwohl wir dadurch komparative Kostenvorteile verspielen: Eine Spezialisierung auf die Exportschlager würde kurzfristig höhere Profite abwerfen, wäre langfristig jedoch fatal.

3. Ricardos Theorie basiert auf der Unbeweglichkeit der Produktionsfaktoren Kapital und Arbeit. Portugal hatte weder das nötige Kapital noch die nötigen Arbeitskräfte, um England in beiden Gütergruppen vom Markt zu verdrängen. Deshalb waren Vorteile aufgrund einer Spezialisierung möglich. Diese Situation ändert sich grundlegend, wenn Produktionsfaktoren über Landesgrenzen hinweg beweglich werden. Ricardo schreibt selbst, daß die »... natürliche Abneigung jedes Menschen, das Land seiner Geburt und persönlichen Beziehungen zu verlassen und sich mit allen seinen eingewurzelten Gewohnheiten einer fremden Regierung und ungewohnten Gesetzen anzuvertrauen, die Abwanderung von Kapital hemmen ...«, und meint weiter, daß »diese Gefühle ... die meisten Menschen mit Vermögen (veranlassen), sich eher mit einer niedrigen Profitrate im eigenen Land zu begnügen, als daß sie eine vorteilhaftere Anlage für ihren Reichtum bei fremden Nationen suchen«.[30] Ricardo legte seiner Theorie einen national begrenzten Kapitalmarkt zugrunde, heute beeinflußt mobiles Kapital die Herstellungskosten von Produkten durch unterschiedliche Zinssätze, Renditen oder Wechselkurserwartungen aufgrund von Spekulation zwischen den Ländern. Die Preise der Produkte hängen nicht, wie bei Ricardo angenommen, allein von Produktivität, Arbeitsintensität und Löhnen ab.

Die Widerlegung Ricardos zeigt, daß Freihandel nicht unbedingt sinnvoll ist. Trotzdem wird derzeit eine Politik der wirtschaftlichen Globalisierung betrieben, die unreflektiert den Freihandel fördert.

Die Lehre vom freien Kapitalverkehr: Der Monetarismus

Um den freien Markt und den internationalen Wettbewerb zu ermöglichen, gibt es neben dem Abbau von Handelshemmnissen noch weitere wesentliche Instrumente der Wirtschaftspolitik: stabile Währungen, hohe Kapitalmobilität und den Rückzug des Staates aus der Wirtschaft zugunsten des Marktmechanismus. Sie sind unabdingbare Elemente des Monetarismus, dessen wichtigster Vertreter der amerikanische Ökonom und Nobelpreisträger Milton Friedman ist. Kapital soll an alle Orte der Welt verschoben werden können, da nach Friedman die freie Beweglichkeit des Kapitals dessen effizienteste Verwertung ermöglicht. Die internationalen Geldmittel sollen in eine Anlageform fließen können, in der das Geld »am besten« eingesetzt werden kann. Nach monetaristischer Überzeugung ist Indikator hierfür die Höhe der Zinsen und Renditen. Wenn hohe Zinsen bezahlt werden können, muß das investierte Kapital entsprechend produktiv sein, sonst würden sich die Zinszahlungen nicht rentieren. Niedrige Renditen verweisen dann umgekehrt auf »schlechte«, da unproduktive Verwendungsmöglichkeiten von Kapital. Das heißt, einzig die Höhe der Rendite ist ein Signal für die richtige Verwendung von Kapital.

Freier Kapitalverkehr lenkt nicht nur Geldmittel automatisch zu ihrer rentabelsten Verwendung. Eine weitere Konsequenz ist, daß sich Kreditnehmer auf einem freien Kapitalmarkt dort Geld leihen, wo die Zinsen am niedrigsten sind. Theoretisch bietet ein freier Kapitalmarkt auf diese Weise Vorteile für alle Nationen. Das Geld fließt automatisch in die »besten« Investitionsprojekte; die Zinsen für Kredite sind durch internationale Konkurrenz für Unternehmer und Konsumenten niedriger als bei einem national begrenzten Geldmarkt. Außerdem können sich Länder wie die USA, die sich in der Vergangenheit weit höher verschuldet haben, als es ihre nationalen Sparguthaben zuließen, auf dem internationalen Kapitalmarkt bedienen. Staatlicher Verschuldung ist keine nationale Grenze mehr gesetzt.

Freier Warenverkehr und freier Kapitalverkehr erhöhen angeblich den Wohlstand aller beteiligten Nationen. Doch genausowenig wie das Gesetz der komparativen Kostenvorteile zum Wohlstand aller Nationen führt, führt der freie Kapitalverkehr zur »besten« Investition. Die rentabelste Anlageform ist nicht die, die allen Menschen, sondern nur den Kapitalanlegern am meisten nützt. Wenn sich Unternehmen bessere Renditen in England erhoffen, fließt dorthin ihr Kapital. Den Preis für die »bessere« Anlageform bezahlen die englischen Arbeiter mit schlechteren Arbeitsbedingungen und mit Sozialabbau (vgl. »Lüge 8«). Außerdem werden nur noch Wirtschaftszweige gefördert, die entsprechende Renditen abwerfen können, und dies sind überwiegend stark technisierbare Bereiche, die mit wenigen Arbeitskräften auskommen können. »Gute« Investitionen führen so zur »Freisetzung« von Arbeitskräften.

Die zentrale Größe in Friedmans Theorie ist die Geldmenge, deshalb wird sie als »Monetarismus« bezeichnet. Über die Steuerung der Geldmenge erhofft sich Friedman eine erfolgreiche Bekämpfung der Inflation, also eines andauernder Anstiegs des Preisniveaus, der durch eine Erhöhung der Menge des sich im Umlauf befindlichen Geldes ausgelöst wird, wenn sich die Gütermenge nicht im gleichen Umfang erhöht. Bleibt die produzierte Menge an Gütern konstant, so erhöhen sich bei steigender Geldmenge die Preise, da die Nachfrage nach Gütern stärker steigt als das Angebot. Wenn also bei steigender Geldmenge die Gütermenge nicht ebenfalls zunimmt, steigt das Preisniveau, und Inflation tritt auf.

Gerade in der Bundesrepublik Deutschland hat Friedmans Position viele Anhänger gefunden. Kaum ein Volk reagiert so sensibel auf Inflation wie die Deutschen. Das ist aus der historischen Erfahrung zweier Hyperinflationen nach den beiden Weltkriegen zu verstehen. Das Deutsche Reich bezahlte seine Kriegsschulden bei der Bevölkerung, indem es die Notenpresse anwarf. Für eine Kriegsanleihe im Wert von 1000 Reichsmark konnte man innerhalb kürzester Zeit nicht einmal mehr ein Hühnerei kaufen. Die

Sparguthaben gerade der kleinen Leute wurden entwertet, die Inflation zeigte in dieser extremen Ausprägung ihr häßliches, unsoziales Gesicht.

Heute erleben wir das Gegenteil. Die Inflationsrate in der Bundesrepublik liegt bei weniger als 1,5 %. Eine unabhängige Zentralbank, die Deutsche Bundesbank, wacht über die Stabilität unserer D-Mark, indem sie verhindert, daß der Staat die Geldmenge eigenmächtig erhöht und so Inflation produziert. Aber auch die momentan extrem niedrige Inflationsrate ist unsozial, denn sie wird über drastische staatliche Sparmaßnahmen und eine schlechte Konjunktur erkauft. Helmut Schmidt hat seine Prioritäten noch anders gesetzt: »5 % Inflationsrate ist mir lieber als 5 % Arbeitslosigkeit.« Dahinter steckt die Philosophie, in Zeiten steigender Arbeitslosigkeit die staatliche Haushaltsdisziplin in den Hintergrund treten zu lassen und sich um den Preis einer geringfügig steigenden Inflation zu verschulden, um des unsozialsten aller gesellschaftlichen Probleme Herr zu werden: der Arbeitslosigkeit. Durch staatliche Investitionen, Umschulungs- und Beschäftigungsprogramme kann die Arbeitslosigkeit spürbar reduziert werden.

Neoliberalismus und Keynesianismus

Ein weiteres zentrales theoretisches Fundament der globalisierten Wirtschaftstätigkeit und der freien Marktkonkurrenz ist der Neoliberalismus. Der klassische Liberalismus nach Adam Smith, wie er im 19. Jahrhundert die Wirtschaftspolitik dominierte, reduzierte die Funktion des Staates auf die des »Nachtwächters«, der nicht in das Marktgeschehen eingreift. Man ging davon aus, daß der Markt eine von sich aus stabile Struktur sei. Der Staat hatte nur noch die Aufgabe, das Vertragsrecht zu sichern und das Land vor äußeren Feinden zu schützen. Die Folgen sind bekannt: Arbeiterarmut ungeahnten Ausmaßes, unter deren Eindruck Karl Marx ›Das Kapital‹ verfaßte und Bismarck angesichts einer sich organisierenden Arbeiterschaft gezwungen war, Sozialgesetze zu erlassen. Der Staat *mußte* also als Marktregulativ fungieren. Die neoliberale Theorie trägt dem Rechnung. Sie geht im Gegensatz zum klassischen Liberalismus nicht mehr davon aus, daß eine Marktwirtschaft ein stabiles System ist. Der klassische Liberalismus berücksichtigte nicht, daß der Staat die Bildung von Monopolen und Kartellen verhindern muß, damit sich die Vorteile marktwirtschaftlichen Wettbewerbs einstellen können, und daß der Markt einer Korrektur seiner unsozialen Folgen (z. B. Arbeitslosigkeit) bedarf. Neoliberalismus bedeutet: Marktwirtschaftlicher Wettbewerb muß staatlich garantiert werden, und den unsozialen Folgen des Marktes muß durch staatliche Eingriffe begegnet werden. Die These ist aber wie beim Monetarismus die, daß marktwirtschaftlicher und internationaler Wettbewerb immer den Konsumenten zugute kommt, Arbeitsplätze schafft und damit für alle Beteiligten wünschenswerter ist als eine Politik, die den Markt entschiedener reguliert.

Der Staat soll lediglich die Rahmenbedingungen für die Wirtschaftstätigkeit sichern, d. h. durch entsprechende Gesetze Wettbewerb garantieren, Straßen bauen usw. Dabei gilt: soviel Markt wie möglich und nur soviel Staat wie unbedingt nötig. Die Wirtschaft muß weitgehend von bürokratischen Vorschriften befreit (dereguliert), die Staatsausgaben müssen zurückgefahren, Privatinitiative gefördert und die Unternehmenssteuern gesenkt werden. Von hohen Unternehmensgewinnen erhofft man sich Investitionen in neue Arbeitsplätze. Die neu eingestellten Arbeitnehmer werden dann durch ihr Gehalt die Nachfrage erhöhen, und es können weitere Arbeitskräfte eingestellt werden. So wird die Wirtschaft von der »Angebotsseite« aus angekurbelt. Diese angebotsorientierte Wirtschaftspolitik wird in der Bundesrepublik seit Beginn der 80er Jahre praktiziert.

Die »nachfrageorientierte Wirtschaftspolitik« oder keynesianische Wirtschaftspolitik (nach John Maynard Keynes, 1883–1946) geht im Gegensatz zur angebotsorientierten Wirtschaftspolitik davon aus, daß die Nachfrage durch die Konsumenten die entscheidende Größe für die Schaffung von Arbeitsplätzen ist: Statt die Löhne immer weiter zu senken, soll in Zeiten steigender Arbeitslosigkeit durch staatliche Ausgaben die Nachfrage nach Produkten der heimischen Industrie verstärkt und durch Steuererleichterungen die private Nachfrage gestärkt werden. Keynes hält Lohnsenkungen für ungeeignet, um die Arbeitslosigkeit zu bekämpfen. Um diese Nachfrage bedienen zu können, müssen Unternehmen ebenfalls investieren und neue Arbeitsplätze schaffen. Reicht die private Nachfrage nicht aus, muß der Staat die fehlende Nachfrage selbst erzeugen, beispielsweise durch öffentliche Investitionen. Fehlt hierzu das Geld, ist Staatsverschuldung zulässig. Ein weiteres Instrument nachfrageorientierter Wirtschaftspolitik ist die Einkommensumverteilung zugunsten ärmerer Bevölkerungsschichten, da diese einen größeren Teil ihres Einkommens ausgeben als die einkommensstarken Haushalte.

Diese beiden Positionen, die angebots- und die nachfrageorientierte Wirtschaftspolitik, stehen einander unversöhnlich gegenüber. Seit der Regierungsübernahme durch die Unionsparteien 1982 wird die Argumentationskette »höhere Unternehmensgewinne – höhere Investitionen – mehr Arbeitsplätze« immer wieder heruntergebetet. Aber selbst in den goldenen 80er Jahren, in denen unsere Wirtschaftsleistung um über 30 % anstieg, hat sich trotz immenser Unternehmensgewinne die Arbeitslosigkeit nicht wesentlich reduziert. Nach 15 Jahren neoliberaler Wirtschaftspolitik kann man heute in den Zeitungen lesen, daß die »alten Gleichungen« ihre Gültigkeit verloren haben: Trotz steigender Unternehmensgewinne werden in Deutschland Menschen entlassen, auch in Betrieben, die wirtschaftlich gesund sind. Die angebotsorientierte Wirtschaftspolitik ist, gemessen an ihren beschäftigungspolitischen Ansprüchen, gescheitert.

Eine Theorie wird Realität

»Wir erleben einen neuen Anarchismus von oben.«
Robert Misik in ›Mythos Weltmarkt‹

Markt statt Sozialstaat

Die glühendsten Anhänger der Freihandels- und Deregulierungsideologie waren Ronald Reagan und Margaret Thatcher. Die Vereinigten Staaten und Großbritannien begannen in den 80er Jahren, ihre Wirtschaftspolitik nach der monetaristischen Theorie Milton Friedmans, des »Verächters des Sozialstaates«, auszurichten. Sozialleistungen wurden drastisch gekürzt, staatliche Auflagen zum Schutz der Umwelt zurückgenommen. Die Schere zwischen Reich und Arm klafft seit Anfang der 80er Jahre in beiden Ländern immer weiter auseinander.

Der Demokrat Bill Clinton konnte in den USA diese Entwicklung etwas bremsen, aber auf keinen Fall umkehren. Die einmal entfesselten neoliberalen und monetaristischen Kräfte sind schwer zu bändigen, weil sich Strukturen gebildet haben, die auf deren Erhalt ausgerichtet sind. So können gegen den Chef der amerikanischen Zentralnotenbank, Alan Greenspan, der über die Stabilität des Dollars wacht, keine sozialpolitischen Reformen durchgesetzt werden. Entgegen den Wahlversprechen Clintons wird weiter auf Kosten der Ärmsten gespart: Die Bezugsberechtigung für Sozialhilfe wurde auf fünf Jahre begrenzt. Wer Sozialhilfe erhält, ist zur Verrichtung öffentlicher Arbeiten (z. B. Straßenfegen) gezwungen.

Friedmans Theorie in Kombination mit neoliberalen Elementen hat nicht nur in den USA und Großbritannien, sondern weltweit, insbesondere auch in Deutschland, ihren Siegeszug angetreten: Der Staat ist global auf dem Rückzug. Größtmögliche Teile der Wirtschaftstätigkeit sollen dem Markt überlassen bleiben. Der spektakulärste Coup in der jüngsten deutschen Geschichte ist die Privatisierung der ehemals staatlichen Telekom nach ausländischem Vorbild. Eine Privatisierung mit negativen Folgen: Um als Privatunternehmen im internationalen Wettbewerb mithalten zu können, muß die Telekom über 100 000 Arbeitsplätze abbauen.

Den entscheidenden Impuls in Richtung einer verschärften globalen wirtschaftlichen Konkurrenz erhielt die Freihandelsideologie durch den Zusammenbruch der sozialistischen Wirtschaftssysteme. Der Markt und mit ihm der Konkurrenzgedanke hatte gesiegt; jede alternative Wirtschaftsform ist dadurch bis auf weiteres diskreditiert worden und wird als utopisch verworfen. Heute müssen marktwirtschaftliche Wirtschaftssysteme nicht mehr beweisen, daß sie ebenso sozial sein können wie die sozialistischen Systeme, im Gegenteil. Der Markt ist zum Allheilmittel und zur Ersatzideologie nicht nur für die ehemaligen sozialistischen Staaten erklärt worden. Heute endet der Marktwettbewerb nicht mehr am Eisernen Vorhang, sondern ganz Osteuropa stöhnt unter den unsozialen Folgen eines ungezügelten Kapitalismus. Die bankrotten ehemals sozialistischen Staaten haben jedoch kein Geld, um ihrer Bevölkerung bei der Bewältigung von zwangsläufig auftretender Arbeitslosigkeit und Armut als Folge dieser Politik zu helfen. So bezahlen die Menschen in Osteuropa einen hohen Preis für ihre wiedergewonne politische Freiheit und für Konsummöglichkeiten, die nur von einer Bevölkerungsminderheit wirklich genutzt werden können.[31]

GATT und IWF: Die Sendboten des Freihandels

Die Freihandelsideologie geht davon aus, daß sich marktwirtschaftlicher Wohlstand durch verstärkten internationalen Wettbewerb weiter steigern läßt. Damit das möglich ist, müssen Zölle und andere Handelsbeschränkungen zwischen den Nationen abgebaut werden. In diesem Sinne ist auch die Bildung von Wirtschaftsblöcken mit dem Ziel, Zollschranken abzubauen, zu verstehen. Durch das GATT-Abkommen (General Agreement on

Tariffs and Trade = Allgemeines Zoll- und Handelsabkommen) wurden weltweit Zölle abgebaut und der Handel zwischen den Wirtschaftsblöcken leichter. Mittlerweile hat die WTO (World Trade Organisation = Welthandelsorganisation) die Nachfolge des GATT angetreten; sie ist eine Art Wächter, Schiedsrichter und Förderer eines möglichst reibungslos funktionierenden Freihandels. Im Dezember 1997 wurde in Genf eine zweieinhalbjährige Verhandlungsrunde erfolgreich abgeschlossen, die zu einer fast vollständigen Liberalisierung der Finanzmärkte für Banken, Versicherungen, Vermögensverwalter und viele weitere Finanzdienstleiter führen wird. Vor allem die USA und die EU lobten das Abkommen, das ab Februar 1999 in allen 132 Mitgliedsstaaten der WTO gelten wird.

Kaum ein Staat, egal ob Entwicklungsland, Industrienation oder ehemals sozialistisch, kann sich heute dem neoliberalen und monetaristischen Wettbewerbsdenken entziehen. Denn der Internationale Währungsfonds (IWF) und die Weltbank sind Institutionen, die neoliberales Denken bis in die entlegensten Winkel der Erde transportieren. Sie knüpfen die Vergabe von Krediten an Entwicklungsländer oder osteuropäische Staaten an neoliberale wirtschaftspolitische Maßnahmen: Abbau von Zöllen, Rückzug des Staates aus der Wirtschaft, Privatisierung von Staatsunternehmen, Grenzöffnung für Handel und Firmenbeteiligungen, Haushaltsdisziplin und Währungsstabilität. Weltweit wird diese Markt- und Freihandelsideologie gefördert, deren Segnungen nur in der Theorie bestehen und die für die betroffenen Gesellschaften mit erheblichen Gefahren verbunden ist.

Die Mexikokrise

Mexiko war bis Ende 1994 ein Land, welches Investoren in Scharen anlockte und Traumrenditen versprach, da der Peso an den US-Dollar gekoppelt war und hohe Zinsen geboten wurden.[32] Milliarden Dollar wurden in Mexiko investiert, das Vorzeigeentwicklungsland schien auf dem besten Weg, mit den südostasiatischen Tigerstaaten gleichzuziehen, und gehörte zu den Ländern, welche die Schuldenkrise der »dritten Welt« erfolgreich meisterten.[33] Doch Weihnachten 1994 verstummten über Nacht die Lobeshymnen, und ein Milliardenkredit war nötig, um die Zahlungsunfähigkeit des Landes abzuwehren. Es kam zu Tausenden von Firmenpleiten und zu Hunderttausenden weiteren Arbeitslosen – die »erste Krise des 21. Jahrhunderts«.[34] Was war geschehen?

Am 1. Januar 1994 trat die nordatlantische Freihandelszone (NAFTA) in Kraft; Mitgliedsstaaten waren Kanada, die USA, und ein Entwicklungsland: Mexiko. Modellhaft sollte gezeigt werden, daß Entwicklungsländer durch den Freihandel in der Lage sind »aufzuholen« – noch 1982 stand Mexiko kurz vor dem Staatsbankrott. Zeitgleich mit der NAFTA-Gründung am 1. Januar 1994 begann der Aufstand in Chiapas, einem Bundesstaat Mexikos nahe der guatemaltekischen Grenze, getragen von der EZLN, der zapatistischen Befreiungsarmee. Diese Gleichzeitigkeit war nicht zufällig: »Im Zentrum der Erklärungen der EZLN stand von Anfang an die Ablehnung des nordamerikanischen Freihandelsabkommens, ... weil es in der ausgehandelten Form für Millionen von Kleinbauern den Entzug ihrer Existenzgrundlage heraufbeschwört.«[35] Obwohl zunächst versucht wurde, den Aufstand durch das Militär brutal niederzuschlagen, mußte die Regierung aufgrund des (internationalen) öffentlichen Druckes den Zapatisten eine einseitige Waffenruhe anbieten, und später sogar die Generalamnestie. Die Guerilleros hatten großen Rückhalt in der Bevölkerung und konnten sich »in der Region ... wie Fische im Wasser« bewegen.[36] Der Aufstand, »der sich explizit gegen den ... ›Neoliberalismus‹«[37] wandte, erschütterte die Politik des »Erneuerers« Salinas, der sein Land für ausländisches Kapital attraktiv machen wollte, in ihren Grundfesten. Im März 1994 wurde der vom diktatorisch herrschenden Präsidenten bestimmte und ihm gefügige Präsidentschaftskandidat Colosio ermordet. Im Laufe des Jahres wurde noch ein weiterer hoher Politiker ermordet. Die USA verschärften die Krise durch eine Erhöhung des Zinsniveaus. Zusätzlich zur innerpolitischen Instabilität verloren dadurch mexikanische Schuldtitel gegenüber amerikanischen »an Attraktivität ..., ein untrügliches Zeichen für eine heraufziehende Pesokrise«.[38] Kurzfristig gebundenes Kapital zog nach Amerika, der Peso verlor wegen der gesunkenen Nachfrage in einer Woche 40 % seines Wertes. Der mexikanische Präsident »opferte seinen Finanzminister und gelobte die sofortige Sanierung der Staatsfinanzen«.[39] Um die Zahlungsfähigkeit Mexikos zu erhalten, sicherte ihm Präsident Clinton Kreditgarantien von über 40 Mrd. US-Dollar zu. »Jetzt ahnten die Anleger nicht nur, daß Mexiko die Dollars ausgingen, jetzt wußten sie es.«[40] Entgegen allen Erwartungen verschärfte sich die Krise nun weiter, denn es war unklar, ob »Clinton die zugesagten Gelder von der neuen republikanischen Mehrheit im US-Kongreß, die ihm feindselig gesinnt war, auch bekommen würde«.[41]

Aufgrund dieser Ereignisse befürchteten die Kapitalanleger in vielen Schwellenländern, daß ihnen das gleiche wie den mexikanischen Anlegern geschehen könnte, weshalb nun überall auf der Welt das Kapital in die harten Währungen, vor allem D-Mark und Yen, flüchtete. Erst durch diesen Schneeballeffekt wurde zwischen dem IWF, der Weltbank und Präsident Clinton ohne jegliche parlamentarische Kontrolle binnen 24 Stunden der größte Hilfskredit seit dem Marshall-Plan notwendig.[42] 50 Mrd. Dollar stellten die Solvenz Mexikos erst einmal sicher, die Zahlungsunfähigkeit wurde abgewendet. Dank dieser großzügigen Hilfe mußte Mexiko nicht vom Weg des Neoliberalismus abweichen und Devisenkontrollen einführen. Nachdem die Währung »gesundgeschrumpft«, also 1 Peso nur noch halb soviel wert war wie einige Monate zuvor, und der Staatshaushalt noch weiter beschnitten wurde, beruhigte sich die Lage auf dem Finanzmarkt. »Es wäre einer ›wahren Weltkatastrophe‹ gleichgekommen, hätte Mexiko zu Devisenkontrollen greifen müssen, um den Kapitalabfluß zu stoppen; und schließlich hätte die Glaubwürdigkeit des ›marktorientierten Entwicklungsansatzes‹ selbst auf dem

Spiel gestanden ...«[43] Und die mexikanische Bevölkerung? »2,4 Millionen der in den vergangenen sieben Jahren geschaffenen Arbeitsplätze sind im 1. Halbjahr 1995 verlorengegangen.«[44] Gleichzeitig gingen allein 60 000 Baufirmen pleite, das Bruttosozialprodukt schrumpfte um 10 %.[45] Die offizielle Arbeitslosenquote Mexikos verdoppelte sich beinahe (von 3,7 % 1994 auf 6,5 % 1995), die Inflationsrate erreichte 35 %, der private Konsum schrumpfte um 12%.[46]

Wenn die Währung eines Landes extrem stark abgewertet wird oder gar die Zahlungsunfähigkeit droht, ergeben sich daraus zwei Probleme: Für die Bevölkerung heißt das, daß ausländische Waren unerschwinglich werden und die Inflation durch den Preisanstieg kräftig angeheizt wird. Industrie- und Handelsunternehmen, die auf ausländische Waren angewiesen sind, stehen vor dem Bankrott. Für ausländische Investoren und Spekulanten bedeutet es eine Fehlspekulation. Sie machen Verluste und werden so schnell nicht wieder in diesem Land investieren, wenn man ihnen keine astronomischen Zinsen offeriert – doch damit wäre die Inlandskonjunktur endgültig lahmgelegt. Somit hat der Mammutkredit an Mexiko (an dessen Schuldentilgung das Land heute noch zu tragen hat) beiden Seiten geholfen, denn eine Zahlungsunfähigkeit des Landes wäre das größere Übel gewesen. An diesem Beispiel lassen sich einige der Globalisierung eigene Mechanismen erkennen, die sehr gefährlich sind:

1. Kurzfristig angelegtes Kapital reagiert extrem auf das Tagesgeschehen. Hätte Mexiko nur längerfristige Staatsanleihen vergeben, so hätte es diese Krise vermutlich nie gegeben, sicher wären ihre Folgen weniger katastrophal gewesen, als sie es tatsächlich waren: zehntausende Firmenpleiten, Millionen zusätzlicher Arbeitsloser. Die Krise traf alle Bevölkerungschichten. Gab es vor der Krise noch 25 Millionäre, waren es danach nur noch 10.
2. Spekulationswellen verschärfen Krisen und tragen sie in andere Länder. Wenn wegen der Mexikokrise plötzlich die ungarische und die indonesische Währung abgewertet werden muß-

ten, weil die Spekulanten dort ebenfalls Angst bekamen, so zeigt dies eindringlich die Irrationalität des Kapitalmarktes. Oder Argentinien: Die Zinssätze mußten verdoppelt werden, um die dort ebenfalls einsetzende Kapitalflucht zu stoppen.[47]

3. Der Aufstand in Chiapas war der erste antineoliberale Aufstand. Soziale Ausgrenzung, Arbeitslosigkeit und Entrechtung entzündeten sich und vertrieben – so forderte es die Logik des Marktes – das Kapital, was die Situation aller Beteiligten verschlechterte. Wenn sich Menschen gegen die Gesetze des freien Marktes wehren, so werden sie durch Kapitalentzug bestraft. Den Menschen in Chiapas geht es heute eher schlechter als vor der Krise.
4. Die Krise unterscheidet sich von anderen insofern, als sie illustriert, daß Staaten heute durch die finanzielle Macht von Privatpersonen ihre Handlungsfähigkeit verlieren können. »Natürlich habe der Milliardenkredit den Spekulanten genutzt, antwortet der IWF-Direktor seinen Kritikern. Aber, so gesteht er ganz offen, ›die Welt liegt in den Händen dieser Burschen‹.«[48]

Aufgrund der Mexikokrise wurden die Gelder für kurzfristige Kredite des IWF massiv aufgestockt – vorsorglich, wie man meinte. Doch im Grunde genommen dient die Vorsorge, die getroffen wird, damit ein Land nicht zahlungsunfähig wird, wenn Spekulanten ihre Gelder abziehen, nur dazu, daß die Spekulanten, die eine Stunde zu spät reagieren, nicht leer ausgehen. Für die Bevölkerung ist ein solches Krisenmanagement jedoch immer nur Nachsorge. Wenn aus irgendwelchen Gründen, seien es höhere Profite in anderen Ländern, politische Instabilitäten oder die Laune eines großen Geldanlegers, große Beträge ausländischen Kapitals aus einem Land abgezogen werden, so bezahlt dies die Bevölkerung. Sie ist dem Treiben der Spekulanten hilflos ausgesetzt. Gegen diesen Mißstand wurde nach der Mexikokrise nichts unternommen – IWF und Weltbank können nach wie vor keine Spekulationswellen auf dem globalen Kapitalmarkt verhindern.

Die Südostasienkrise

»Wir dürfen diese Länder nicht in eine schwere Rezession stürzen. Sämtliche amerikanischen Wirtschaftswissenschaftler lehnen den Grundsatz eines ausgeglichenen Haushalts für Rezessionszeiten ab. Sollten wir vor dieser Einsicht die Augen verschießen, wenn wir andere Länder beraten?«

Joseph Stiglitz, Chefökonom der Weltbank, über die Kreditrichtlinien des Internationalen Währungsfonds für die Länder Südostasiens[49]

Seit Mitte des Jahres 1996 wurde der US-Dollar gegenüber den Währungen der meisten Industriestaaten stark aufgewertet. Die Länder Südostasiens hatten ihre Währungen an diesen starr gekoppelt, weshalb ihre Produkte auf dem Weltmarkt teurer wurden und sich weniger verkauften. Darüber hinaus lagen ihre Inflationsraten über längere Zeit um durchschnittlich 2–4 Prozentpunkte höher als die der USA, weshalb in Südostasien die Arbeitskosten stärker stiegen.[50]

Aufgrund des hohen Exportanteils am BSP (Malaysia: 79 %, Thailand: 29 %, Südkorea: 27 %, Philippinen: 25 %) und gleichzeitiger hoher Importabhängigkeit war die Handelsbilanz (das Saldo aus dem Wert ex- und importierter Waren) stark negativ. Spekulanten erkannten »aufgrund ihres Berufes«[51] als erste, daß die Bindung an den Dollar nicht mehr lange halten konnte. Die Staaten Südostasiens waren aber auf diese Bindung angewiesen, denn Währungsabwertungen verteuern Importe sowie Kredite (die Zinsen steigen) und senken das Vertrauen in die Leistungsfähigkeit einer Volkswirtschaft. Zusätzlich war bekannt, daß aufgrund von Korruption und Vetternwirtschaft Kapital häufig in überbewertete Immobilien und »pharaonische Infrastrukturprojekte«[52] floß. Doch Geld fließt immer dorthin, wo es maximale Rendite erzielen kann. Risiken wurden systematisch unterschätzt, und die Investoren verschlossen die Augen vor einer drohenden Katastrophe.[53]

Wie recht die Kritiker des unkontrollierten globalen Devisenhandels haben, verdeutlichte sich im Verlauf der Krise zusehends, angefangen mit der Abwertung der thailändischen Währung ab Juli 1997. Neben den Überkapazitäten auf dem Immobilienmarkt, im Automobilbau und der Stahlproduktion zeichnete sich auch seit längerem eine Krise der Billiglohnproduktion von Textilien, Schuhen und Spielzeug ab.[54] Sogar das Wachstum der Computerbranche geriet ins Stocken. Angesichts dieser wirtschaftlichen Realitäten war die Koppelung der thailändische Währung »Baht« an den US-Dollar nicht mehr glaubwürdig. Durch die Abwertung verdienten sich aber natürlich gerade Spekulanten eine goldene Nase: Die Notenbank Thailands mußte fast ihre gesamten Währungsreserven aufbringen, um die Spekulationswellen abzuwehren. Doch es nützte alles nichts, der Baht verlor bis zum Januar 1998 70 % seines Wertes.[55] Der malaysische Vizeregierungschef Anwar Ibrahim beklagte sich bitter über die »Unmoral des Devisenhandels«: »Alle Staaten unserer Region haben 40 Jahre so hart am Aufbau einer nationalen Wirtschaft gearbeitet, und dann kommt ein Krimineller wie Soros mit einem Haufen Geld und reißt alles wieder ein.«[56] Anwar Ibrahim verkannte, daß Spekulanten wie Soros nur eine Struktur benutzen, die der Vizeregierungschef bislang ausdrücklich befürwortet hatte.

Um die Krise zu begrenzen, schnürte der IWF im Verbund mit Japan ein Hilfspaket für Thailand in Höhe von 17 Milliarden US-Dollar, selbst China »spendete« eine Milliarde, und Japan schlug die Bildung eines »asiatischen Rettungsfonds« in Höhe von 100 Milliarden US-Dollar vor. Thailand mußte seine Staatsausgaben kürzen und Steuern erhöhen, 56 überschuldete Banken wurden von der Regierung geschlossen, um den IWF-Richtlinien zur Kreditvergabe nachzukommen und um das Vertrauen der Anleger sowie der Bevölkerung in das Finanzsystem wiederherzustellen. Doch anders als der IWF es sich erhoffte, wurden auch die Konten von soliden Banken geplündert.[57]

Und ebenfalls anders als vom IWF erwartet, breitete sich die Krise von Thailand ausgehend über ganz Südostasien aus. Da die

Entwicklungen in Malaysia, Südkorea und Indonesien ähnlich verliefen, konnte auch gegen diese Währungen nahezu gefahrlos spekuliert werden - sie verloren bis zu 80 % ihres Wertes.[58] Da viele der betroffenen Länder Nahrungsmittel importieren, vervielfachten sich mitunter die Preise von Grundnahrungsmitteln. Bei gleichzeitig steigender Arbeitslosigkeit und sinkenden Löhnen kam es z. B. in Indonesien zu gewalttätigen Ausschreitungen und Plünderungen der Geschäfte chinesischer Händler, die für die katastrophale wirtschaftliche Lage verantwortlich gemacht werden.[59] 1,1 Millionen ausländischer Arbeiter sollen aus Thailand ausgewiesen werden, etwa ebenso viele aus Malaysia.[60] Malaysia mußte den Bau von Infrastruktur-Großprojekten stoppen, in Südkorea brach der Stahlkonzern Hanbo zusammen, und dem Autokonzern Kia droht das Aus. Nach Schätzungen hat sich die Arbeitslosenquote in Südkorea sowie in Thailand 1997 verdoppelt.[61] Bis zum Dezember 1997 schloß die südkoreanische Regierung 19 und die indonesische 16 Banken aus denselben Gründen wie Thailand, weitere folgten. Vor allem in Indonesien fielen die Wechselkurse ins Bodenlose, denn weder der IWF noch das diktatorische Regime von Präsident Suharto konnte die Finanzmärkte dazu bewegen, das Vertrauen in das indonesische Finanzsystem zurückzugewinnen.

Die südostasiatischen Staaten finanzierten ihren wirtschaftlichen Aufschwung mit großen ausländischen Krediten, die sie nach den Währungsabwertungen aus eigener Kraft nicht mehr zurückgezahlen können. Die *geschätzte Höhe* der Auslandsschulden von Südkorea, dem ehedem elftgrößten Industriestaat der Welt, verzehnfachten sich innerhalb eines Monats auf 200 Mrd. Dollar im Dezember 1997. Daran erkennt man die mangelhafte Transparenz des Finanzsystems sowie die Größenordnung der Vetternwirtschaft – in Indonesien dürfte sie noch um einiges ausgeprägter sein. Insgesamt schätzt man die (überwiegend nichtstaatlichen) Schulden von Thailand, Südkorea und Indonesien auf weit über 400 Mrd. Dollar.[62] Nachdem den Kapitalanlegern das Pflaster zu heiß geworden war und sie ihr Kapital aus dem Land abgezogen hatten, mußten internationale Organisationen wie IWF und die Weltbank mit Unterstützung der westlichen Industriestaaten Schadensbegrenzung betreiben, indem sie die Zahlungsfähigkeit der Länder aufrechterhielten. Dazu waren wöchentlich neue Milliardenbeträge nötig, bis zum Februar 1998 wurden Kredite mit über 100 Mrd. Dollar ausgehandelt. Diesmal unter scharfen Bedingungen, die die Vetternwirtschaft und allzu riskante Investitionen im Land unterbinden sollen. Gleichzeitig wird aber die Kreditvergabe an die Einhaltung neoliberaler Richtlinien gekoppelt, was die Wirtschaft in den Regionen noch weiter schwächt.[63] Im wesentlichen besagen diese Richtlinien, daß die Regierungen »die Zinsen heraufsetzen, überschuldeten Unternehmen nicht unter die Arme greifen und viele Investitionen stornieren«[64] müssen, was IWF und Weltbank beträchtliche Kritik selbst von Seiten neoliberaler Wirtschaftswissenschaftler einbrachte (vgl. Eingangszitat).

Auch Japan ist von der Krise unmittelbar betroffen, da 25 % seiner Exporte in diese Region gingen, deren Kaufkraft nun auf breiter Basis weggebrochen ist.[65] Japanische Banken gewährten große Kredite an die Krisenregion. Nach der Abwertung der Währungen ist es für die jungen Tigerstaaten wesentlich teurer, die aufgenommenen Kredite zurückzubezahlen. Da japanische Banken vorwiegend Aktien und Immobilien besitzen und mitunter Aktienbesitz als Sicherheiten akzeptieren, bauten japanische Banken ihre Liquidität auf die Hoffnung, daß deren Werte nicht fallen. Nachdem die Immobilienpreise in Japan um bis zu 80 % gesunken sind, es bereits 1995 zu zahlreichen Bankenzusammenbrüchen kam, die Aktien seit Monaten fallen und die Kredite an die Tigerstaaten uneinbringlich wurden, kommen selbst japanische Großbanken in Zahlungsschwierigkeiten. Dazu gesellt sich häufig Mißmanagement, so mußte z. B. die viertgrößte japanische Bank Yamaichi im November 1997 Konkurs beantragen, wobei sie die unvorstellbare Summe von umgerechnet 91,5 Mrd. DM Schulden hinterließ. Weitere drei Großbanken und einige führende Versicherungsanstalten Japans werden ebenfalls als konkursgefährdet bezeichnet. Die japanischen Anleger sind vorsichtig geworden, das Land schlittert in die Rezession.

In Südostasien zeigen sich die Konsequenzen weltweit deregulierter Finanzmärkte besonders drastisch. Internationale Organisationen wie IWF und Weltbank haben die Aufgabe, die Zahlungsfähigkeit von krisengeschüttelten Ländern zu gewährleisten, um die Kapitalgeber der Industriestaaten zu schützen und die Krisen im Land zu mildern. Doch die Ursachen dieser Krisen werden selten diskutiert: Mittels fixierter Wechselkurse können Länder billig Geld ins Land locken, ein »Wirtschaftswunder« fremdfinanzieren und auf Pump leben – solange die Stimmung gut ist. Wenn sie kippt – warum auch immer –, trägt die Bevölkerung die Konsequenzen des globalen Kapitalmarktes.

- Durch Spekulation und schlechte Stimmung verloren die Währungen wesentlich mehr an Wert, als aufgrund der starren Koppelung an den US-Dollar nötig gewesen wäre.[66] Ebenso wird deutlich, daß fixierte Wechselkurse auf deregulierten Finanzmärkten extrem gefährlich sind, da Abwertungen schlagartig auftreten und so Strukturbrüche auftreten, die vor allem die Bevölkerung treffen.
- Die Finanzmärkte haben die Regierungen fest im Griff. Gegen das Diktat von IWF und Weltbank können sich weder demokratische (Thailand) noch diktatorische (Indonesien) Regierungen wehren, die Kreditvergabebedingungen können ihnen aufgezwungen werden. In Thailand kommt es so zu Regierungsumbildungen, vom IWF vorgeschlagene Berater werden den Regierungen als Kontrolleure »vorgesetzt«.
- Größere Mitgliedsbeiträge von den Industrienationen und immer größere Hilfskredite des IWF sollen den deregulierten Kapitalmarkt beherrschen helfen. Stets geht es um Krisenmanagement, über Krisenvermeidung wird nicht diskutiert. Der IWF hat seit 1965 89 Länder unterstützt. Über der Hälfte dieser Länder ging es hinterher nicht besser, 32 Ländern sogar schlechter.[67]
- Die Verlierer der Krise stehen fest, egal wie sie weiter verlaufen

wird. Die Armutsquote hat sich durch den Währungsverfall in Mexiko von 30 % auf 50 % erhöht, und die Kluft zwischen Arm und Reich hat sich weiter vertieft.[68] Selbiges wird sich auch in Südostasien abspielen, obwohl der wirtschaftliche Aufschwung der vergangenen Jahrzehnte zum Großteil an den Bevölkerungen vorbeiging. »In den Schuh- und Jeansfabriken am Rande Jakartas verdienen junge Frauen gerade soviel, wie sie zur Ernährung und Übernachtung in heißen Massenquartieren brauchen« – jetzt verdienen sie noch etwas weniger.[69] Während der vergangenen Boom-Phase kam es zu einer beängstigenden Kapitalakkumulation, und nur die Großstädte profitierten – Auswirkungen eines zu hohen Entwicklungstempos, welches geborgtes Kapital überwiegend in Immobilien und Wirtschaftsbereiche leitet, in denen extrem hohe Profite (v. a. aufgrund von Exporterlösen) möglich sind.

Mexiko und Südostasien sind nur zwei erste Beispiele für »Krisen des 21. Jahrhunderts«,[70] bevor dieses überhaupt begonnen hat. Verursacht durch deregulierte Kapital- und Devisenmärkte, zeigt sich an ihnen besonders deutlich die Unbeherrschbarkeit des weltweiten Finanzsystems.

Fazit

In der Freihandelstheorie wird ein freier Kapitalmarkt als Quell des Wohlstandes und der wirtschaftlichen Vernunft gesehen. Kapital fließt quasi automatisch zu den besten Verwendungsmöglichkeiten. Doch auch diese Konkurrenz zwischen den Finanzstandorten hat fatale Folgen für die Bevölkerung: Um Investoren und damit Geld anzulocken, befinden sich die Volkswirtschaften in einem gnadenlosen Konkurrenzkampf miteinander. Es findet ein Wettlauf um niedrige Steuern, den Abbau von Sozialleistungen und Regulierungen im wirtschaftlichen Bereich statt. Dieser Wettlauf nützt letztendlich nur den Besitzern von Geldvermögen und läßt sich schwerlich als universeller Quell von Wohlstand interpretieren. Es wird jedoch weiter an der Ideologie des globalen Wettbewerbs von Waren und Kapital festgehalten und ein globaler Markt als Allheilmittel und große Chance beschworen. Auf dem Altar der Freihandelsideologie, des Monetarismus und Neoliberalismus wird das Recht auf eine menschenwürdige Existenz, auf soziale Sicherheit und auf eine intakte Umwelt geopfert. Nicht eine Wertediskussion in unserer Gesellschaft, nicht menschliches Handeln, sondern der Weltmarkt entscheidet, wieviel Sozialstaat und Ökologie wir uns leisten können.

Globalerer Wettbewerb ist das Ergebnis politischen Willens. Im Verbund mit Monetarismus und Neoliberalismus hat die Freihandelsideologie einen weltweiten Siegeszug angetreten. Dieses theoretische Fundament bestimmt auch in der Bundesrepublik die Globalisierungsdebatte. Politische Entscheidungsträger und Unternehmer versuchen uns durch einseitige Berichterstattung die neoliberalen und monetaristischen Glaubenssätze und eine immer globalere Wirtschaftstätigkeit schmackhaft zu machen. Wer kennt nicht die Behauptung von den zu hohen Löhnen in Deutschland, unserem angeblich zu teuren Sozialstaat oder der schicksalhaft über uns gekommenen Globalisierung? Diese »Globalisierungslügen« sollen im folgenden enttarnt werden.

II. Die 10 Globalisierungslügen

Lüge 1:
»Die Globalisierung ist nicht steuerbar«

»Denn klar ist: Gegen die Globalisierung zu sein ist so sinnvoll, wie sich über das schlechte Wetter zu beschweren.«
Nikolaus Piper in: ZEITPunkte, 01/1997

Im einführenden Zitat wird deutlich, wie die Globalisierungsdebatte geführt wird: undifferenziert und fügsam. Gebetsmühlenhaft wird allerorten wiederholt, die Globalisierung komme schicksalhaft über uns. Über Vor- und Nachteile globalen Wirtschaftens nachzudenken sei unnötig, da die Globalisierung nicht aufzuhalten sei. Nichts könne diesem Prozeß entgegengesetzt werden, also müsse man das Beste daraus machen. Und das Beste ist immer gleichbedeutend mit dem Besten für Investoren und Unternehmer: niedrige Löhne, Lohnnebenkosten und Gewinnsteuern, geringe Auflagen und große Investitionsbeihilfen. Ein Land, das im internationalen Wettbewerb bestehen will, hat angeblich keine andere Wahl, als den Gürtel enger zu schnallen, auf Sozialleistungen zu verzichten und Arbeitnehmerrechte zu beschneiden. Doch die Globalisierung ist wie jede andere Entwicklung der Vergangenheit, die Märkte und Handel betraf, ein *politisches Projekt.* Denn dem Welthandel stehen oder standen mehrere mitunter politisch gewollte Hemmnisse entgegen: unterschiedliche Währungen, Zölle auf Waren und Beschränkungen beim Transfer von Kapital. Diese Hindernisse verursachen bei grenzüberschreitendem Handel Kosten für die Unternehmen, die den freien Welthandel einschränken. Zu beseitigen sind diese Hindernisse nur durch politische Beschlüsse.

Globalisierung bedeutet eine Vergrößerung von Räumen, die

untereinander in wirtschaftlicher Konkurrenz stehen – mit Gütern, Kapital oder Arbeitskräften. Wirtschaftsräume dieser Größenordnung waren früher nicht vorhanden. Staaten grenzten sich gegeneinander ab und entschieden selbst, wieviel Freihandel sie zulassen wollten. Diese Politik wurde aufgegeben, da man sich vom Freihandel Vorteile für alle Staaten erhoffte. Das Ergebnis, die Globalisierung, ist eine politisch gewollte und beschlossene Entwicklung und keineswegs Schicksal.

Weltwährungssysteme zur Förderung des Freihandels

Wechselkursschwankungen behindern den freien Weltwarenhandel. Daher strebt die Wirtschaftspolitik seit nunmehr 200 Jahren danach, diese gering zu halten. Eine erste Blüte erlebte der Freihandel im 19. Jahrhundert. Auf englische Initiative entstand ein einheitliches Währungssystem (Goldwährung), das darauf ausgerichtet war, Wechselkurse verschiedener Währungen aneinanderzubinden. In diesem System waren die Wechselkurse einzelner Länder über die Garantie miteinander verbunden, ihre Währung (ihr Papiergeld) jederzeit zu einem festen Kurs in Gold umzutauschen. Papiergeld und Goldbestände mußten dafür in einer festen Relation zueinander stehen. Die Unternehmen wußten, was ihre Waren gegenwärtig und zukünftig im Ausland wert waren und was sie der Kauf von Waren dort kosten würde. Auslandsgeschäfte waren vom Risiko einer Wechselkursschwankung befreit, aber noch nicht von Zöllen. Trotzdem engagierten sich bereits immer mehr Unternehmen im Ausland, der länderübergreifende Handel nahm zu. Die Wirtschaft innerhalb eines Landes wurde in der Folge immer stärker durch den Export und Import von Waren beeinflußt. Verkaufte ein Land mehr Waren als es kaufte (Exportüberschuß), stieg die Geldmenge im Land an, was zu einem Preisanstieg der Waren und damit zu Inflation im Inland führte. Importüberschüsse konnten dagegen zu einem Rückgang der inländischen Produktion und zu Arbeitslosigkeit führen.

Diese unerwünschten Nebeneffekte des internationalen Handels wurden von den nationalen Regierungen als Problem erkannt. Eine eigenständige, auslandsunabhängige Wirtschaftspolitik zur Bekämpfung von Inflation oder Arbeitslosigkeit war durch die starre Kopplung der Wechselkurse kaum mehr möglich. Deshalb zerbrach dieses System aneinandergeketteter Wechselkurse mit Beginn des Ersten Weltkriegs 1914.

Nach Kriegsende konnte man sich auf keine neue Weltwährungsordnung einigen, und durch die Weltwirtschaftskrise von 1929 waren die Diskussionen um feste Wechselkurse vorerst beendet. »Die Wirtschaftspolitiker aller Länder waren nicht mehr bereit, ... Arbeitslosigkeit und Inflation hinzunehmen, nur um einen freien Welthandel zu sichern.«[1] Die Nationen sicherten sich wieder mit Zöllen gegen die wirtschaftliche Konkurrenz aus anderen Ländern ab, und das Welthandelsvolumen sank. Erst 1944 wurde ein neuer Versuch gestartet, die Wechselkursschwankungen einzudämmen, um wieder mehr internationale Handelstätigkeit zu ermöglichen. In Bretton Woods, einem Bergdorf in den USA, hatten sich die Siegermächte des Zweiten Weltkrieges auf eine Währungsordnung geeinigt, die fast 30 Jahre lang Bestand haben sollte. Weltleitwährung war der US-Dollar, alle anderen Währungen wurden fest an den Dollarkurs gekoppelt, wobei die Wechselkurse um 1 % gegenüber dem Dollar schwanken durften. Weiterhin wurden den Ländern von dem gleichzeitig gegründeten Internationalen Währungsfonds (IWF) Ausgleichskredite gewährt, falls der Wechselkurs einer Währung den erlaubten Spielraum verließ. Über einen langen Zeitraum durfte beispielsweise ein US-Dollar nur zwischen 3,96 und 4,04 DM kosten. Durch diese Schwankungsbreite erhielt nationale Wirtschaftspolitik einen – wenn auch viel zu geringen – währungspolitischen Spielraum für die Bekämpfung von Inflation oder Arbeitslosigkeit.

Nun entwickelten sich aber die deutsche und amerikanische Industrie völlig verschieden. Deutschland wurde Exportnation, während die USA hauptsächlich ihren Binnenmarkt belieferten. Deshalb wurde die Deutsche Mark wesentlich stärker nachgefragt als der Dollar. Die D-Mark wurde auf dem Devisenmarkt teurer und mußte aufgewertet werden. Bereits ab 1971 wurden von der Deutschen Bundesbank keine Dollar mehr gekauft, um die Wechselkurse in dem vorgegebenen Rahmen zu stabilisieren. Der Wechselkurs sollte sich am freien Markt bilden – die Wechselkurse waren »frei«. Ähnlich reagierten auch die anderen Mitgliedsländer des Bretton-Wood-Systems. 1976 wurden die Statuten des IWF den neuen Realitäten angepaßt. Den Mitgliedern des IWF war fortan die freie Wahl ihres Wechselkurssystems möglich, flexible Kurse wurden legalisiert, und die soziale und wirtschaftliche Entwicklung in Inland erhielt Priorität gegenüber stabilen Wechselkursen.

Das System fester Wechselkurse mit dem Ziel einer Förderung des Welthandels war – und das sei hier nochmals betont – ein politisches System. Beide Weltwährungssysteme mit eng verkoppelten Wechselkursen sind gescheitert.[2] Der Euro ist ein weiterer Versuch, Wechselkursschwankungen im europäischen Rahmen durch eine einheitliche Währung zu beseitigen, wodurch der grenzüberschreitende Handel gefördert werden soll.

Der Weg in den freien Kapital- und Warenmarkt

Auch die Deregulierung des Kapitalmarktes hat eine politische Geschichte. Zwar war es erlaubt, eine Währung gegen eine andere zu tauschen, aber der Umtausch unterlag staatlicher Aufsicht. Umtausch und Transfer größerer Geldbeträge waren in vielen Ländern nur mit staatlicher Genehmigung und *nur bei Handelsgeschäften* erlaubt. Warenhandelunabhängiger Kapitalverkehr wurde so für lange Zeit unterbunden, und spekulative Devisengeschäfte waren undenkbar. Erst 1958 erlaubte die Bundesrepublik auch Kapitalaustausch mit dem Ausland, der unabhängig von Warengeschäften war. In den Ländern, in denen die Unternehmen noch kein Zugang zum internationalen Kredit- und Währungsmarkt hatten, wurden die Stimmen immer lauter, die eine Streichung staatlicher Kontrollen, d.h. die Deregulierung des Kapitalmarktes forderten. Durch einen größeren Kapitalmarkt und durch erhöhte Konkurrenz erhofften sich die Firmen niedrigere Zinslasten auf in Anspruch genommene Kredite. 1979 hoben England und 1980 auch Japan ihre letzten Kontrollen über Kapitaltransfers auf. Nach dem Beschluß zur Einführung eines europäischen Binnenmarktes von 1990 gaben auch Frankreich und Italien ihre Geld- und Kapitalmärkte frei, Portugal und Spanien folgten 1992. Die »Mobilität des Geldes« ist eine relativ neue Erscheinung, gegen die sich auch heute noch einige Länder wehren.

Nachdem die großen Industrienationen Kapitalkontrollen in Europa abgebaut hatten, begannen sie diese monetaristische Philosophie auch in der übrigen Welt durchzusetzen. So knüpfte der IWF – ein Gremium, das nur von den größten Industrienationen beherrscht wird – die Vergabe von Krediten an Länder an die Bedingung, daß sich das jeweilige Land für den internationalen Kapitalmarkt öffnet. Auch Krisen wie in Mexiko 1994 oder Südostasien 1997/98 führen zu keinem Umdenken. Im Gegenteil: Die führenden Industrienationen drängen weiter auf eine verstärkte Liberalisierung des internationalen Kapitalverkehrs. »Der Internationale Währungsfonds (IWF) soll nach ihrem Willen mit einem zusätzlichen Mandat zur Beschleunigung und Überwachung dieses Prozesses ausgestattet werden.«[3]

Zölle zwischen den Staaten sind neben unterschiedlichen Währungen ein Haupthindernis für weltweiten Freihandel. Seit vielen Jahrzehnten wird deshalb vor dem Hintergrund der Freihandelsideologie nicht nur über die Fixierung von Wechselkursen, sondern auch über den Abbau von Zöllen verhandelt. Der wichtigste Schritt in diese Richtung war 1947 die Unterzeichnung des GATT. In diesem Abkommen wurde der Abbau von Zöllen als wesentliches Ziel erklärt. In sogenannten Zollsenkungsrunden handelten die Länder seit 1947 untereinander eine Verringerung der Zölle aus. Seit 1945 sind die Zölle von durchschnittlich 40% auf etwa 6 % gefallen.[4]

Eine wesentliche Rolle bei der Globalisierung der Märkte spielte die Bildung von Handelseinheiten, die nicht unbedingt alle Länder umfassen müssen. Engere, regional begrenzte wirtschaftliche Verflechtungen, wie regionale Freihandelszonen, sind eine Art »Mini-Globalisierung«. Die wichtigsten Wirtschaftszonen sind die NAFTA (North American Free Trade Association), bestehend aus den USA, Mexiko und Kanada, die AFTA (Asian Free Trade Area) mit Japan, Hongkong, Singapur, Taiwan und Südkorea, das lateinamerikanische MERCOSUR mit Argentinien, Brasilien, Paraguay und Uruguay sowie die Europäische Union. Diese Handelsblöcke sollen auch in Zukunft ausgeweitet werden. Die USA drängen seit geraumer Zeit auf die Schaffung einer die Kontinente Nord- und Südamerika umfassenden Freihandelszone »von Alaska bis Feuerland«.[5]

Das MAI-Abkommen: Politik für Großkonzerne

»Es liest sich wie der Wunschzettel der Großkonzerne an den Weihnachtsmann«, so der Entwicklungspolitiker Peter Wahl über das multilaterale Abkommen über Investitionen (MAI).[6] Seit 1995 wird unter Federführung der Organisation für wirtschaftliche Zusammenarbeit (OECD)[7] über den Schutz von Auslandsinvestitionen beraten. Die Verhandlungen fanden lange Zeit unter Ausschluß der Öffentlichkeit statt, und das aus gutem Grund: Das MAI versucht in noch nie dagewesener Weise Rechte von Investoren gegenüber Regierungen festzuschreiben. »Der MAI-Text ist eine Art politische Dracula-Figur, die es nicht verträgt, ans Licht gezerrt zu werden.« Mit Bekanntwerden des geplanten Abkommens kam es in Kanada zu Unruhen, der US-Kongreß griff das Abkommen aufs heftigste an und in Neuseeland »zerriß das Parlament die Regierung in der Luft«.[8]

Im MAI-Abkommen verpflichten sich Regierungen, Investitionen aus dem Ausland (hierzu zählen Kauf oder Errichtung von Produktionsstätten, Devisentransaktionen, Aktienkäufe, Grunderwerb und Rohstoffkauf) zu schützen. Was nach einer verständlichen Forderung der Investoren klingt, bedeutet eine weitere Beschleunigung der sozialen und ökologischen Abwärtsspirale: Einige Vertragsklauseln sehen Entschädigungen für die Unternehmen vor, falls sich politische Maßnahmen gewinnmindernd auswirken. Eine Erhöhung der Unternehmenssteuern aus sozialen Gründen, Gesetze zum Schutz der Umwelt oder Verbraucherschutzverordnungen könnten als Minderungen der Gewinnchancen also einen Schadensersatzanspruch des Investors nach sich ziehen. Die Klausel über den »Schutz vor Unruhen« sieht eine Entschädigung der Investoren im Fall von »Unruhen der Bevölkerung« vor. Bei Boykotten oder Streiks, die natürlich Kosten für den Investor bedeuten, könnte die Regierung des betreffenden Landes auf Schadensersatz verklagt werden.

Ausländische Investoren müssen grundsätzlich so behandelt werden wie inländische, Regierungen dürfen den Verkauf von Staatsbetrieben an ausländische Investoren nicht von Beschäftigungszusagen abhängig machen. Werden öffentliche Unternehmen durch Verkauf privatisiert, darf einheimischen Investoren nicht mehr der Vorzug gegeben werden. In der sogenannten »Meistbegünstigungsklausel« wird darüber hinaus eine Gleichbehandlung aller ausländischen Investoren festgeschrieben. Was zunächst unverfänglich klingt, ist eine weitere Beschneidung der Rechte von Regierungen gegenüber Investoren und damit auch von demokratisch legitimierten Instanzen gegenüber Profitinteressen. Keine Regierung darf einen potentiellen Investor abweisen, falls dieser in anderen Ländern Menschenrechte verletzt oder sich durch ein besonders brutales Vorgehen gegenüber seinen Arbeitern auszeichnet. Hätte das MAI bereits in den 80er Jahren gegolten, würde Nelson Mandela wohl immer noch im Gefängnis sitzen – ein Boykott südafrikanischer Investoren oder von ausländischen Investitionen in Südafrika wäre verboten worden.

Beispiellos ist auch die Gültigkeitsdauer des Abkommen. Wer einmal Mitglied ist, kann frühestens nach fünf Jahren einen Antrag auf Austritt stellen. Danach bleibt die Mitgliedschaft weitere

15 Jahre bestehen. Nach Verabschiedung des Abkommens durch die OECD-Staaten ist der Beitritt der Entwicklungsländer vorgesehen, was in diesen Ländern fatale soziale und ökologische Folgen haben könnte.

Fühlt sich ein Investor »benachteiligt«, so kann er das jeweilige Land vor einem internationalen Gericht seiner Wahl verklagen – ein Recht, von welchem Bürger oder Verbände, die ihre Interessen gegenüber Großkonzernen vertreten wollen, nur träumen können. So können Investoren vor dem Schiedsgericht der internationalen Handelskammer klagen, »wo die Richter derart parteiisch sind, daß die Investoren ganz sicher die eingeklagten Entschädigungszahlungen zugesprochen bekommen«[9].

Es sind gerade Großkonzerne, die Auslandsinvestitionen tätigen und so die wirtschaftliche Globalisierung vorantreiben. Anstatt durch ein internationales Abkommen Konzerne auf soziale oder ökologische Mindeststandards festzulegen, bekommen diese durch das MAI-Abkommen einen Schadensersatzanspruch, wenn Regierungen versuchen, den Investor sozial und ökologisch in die Pflicht zu nehmen. Das MAI-Abkommen kann über Jahrzehnte jede politische Initiative zum Schutz der Umwelt, jeden nationalen Alleingang für bessere Arbeitsbedingungen und jede gemeinwohlorientierte Investitionslenkung gegenüber ausländischen Investoren unterbinden. Dieses Abkommen und der Versuch, eine Debatte über dessen Inhalt im Vorfeld der Verabschiedung zu verhindern, ist ein drastisches Beispiel dafür, wie Globalisierung politisch erst möglich gemacht wird und wessen Interessen hinter diesem Wirtschaftsmodell stehen.

Von der EWG zum Euro

In Europa wird seit dem Ende des Zweiten Weltkrieges an einer Freihandelszone gebaut. Die politische Geschichte der Europäisierung des Handels ist ein gutes Beispiel, wie eine »Mini-Globalisierung« im europäischen Rahmen durch politische Beschlüsse möglich wurde. Zentrale Bausteine waren die Liberalisierung des Warenverkehrs und der Aufbau einer Zollunion, also der Abbau von Zöllen und mengenmäßigen Handelsbeschränkungen bei gleichzeitigem Erheben von einheitlichen Zöllen gegen Nichtmitglieder. Durch die »Römischen Verträge« wurde 1957/58 die Europäische Wirtschaftsgemeinschaft (EWG) gegründet. Ziel war es, den Handel in Europa zu fördern und einen »gemeinsamen europäischen Markt« zu errichten.

Im »Werner-Plan« von 1970 wurde die stufenweise Einführung einer europäischen Wirtschafts- und Währungsunion bis 1980 vorgeschlagen und die erste Stufe politisch beschlossen – sämtliche Regierungschefs der Mitgliedsländer stimmten zu. Die Länder der EG beschlossen, nur Währungsschwankungen von 1 % zuzulassen. Währungsturbulenzen im Rahmen des Zusammenbruchs des Bretton-Woods-Systems führten allerdings dazu, daß sich die Staaten verstärkt um ihre Binnenwirtschaft kümmerten, weswegen der Werner-Plan nicht realisiert wurde. Dieser Rückschlag führte allerdings nicht zu einer Spaltung der Union, sondern – nach vielen weiteren Konferenzen – 1979 zum Europäischen Währungssystem (EWS), in dem die europäischen Währungen wieder eng aneinandergekoppelt wurden. In der »Einheitlichen Europäischen Akte« wurde 1987 die Realisierung des Europäischen Binnenmarktes bis Ende 1992 angestrebt. Und dieses Projekt der wirtschaftlichen Integration wurde auch durchgeführt – seit 1992 ist der Freihandel innerhalb der EU uneingeschränkt möglich. Gleichzeitig wurde der Kapitalmarkt liberalisiert, der Personenverkehr freizügig und Dienstleistungen über die Binnengrenzen hinweg frei beweglich. Damit stehen heute z. B. italienische, französische und deutsche Unternehmen in wesentlich engerer Konkurrenzbeziehung zueinander als vorher.

1991 wurde in Maastricht beschlossen, erneut eine europäische Währungsunion auf den Weg zu bringen. Das Ziel: die Förderung der europäischen Einheit, des innereuropäischen Freihandels und der grenzübergreifenden wirtschaftlichen Konkurrenz in Europa durch eine einheitliche Währung. Der Euro wird die wirtschaftlichen Verflechtungen in der EU verstärken, denn er fördert länderübergreifende Wirtschaftstätigkeit.

Die Globalisierung als politisches Projekt

Ohne politische Entscheidungen gibt es keinen Freihandel und keine Globalisierung. Globalisierung ist das Ergebnis einer bewußten politischen Gestaltung von Wirtschaftsräumen im Zeichen von Deregulierung und Liberalisierung. Der Abbau von Zöllen, die Aneinanderkettung von Währungen, die Beweglichkeit von Kapital und die Errichtung von Freihandelszonen beruhen auf politischem Willen und politischen Entscheidungen. Die Nationalstaaten haben ganz bewußt ihre Handlungsfähigkeit an den Weltmarkt abgetreten. Vor der Ära der Globalisierung war jeder Staat in der Lage, unsoziale Marktergebnisse durch politische Beschlüsse zu korrigieren. Heute ist dieser Ordnungsrahmen schwächer geworden, denn der Weltmarkt bestraft Sozialpolitik und hohe Unternehmenssteuern mit Kapitalentzug. Es gibt keine politische Institution, die dem Markt in der globalen Dimension Einhalt gebieten kann.[10]

Und dennoch: Wenn über politische Prozesse Wirtschaftsräume geschaffen und ausgestaltet werden, so können sie ebenfalls über politische Prozesse umgestaltet werden. Es gibt Möglichkeiten, wie die Politik ihre Handlungsfähigkeit zurückgewinnen kann. Globalisierung als schicksalhafte Entwicklung darzustellen, die sich nicht aufhalten läßt, ist populistische Meinungsmanipulation. Allerdings ist es wesentlich schwieriger, eine einmal begonnene Entwicklung umzukehren als sie loszutreten.

Lüge 2:
»Der Sozialstaat ist zu teuer«

»Der mittlerweile unbezahlbare Wohlfahrtsstaat wird in Zukunft die Hauptgefahr für unser aller Wohlstand sein.«

Detmar Doering, Liberales Institut, Königswinter[11]

Armut in Deutschland

Die Zahl der Strafgefangenen in der Bundesrepublik ist zwischen 1992 und 1996 um 25 % auf 48 900 gestiegen. Die Zunahme beruht vor allem auf einer Vervierfachung in den neuen Ländern mit ihrer extrem hohen Arbeitslosenquote.[12] Unsere Großstädte werden zu Orten, die man besser meidet, und damit sind sie auch als Wirtschaftsstandorte unattraktiv. Schon befürchtet der Einzelhandel in den Innenstädten, daß die Kundschaft wegen der gestiegenen Kriminalität ausbleibt.[13]

Europaweit nimmt aggressives Verhalten von Jugendlichen zu. Als Ursache wird die zunehmende Verarmung der Mittel- und Unterschicht gesehen. In den Niederlanden, Dänemark, Italien und Schweden hat sich die Zahl der 12–18jährigen Gewalttäter zwischen 1985 und 1995 fast verdreifacht. Großbritannien verzeichnet ein Plus von 75 %, auch in Deutschland gibt es doppelt soviel Jugendgewalt wie 1985, wobei Täter und Opfer immer jünger werden.[14] Immer mehr kinderreiche Familien leben in Armut, da Kindergeld und Sozialhilfe nicht mehr zur Finanzierung eines menschenwürdigen Lebens ausreichen. Rund 50 000 Kinder sind obdachlos und leben auf der Straße. Die Zahl jugendlicher Sozialhilfeempfänger hat in Deutschland von 1987 bis 1993 um 60 % zugenommen. In Großstädten lebt jeder sechste 15-18jährige von Sozialhilfe. Mehr als 500 000 junge Leute unter 25 Jahren sind arbeitslos[15], 150 000 hatten 1997 keine Lehrstelle.[16]

Der Sozialstaat läßt sich nicht ohne entsprechende gesellschaftliche Folgen demontieren. Nicht umsonst verläuft der Anstieg der Jugendkriminalität parallel zur sozialen Ausgrenzung dieser

Bevölkerungsgruppe. Perspektivlosigkeit auf dem Arbeitsmarkt und Armut fordern ihren Preis. Wie der Strafrechtler Franz von Liszt bereits 1905 feststellte: »Die beste Kriminalpolitik ist eine gute Arbeitsmarkt- und Sozialpolitik.«

Armut wird über das Durchschnittseinkommen definiert. Wer weniger als die Hälfte des durchschnittlichen Nettoeinkommens zur Verfügung hat, gilt als arm, da die finanziellen Mittel zur Befriedigung von Grundbedürfnissen fehlen. 1997 liegt dieses Existenzminimum bei etwa 940 DM im Monat.

Die Zahl derjenigen, die ein Einkommen unterhalb oder in der Nähe des Existenzminimums beziehen, ist in Deutschland geradezu explodiert. Zwar existiert nicht mehr die sichtbare Armut des letzten Jahrhunderts, in dem Millionen von Arbeitern mit ihren Familien in unvorstellbarem Elend lebten. Arme verhungern bei uns nicht mehr, aber sie sind Aussätzige in einer Welt des Wohlstands, in dem sich derjenige, der das Geld dazu hat, frei entfalten kann. Armut hat viele Gesichter: arbeitslose Akademiker, Alleinerziehende, die wegen ihrer Kinder vom Arbeitsmarkt ausgeschlossen bleiben, Ausländer, Pflegebedürftige, ältere Menschen ohne Ausbildung und Frauen.

Wie viele Menschen in der Bundesrepublik Opfer der neuen Armut sind, kann nur vermutet werden, denn die Bundesregierung weigert sich seit 1994, einen offiziellen Armutsbericht zu erstellen. Optimistische Schätzungen gehen von rund 10 Millionen Bundesbürgern aus, die unterhalb der Armutsgrenze leben.[17] Gradmesser hierfür können einerseits die Bezieher von Sozialhilfe sein. 1997 sind mehr als 5 Millionen Bürger von Sozialhilfezahlungen abhängig, mehr als doppelt so viele wie 1982.[18]

Aber allein die Zahl der Sozialhilfeempfänger sagt noch nichts über die wirkliche Armut in Deutschland aus. Auf drei Sozialhilfeempfänger kommen weitere zwei Menschen, die aus Scham oder Unwissenheit trotz eines bestehenden Anspruches nicht zum Sozialamt gehen. Dazu gesellt sich ein wachsendes Heer von Teilzeitkräften, Heimarbeitern und Teleworkern, die ohne soziale Absicherung und mit »halben« Einkommen überleben müssen;

fast 6 Millionen Menschen arbeiten in »620-DM-Jobs« ohne Anspruch auf Lohnfortzahlung oder Weihnachtsgeld. Eine gewaltige Reservearmee an Arbeitskräften mit geringem sozialen Schutz, die zu über 75 % aus Frauen besteht[20]; mittlerweile haben sich weite Teile vor allem im Einzelhandel und der Gastronomie so entwickelt, daß sie ohne Billigjobs nicht mehr existieren können. Mindestens 1,5 Millionen Beschäftigte arbeiten zu einem Nettolohn, der unterhalb der Armutsgrenze liegt.[21] Aber auch Vollzeitarbeit bewahrt nicht unbedingt vor sozialem Abstieg. Eine Fischverpackerin in Cuxhaven verdient magere 2011 DM Brutto. Mehr als 10 % der Vollzeitbeschäftigten in der Bundesrepublik leben von solchen Armutslöhnen.[22]

Sozialer Kahlschlag im Namen der Globalisierung

> »Ich schäme mich meines zum bloßen Wirtschaftsstandort verkommenen Landes.«
>
> *Günter Grass*[23]

In jüngerer Zeit kursiert der Ausdruck »kollektiver Freizeitpark«. Es heißt, das soziale Netz in der BRD würde zur Hängematte mutieren, Arbeitslose und Sozialhilfeempfänger erhalten das Image von Faulpelzen und Sozialschmarotzern. Mit dem Argument, daß das Sozialsystem »unbezahlbar« geworden sei, werden Sozialleistungen gekürzt oder ganz gestrichen. Sicher geglaubte und von den Gewerkschaften erkämpfte soziale Rechte geraten unter Druck. Zwischen 1982 und 1997 wurden nach einem Bericht der Arbeiterwohlfahrt 130 Einschnitte in das Sozialsystem vorgenommen.[24] Einige Beispiele aus der jüngsten Vergangenheit:

- Attackiert wird ein altes soziales Recht: Die 1968 eingeführte Lohnfortzahlung im Krankheitsfall. Im Dezember 1996 und Januar 1997 wird von der SPD, Bündnis 90/Die Grünen und den Gewerkschaften die Beibehaltung der vollen Lohnfortzahlung im Krankheitsfall als voller Erfolg gefeiert, dabei war es das genaue Gegenteil – ein voller Erfolg für die Arbeitgeberseite. Ihr gelang es perfekt, die Gewerkschaften in die Defensive zu treiben. Diese versuchten nur, »Schaden abzuwenden« und »Besitztümer zu wahren«. In allen Abschlüssen zur Beibehaltung der Lohnfortzahlung wurden Konzessionen an die Arbeitgeber gemacht: Lohnsteigerungen unterhalb der für 1997 erwarteten Inflationsrate von 1,7 % (z. B. bei der IG Metall: 1,5 %), Reduzierung des Weihnachtsgeldes oder des 13. Monatsgehalts.

- Es wurde eine allein durch die Arbeitnehmer finanzierte Pflegeversicherung eingeführt. Die Arbeitgeber erhalten eine Kompensation durch die Streichung eines Feiertages.
- Wir erleben drastische Einsparungen gerade bei den sozial Schwächsten: Die Eingliederungshilfe für rund eine Million Obdachlose in der Bundesrepublik wird gekürzt, Arbeitslosenhilfe und Sozialhilfesätze sinken seit Jahren.

Als Rechtfertigung für Sozialabbau und niedrige Löhne, die immer mehr Menschen in die Armut drängen, dient die Globalisierung, die die Politik zwingt, günstige Bedingungen für Unternehmen zu schaffen. Für manche Konzernlenker und Politiker ist die Globalisierungsdebatte ein Geschenk des Himmels. Ist doch der Sozialstaat für die herrschende wirtschaftspolitische Doktrin nichts weiter als ein teures Monster, das nur den Bürokraten, gewissen Politikern und kleinsten Interessengruppen nützt. Endlich hat man ein Argument in der Hand, das auch der Mann auf der Straße versteht: Die zunehmende Konkurrenz aus dem Ausland und die osteuropäischen Billiglohnländer befinden sich direkt vor der Haustür. Nicht mehr die nationale Politik ist für den Sozialabbau verantwortlich, sondern die Kräfte der Globalisierung, gegen die angeblich nichts unternommen werden kann.

Sozialleistungen waren noch nie so »out« wie heute, und das, obwohl die Arbeitslosigkeit in der Bundesrepublik ein Rekordniveau erreicht hat. Gerade jetzt wäre Solidarität mit den Verlierern unserer Wirtschaftsordnung gefordert.

Die Mär von der Kostenexplosion bei den Sozialausgaben

Es läßt sich nicht bestreiten, daß der Sozialstaat in einer Finanzierungskrise steckt. Die Sozialversicherungsbeiträge steigen, und trotzdem scheint es so, als ob immer weniger öffentliche Mittel zur Finanzierung von Sozialleistungen vorhanden sind. Wird die Bundesrepublik immer ärmer? Oder sind die Sozialleistungen in den letzten Jahren so explosionsartig angewachsen, daß Einsparungen, d. h. eine Reduzierung der Sozialleistungen, unumgänglich geworden sind?

In Deutschland wurden 1995 1179 Mrd. DM für Soziales ausgegeben. Hierin enthalten sind u. a. die Ausgaben für Rente, Gesundheit, Bildung, Arbeitslosengeld, Kindergeld und Jugendhilfe. 1975 waren es demgegenüber »nur« 348 Mrd. DM (vgl. Grafik 1). Betrachtet man jedoch unser Bruttosozialprodukt, so wuchs dieses genauso stark wie die Kosten des Sozialsystems. Die Sozialleistungsquote, also der Teil des BSP, der für Soziales ausgegeben wird, hat sich damit seit 1975 nicht wesentlich verändert. Sie lag und liegt bei rund 30 %. Von Sozialausgaben oder Ansprüchen der Bevölkerung, die ins Unermeßliche gestiegen sind, kann daher keine Rede sein. Klammert man die Neuen Bundesländer aus der Betrachtung aus, so zeigt sich, daß die Sozialleistungsquote für Westdeutschland tatsächlich in den letzten 20

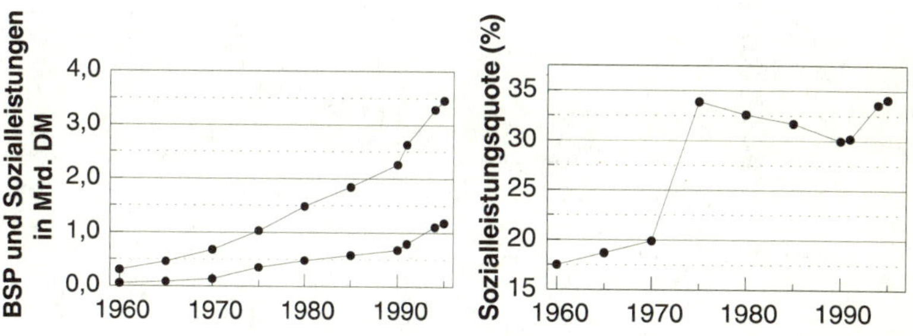

Grafik 1: Sozialleistungen, BSP und Sozialleistungsquote 1960–1995. Quelle: Bundesarbeitsministerium[25]

Jahren noch nie so niedrig war wie Mitte der 90er Jahre (Sozialleistungsquote: 29 %). Und das, obwohl sich die Arbeitslosenzahlen in Westdeutschland seit Mitte der 70er Jahre verdreifacht haben. Selbst die vielbeschworenen Lasten und Kosten der deutschen Einheit und eine Rekordarbeitslosigkeit haben die gesamtdeutsche Sozialleistungsquote (34 %) nur marginal über das Niveau der 70er Jahre steigen lassen.

Das Herz des deutschen Sozialleistungssystems sind die Sozialversicherungen (Renten-, Arbeitslosen-, Unfall-, Kranken- und Pflegeversicherung), die teilweise auf eine über hundertjährige Geschichte zurückblicken können. Wer durch dieses erste Netz sozialer Sicherheit fällt, hat Anspruch auf Sozialhilfe, die über die Steuereinnahmen der Bundesländer und Gemeinden finanziert wird. Bis auf die Unfallversicherung, die vom Arbeitgeber als Verursacher des Risikos allein getragen wird, werden die Sozialversicherungen zu gleichen Teilen von Arbeitgebern und Arbeitnehmern finanziert. Eine unrühmliche Ausnahme bei der paritätischen Finanzierung der Sozialversicherungen bildet die Pflegeversicherung. Um die Lohnnebenkosten für die Arbeitgeber nicht weiter in die Höhe zu treiben, wurde als Ausgleichszahlung für die Unternehmer die Streichung eines Feiertages vereinbart. Eine entsprechende Kompensation für Arbeitnehmer,

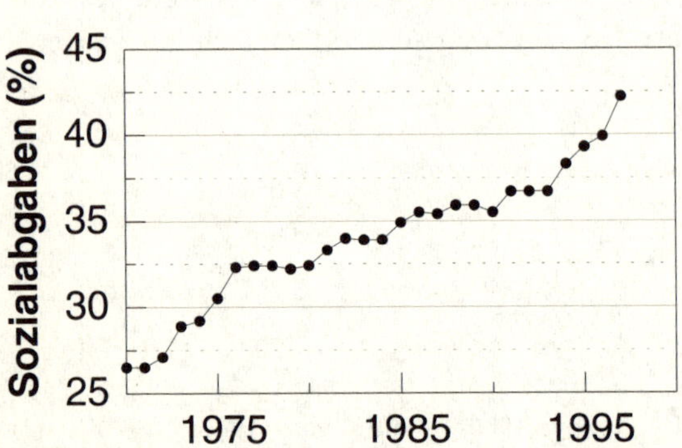

Grafik 2: Sozialversicherungsbeiträge in % des Bruttogehalts; Quelle: Bundesarbeitsministerium und eigene Berechnungen

für die die Beiträge zur Pflegeversicherung einen Lohnverlust bedeuten, wurde nicht ausgehandelt. Damit wurde ein fundamentales sozialstaatliches Prinzip, die paritätische Finanzierung sozialer Sicherung, aufgegeben.

In den letzen 15 Jahren sind die Sozialversicherungsbeiträge für Arbeitgeber und Arbeitnehmer kontinuierlich gestiegen und haben 1997 einen Wert von über 40% der Bruttolohnsumme erreicht (vgl. Grafik 2).

Hausgemachte Finanzierungsprobleme

Warum sind die Sozialversicherungsbeiträge seit Mitte der 70er Jahre kontinuierlich gestiegen, obwohl die Ausgaben für Soziales in Anteilen des BSP konstant geblieben sind?

Dafür gibt es fünf zentrale Gründe:

1. Die Überfrachtung des Sozialversicherungssystems mit versicherungsfremden Leistungen, wie z. B. bei der Rentenversicherung. Leistungen, die in keinem Zusammenhang zur Beitragszahlung stehen, betragen rund ein Drittel der Rentenbeiträge. Dazu zählen Kriegsfolgelasten, Anrechnungszeiten für Ausbildung, vorgezogene Altersrenten und Anrechnung von Kindererziehungszeiten, um nur einige Beispiele zu nennen. Bei Ausklammerung dieser Leistungen, d. h. einer Finanzierung durch Steuern, könnten die Rentenbeiträge um über zwei Prozentpunkte gesenkt werden. Ähnlich die Arbeitslosenversicherung: Aus den Beitragszahlungen werden nicht nur das Arbeitslosengeld (also die eigentliche Versicherungsleistung), sondern auch Fortbildungs- und Umschulungsmaßnahmen bezahlt. Diese versicherungsfremden Leistungen sind gesamtgesellschaftliche Aufgaben, daher sollten sie von der gesamten Bevölkerung über Steuern finanziert werden und nicht nur vom sozialversicherungspflichtigen Arbeitnehmer.
2. Der offensichtlichste Grund für steigende Sozialabgaben ist die steigende Arbeitslosigkeit. Mehr Arbeitslose bedeuten weniger

Einnahmen für die Sozialversicherungen und höhere Ausgaben für den Staat und die Bundesanstalt für Arbeit. So führten die 4,4 Millionen Arbeitslosen 1997 zu Mehrausgaben und Mindereinnahmen von zusammen 170 Mrd. DM.[26] Will man in anderen Bereichen des Sozialsystems keine Leistungen kürzen oder gar streichen, müssen bei steigender Arbeitslosigkeit die Sozialversicherungsbeiträge angehoben werden.

3. Viele Vollzeit- und Teilzeitarbeitsplätze werden in Jobs umgewandelt, die keiner Sozialversicherungspflicht mehr unterliegen. Sechs Millionen Beschäftigte arbeiten in »620-DM-Jobs«. Dadurch sparen die Unternehmen vor allem im Gastronomiebereich und im Einzelhandel Sozialabgaben, der Sozialversicherung gehen Milliardeneinnahmen verloren.[27] Immer mehr Arbeitnehmer werden dazu gedrängt (oder kündigen von sich aus ihre sozialversicherungspflichtige Anstellung) und machen sich auf dem alten Arbeitsplatz selbständig. Den höheren Bruttolohn dieser Scheinselbständigen bezahlt die Solidargemeinschaft mit höheren Sozialversicherungsbeiträgen.
4. Einen nicht unerheblichen Anteil an der Finanzierungskrise des deutschen Sozialstaates haben die niedrigen Unternehmenssteuern. Die durchschnittliche effektive Besteuerung der Unternehmensgewinne ist von 33,6 % (1980) auf 15 % (1996) gesunken, die veranlagte Einkommen- sowie die Körperschaftssteuer sanken zwischen 1980 und 1995 von 15,9 % auf 3,9 %. Ohne diese Änderungen würden jährlich rund 100 Mrd. DM mehr in die Kassen von Bund, Ländern und Gemeinden fließen.[28] Trotz steigender Unternehmereinkommen wurde immer weniger an die Haushalte von Bund, Ländern und Gemeinden überwiesen. Wenn Unternehmen in Deutschland zunehmend weniger Steuern zahlen, ist auch weniger Geld für staatlich finanzierte Sozialleistungen vorhanden (z. B. für die steuerfinanzierten Zuschüsse zur Arbeitslosenversicherung). Und versicherungsfremde Leistungen lassen sich nur dann über Steuermittel finanzieren, wenn die entsprechenden Einnahmen vorhanden sind.

5. Der fünfte Grund taucht kaum in der Sozialstaatsdebatte auf: Der Ausschluß der Arbeiter und Angestellten vom Wachstum des BSP. Diese Zusammenhänge sind kompliziert und werden im folgenden ausführlich dargestellt.

Beiträge zu den Sozialversicherungen werden auf die Bruttolöhne erhoben. Steigen diese nicht adäquat zu den Sozialausgaben an, müssen die Sozialversicherungsbeiträge angehoben werden. So paradox es klingen mag, aber an der Finanzierungskrise des Sozialstaates sind auch die niedrigen Löhne in Deutschland schuld. 1996 verdienten die Arbeitnehmer im Durchschnitt nicht mehr als 1980, obwohl das BSP in diesem Zeitraum real um etwa 40 % gestiegen ist. Betrugen die Lohnzuwächse von 1982 bis 1992 insgesamt noch rund 9 %, so sind sie im Zuge der Standort- und Globalisierungsdebatte bis 1997 wieder verlorengegangen. Seit 1980 ist das verfügbare Einkommen mancher Beamten- und Angestelltenhaushalte um bis zu 10 % gesunken. Offenbar profitieren lohnabhängige Beschäftigte nicht mehr vom Wirtschaftswachstum. Meßbar ist diese Entkopplung der Löhne vom Wirtschaftswachstum anhand der Begriffe »Volkseinkommen« und »Lohnquote«.

Das Volkseinkommen besteht aus zwei Größen: den Bruttolöhnen und -gehältern der Arbeitnehmer einschließlich der Arbeitgeber- und Arbeitnehmeranteile der Sozialversicherungen einerseits und den Einkommen der Unternehmer und den Vermögenseinkommen andererseits.

Die Bruttolohnquote gibt den Anteil der Löhne und Gehälter am Volkseinkommen an, sie besagt also, wieviel Arbeiter und Angestellte »vom gesamten Kuchen abbekommen«. Die Veränderung der Lohnquote über mehrere Jahre ist ein exzellenter Indikator für die Entwicklung der Lohnhöhe im Vergleich zu den Unternehmer- und Vermögenseinkommen. Es zeigt sich, daß sich die Lohnquote seit der »Wende« 1982 zur Unionsregierung erheblich verringert hat, obwohl der Anteil der Arbeitnehmer an der erwerbstätigen Bevölkerung in diesem Zeitraum gestiegen ist. Die

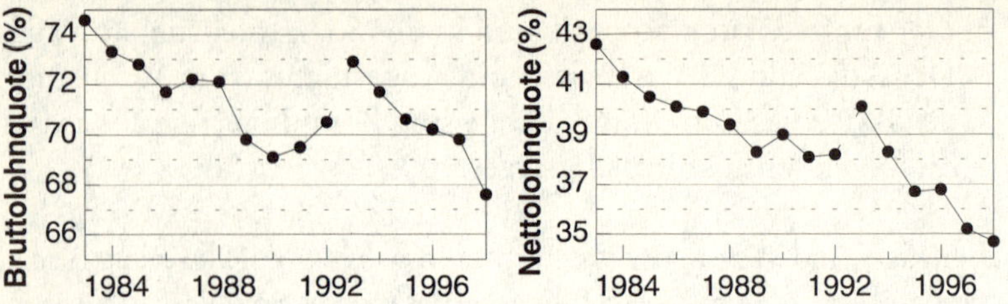

Grafik 3: Strukturbereinigter Anteil der Brutto- und Nettolöhne am Volkseinkommen zwischen 1983 und 1997, ab 1993 Gesamtdeutschland. Quelle: Statistisches Bundesamt, DIW, eigene Berechnungen.[29]

Bruttolohnquote sagt lediglich aus, wie sich die Bruttolöhne bezüglich des Volkseinkommens entwickelten. Diese statistische Größe zeigt jedoch nicht den realen Lohnverlust. Durch steigende Steuer- und Sozialabgaben sind die Nettolöhne noch weitaus mehr gefallen. Erst das Sinken der Nettolohnquote zeigt die wahre Dimension der Umverteilung des Volkseinkommens in Deutschland.

Berücksichtigt man steigende Steuer- und Sozialabgaben für Arbeitnehmer und sinkende Steuern auf Unternehmer- und Vermögenserträge, zeigt sich das ganze Ausmaß der Verteilungsungerechtigkeit. Gesellschaftliche Wohlstandszuwächse kommen nicht mehr den Arbeitnehmern zugute. Da ein steigender Anteil von Selbständigen ebenfalls zu einem Sinken der Lohnquoten führen würde, betrachtet man diese Veränderungen in der sogenannten »strukturbereinigten Lohnquote«, in der solche Effekte berücksichtigt werden.

Eine Veränderung der Lohnquote um einen Prozentpunkt bedeutet eine Umverteilung des Volkseinkommens (1996: 2665 Mrd. DM) von 27 Mrd. DM pro Jahr. Bei 41 Millionen Arbeitnehmern wären die Nettolöhne 1996 im Durchschnitt um 5000 DM im Jahr höher ausgefallen, wenn die Nettolohnquote seit 1983 nicht um etwa 8 % gesunken wäre. Obwohl die Unternehmen damals wesentlich höher belastet waren als heute, war Deutschland »Exportweltmeister« – aber die Unternehmensgewinne schlugen sich auch in Lohnzuwächsen nieder.

Die Ausgaben für Soziales sind von 1980 im gleichen Ausmaß wie das BSP bis 1997 um ca. 40 % gestiegen. Da sich aber die Bruttolöhne nicht entsprechend erhöht haben, ist die absolute Sozialabgabenbelastung pro Arbeitnehmer gestiegen. Eine Verringerung der Bruttolohnsumme bedeutet automatisch, daß weniger Geld in die Sozialversicherungskassen fließt, da die Sozialversicherungsbeiträge auf die Bruttolöhne erhoben werden. Wenn sich die Ausgaben für Soziales in gleichem Maße wie das BSP erhöhen, aber gleichzeitig die Bruttolöhne konstant bleiben oder sinken, müssen zur Finanzierung der Sozialversicherung die Beitragssätze angehoben werden. Wären die Löhne entsprechend dem BSP gestiegen und gäbe es nicht über 4 Millionen Arbeitslose, sondern nur knapp 900 000 wie 1980, so lägen die Beitragssätze heute etwa genauso hoch wie 1980, also um über 23 % (oder um 10 Prozentpunkte) niedriger als 1997, die Debatte um die Finanzierbarkeit des deutschen Sozialsystems hätte nie stattgefunden – genausowenig wie die Diskussion über eine Senkung des Rentenniveaus.

Das derzeitig extrem hohe Beitragsniveau der Rentenversicherung hat seine Ursache ausschließlich in den genannten fünf Gründen und nicht in der veränderten Altersstruktur der Bevölkerung.

Die Bruttolöhne müssen analog zum BSP wachsen, und oberstes Primat der Wirtschaftspolitik muß die Bekämpfung der Arbeitslosigkeit sein. Statt dessen Sozialleistungen zu kürzen heißt, einer gut organisierten Unternehmerlobby nach dem Mund zu reden, und bedeutet keine Lösung der Finanzierungsprobleme. Dauerhaft senken lassen sich die Sozialversicherungsbeiträge nur durch den Abbau von Arbeitslosigkeit und durch Lohnerhöhungen. Im Namen der Globalisierung und des Standortes Deutschland wird man aber auch künftig versuchen, die Lohnkosten zu drücken und Unternehmenssteuern zu senken. Die Sozialversicherungsbeiträge werden weiter steigen, wobei dieser Prozeß zusammen mit Ausgabensteigerungen suggeriert, daß immer mehr »vom Kuchen« für Soziales ausgegeben wird, was aber nicht der Wahrheit entspricht. Sozialleistungen sind nach wie vor finanzierbar, die Finanzierungsprobleme sind hausgemacht.

Der Sozialstaat als Standortvorteil

»Nur eine sozial befriedete Gesellschaft wird auf die Dauer effizient sein.«

Deutsche Nationalstiftung, in der ›Süddeutschen Zeitung‹, 17./18. 1. 1997

Eine Sozialstaatsdebatte, die ausschließlich unter Kostenaspekten geführt wird, ist keine Debatte, sondern bereits der erste Schritt in Richtung Abschaffung des Sozialstaates. Führt man die Sozialstaatsdebatte unter rein wirtschaftlichen Aspekten, zeigt sich jedoch, daß das deutsche System der sozialen Sicherung ein wesentlicher Standortvorteil ist. Der Sozialstaat ist keine Eisenkugel am Bein der deutschen Wirtschaft beim Wettlauf um Weltmarktanteile, vielmehr trägt er maßgeblich zur Attraktivität des Standortes Deutschland bei. Wenn sich ein Unternehmen entscheiden soll, in welchem Land es eine Produktionsstätte errichtet, sind Faktoren wie Löhne oder Lohnnebenkosten nur ein Aspekt unter vielen. Ein funktionierendes Sozialsystem spielt eine wesentliche Rolle bei der Beurteilung möglicher Produktionsstandorte. Durch soziale Rechte, soziale Absicherung und sozialen Frieden läßt sich die Produktivität der Arbeitnehmer steigern, und die Produktivität ist für die internationale Wettbewerbsfähigkeit entscheidend. Die herausragende Rolle der sozialen Sicherung wird gerade im Vergleich zu den Sozialabbauländern USA und Großbritannien deutlich, dort ist die Produktivität wesentlich geringer als in der Bundesrepublik. Entsprechend dem neoliberalen Zeitgeist, für den Sozialleistungen nichts anderes als ein notwendiges Übel sind, wird dort Produktivität gegen jede unternehmerische Vernunft kaputtgespart.

Sozialer Friede ist ein Standortfaktor, der wesentlich vom Sozialsystem abhängt. Streik bedeutet für die Unternehmen einen mit hohen Kosten verbundenen Produktionsausfall. Die durchschnittlichen Streiktage pro 1000 Arbeitnehmer von 1989 bis 1993 betrugen in Griechenland 586, Italien 223, England 70, USA 66,

Deutschland 17. Im ehedem vielgelobten asiatischen Wirtschaftswunderland Südkorea hat sich bereits im Februar 1997 gezeigt, auf welch tönernen Füßen ein Wirtschaftsstandort steht, der sich ausschließlich über die Ausbeutung seiner Arbeiter Standortvorteile verschafft. Willkürliche Entlassungen sind legal, die 54,5-Stunden-Woche die Regel. Landesweite Arbeiter- und Studentenunruhen legten für Tage die wichtigsten Industrien des Landes (Automobilindustrie, Schiffbau) und sogar die öffentliche Verwaltung lahm.[30]

Daß Streiks, zunehmende Kriminalität und Gewaltbereitschaft keine positiven Faktoren für die Standortentscheidung von Investoren sind, liegt auf der Hand. Der Sozialstaat ist mittelfristig kein Standortnachteil, sondern ein System, das die *kurzfristigen* Gewinne von Spekulanten schmälert. Denn es lohnt sich nur unter kurzfristigen Gesichtspunkten, in Billiglohnregionen zu investieren. Wenn Arbeiter dazu gebracht werden können, sich ausbeuten zu lassen, so ist dies ein Standortvorteil – bis zu dem Zeitpunkt, wo sie beginnen, sich zu wehren.

Reichtum in Deutschland

Die Deutschen legten bislang über 5000 Mrd. DM in Form von Spareinlagen, Aktien, festverzinslichen Wertpapieren usw. auf die Seite. Täglich wachsen diese Ersparnisse um über eine Mrd. DM an, und die Zinseinnahmen auf dieses Vermögen betragen annähernd 900 Mio. DM *täglich*.[31] Wirklich reich jedoch ist nur eine Minderheit der Bevölkerung, denn die Vermögen sind sehr ungleich verteilt: 1988 besaßen etwa 10 % der Deutschen 50 % des Nettogeldvermögens und 99,3 % des privaten Aktienbesitzes, die ärmsten 50 % gerade einmal 1,3 % des Geldes und überhaupt keine Aktien. Bereits 1988 besaß 1 % der Bevölkerung 53,7 % aller Aktien, die Kapitalkonzentration hat seit der letzten Einkommens- und Verbrauchsstichprobe noch erheblich zugenommen.[32]

Die Zinseinnahmen unserer reichsten Mitbürger finanziert

jeder einzelne Bundesbürger, und das auch, wenn er keine Schulden hat. Denn jeder muß tagtäglich für die Schuldzinsen des Staates und der Unternehmen geradestehen: der Steuerzahler, weil der Staat seinen Zinsverpflichtungen aus Steuereinnahmen nachkommt, und der Konsument, weil Unternehmen ihre Kapitalkosten genauso auf den Preis ihrer Produkte umlegen wie Personal- oder Materialkosten. Jeder Einkauf im Supermarkt wird gleichzeitig zum Sponsoring der Zinsgewinner.

1950 mußte jeder Arbeitnehmer rund drei Wochen ausschließlich für die Begleichung von Zinslasten arbeiten, 1970 sieben Wochen und 1990 elf Wochen. Heute arbeiten wir ein Vierteljahr nur für offene Zinszahlungen auf Geldkapital, anders gesagt: Ein Viertel unseres Einkommens fließt in die Taschen der Zinsgewinner. Werden zusätzlich die Erträge aus Sachkapital, wie beispielsweise Mieteinnahmen, berücksichtigt, so fließen durchschnittlich von 100 DM Ausgaben jedes Haushaltes 40 DM zu den Zinseinnehmern.[33]

Ob man selbst zu den Zinsgewinnern zählt, kann sich jeder leicht ausrechnen: Wenn von 100 DM Ausgaben allein 40 DM Kosten für Zinsen sind (also 40 % der Gesamtausgaben), dann müssen die Zinseinnahmen mehr als 40 % der jährlichen Ausgaben betragen, damit sich Zinseinnahmen und Zinskosten genau die Waage halten. Angenommen, ein Haushalt hat jährliche Ausgaben in Höhe von 50 000 DM. 40 % dieser Ausgaben, also 20 000 DM, sind Zinszahlungen. Bei 5 % Zinsen muß ein Haushalt 400 000 DM auf dem Kapitalmarkt angelegt haben, damit seine Zinsbilanz ausgeglichen ist (5 % von 400 000 sind 20 000). Bei einem Zinssatz von 5 % muß jeder Haushalt das achtfache seiner jährlichen Ausgaben »auf der hohen Kante« haben, damit er kein Zinsverlierer ist.

80% der deutschen Haushalte müssen mehr Zinslasten tragen, als sie selbst aus Kapital einnehmen. Bei 10 % der Haushalte ist diese Bilanz ausgeglichen. Nur 10 % der Haushalte verdienen durch Kapitalzinsen dazu, und das nicht zu knapp. Geld sammelt sich automatisch in den Händen einiger weniger Zinsgewinner, die auch deshalb immer reicher werden.[34] Auf der anderen Seite gelten zwei Millionen Haushalte als überschuldet, d. h. sie können ihre Schulden nicht mehr tilgen.[35] So klafft die vielzitierte Schere zwischen Reich und Arm immer weiter auseinander. Die Zahl der Einkommensmillionäre nimmt prozentual ebenso schnell zu wie die Zahl der Sozialhilfeempfänger.

Die ungleiche Verteilung des Vermögens wird in Deutschland auch durch Erbschaften noch weiter zunehmen. Immer mehr Deutsche haben keine Kinder, so daß heute nicht nur von Vater oder Mutter geerbt wird, sondern auch »trichterförmig« von nahen Verwandten. Zwischen 1996 und dem Jahr 2000 wird 1,7millionenmal geerbt und ein Vermögen von 3600 Mrd. DM an die nächste Generation weitergegeben.[36] Die Folge ist eine in diesem Umfang einmalige Konzentration von Reichtum in den Händen der Erbengeneration.

Nicht nur Privatpersonen häufen beständig Reichtümer an, die größten »Sparer« sind Banken, Versicherungen oder Industrieunternehmen, sie verfügen über immense Vermögen: In der Bundesrepublik ist im Unternehmenssektor deutlich mehr Kapital vorhanden als für Investitionen gebraucht wird. Die Unternehmenseinlagen bei in- und ausländischen Kreditinstituten summieren sich laut Bundesbankstatistik auf 985 Mrd. DM. Es existieren gigantische Unternehmensgewinne, welche nicht reinvestiert, sondern zurückgelegt oder spekulativ angelegt werden. Verstärkt wird der Trend durch eine deutlich gestiegene Profitquote.[37]

Der Sozialstaat ist finanzierbar

Der Trend zum globalen Wirtschaften verursacht eine inhumane soziale Abwärtsspirale. Sozialleistungen werden zur Erringung kurzfristiger Kostenvorteile gekürzt, und andere Länder müssen nachziehen, um potentielle Investoren nicht zu verlieren. So wird ein soziales Wettabrüsten ausgelöst, das noch nicht einmal unter wirtschaftlichen Gesichtspunkten begründbar ist: Im globalen Wettbewerb der Standorte ist es Unsinn, Sozialleistungen soweit zu kürzen, daß die Produktivität darunter leidet. Den kurzfristigen Kostenvorteilen des Sozialabbaus stehen mittel- und langfristige Standortnachteile gegenüber. Natürlich gibt es »billigere« Standorte. Natürlich kann man in Brasilien billiger Autos für eine dünne Oberschicht bauen als in Deutschland. Doch es ist unsere Entscheidung, wieviel uns »sozialer Friede«, eine faire Einkommensverteilung und eine stabile Gesellschaft wert sind.

Unser Land hat ein Armuts- und ein Reichtumsproblem. Sozialabbau verstärkt bestehende soziale Ungerechtigkeiten, die Streichung von Sozialleistungen trifft gerade die unteren Einkommensschichten. Unter Beschuß genommen wird der Sozialstaat nicht von jenen, die von ihm abhängig sind, sondern von den Gewinnern einer »freien« globalen Marktwirtschaft. »Leistung soll sich wieder lohnen«, wird gerade von denjenigen gefordert, die Monat für Monat ihre Zinserträge einstreichen, ohne einen Finger dafür zu rühren.

Der Sozialstaat kann die unsozialen Folgen eines ungezügelten Kapitalismus verhindern. Wenn Sozialabbau zum kurzfristigen Standortvorteil wird, müssen wir den Standortwettbewerb einschränken. Wenn ein globalisierter Kapital- und Warenmarkt in die soziale Abwärtsspirale führt, dann muß die weltweite Mobilität von Waren und Kapital vermindert werden. Geld zur Finanzierung von Sozialleistungen war und ist genug vorhanden. Nur: Wie kann man die Kapitaleigner besteuern, wenn ihnen auf einem globalisierten Kapitalmarkt jede Fluchtmöglichkeit offen steht? Kapital ist – so sagt man – »ein scheues Reh«, das sofort flieht, wenn ihm Besteuerung droht. Das Beispiel der Einführung der Quellensteuer und die anschließende Kapitalflucht in die Steueroase Luxemburg in Höhe von geschätzt 245 Mrd. DM zeigt das nur allzu deutlich.[38]

Lüge 3:
»Die Globalisierung ist eine Chance zur Überwindung der Arbeitslosigkeit«

»Insgesamt ist die Arbeitsmarktbilanz Deutschlands im Welthandel bislang positiv. Der Arbeitsplatzverlust von Textil-, Bekleidungs- und optischer Industrie wurde mehr als wettgemacht durch neue, hochwertige Exportarbeitsplätze.«
Nikolaus Piper, Angstfaktor Weltmarkt[39]

In den Staaten der Europäischen Union nähert sich die Arbeitslosenquote unaufhaltsam der 20-Millionen-Marke.[40] Im Februar 1998 waren in der Bundesrepublik fast 5 Millionen ohne Arbeit, das sind fast 13 % der erwerbsfähigen Bevölkerung. Doch diese Zahlen spiegeln nicht das wirkliche Ausmaß der Arbeitslosigkeit wider. Berücksichtigt man auch diejenigen, die die Suche bereits aufgegeben haben und eigentlich arbeitswillig sind (die sogenannte »stille Reserve«), die in Umschulungsmaßnahmen kurzfristig unterkommen, die unfreiwillig Kurzarbeit machen oder die in die Frührente entlassen worden sind, so fehlen in Deutschland über 8 Millionen Arbeitsplätze.[41] Das entspricht einer »wahren« Arbeitslosenquote von 20 %.

Doch selbst diese Zahl schockiert uns nicht wirklich, denn an abstrakte Zahlen haben wir uns längst gewöhnt. Den Rekordmeldungen über Arbeitslosigkeit folgt der übliche Aufschrei in der Presse, danach kehrt wieder der Alltag ein. Denn Arbeitslosenquoten können nicht das soziale Elend und Leid der Betroffenen ausdrücken. Arbeitslosigkeit bedeutet weit mehr als nur finanzielle Einbußen. Vor allem bei Langzeitarbeitslosen wird eine soziale Abwärtsspirale in Gang gesetzt, aus der viele nicht mehr herausfinden. Alkoholismus, Depression, Krankheit und im Extremfall Selbstmord stehen am Ende des Weges.[42] Hinzu kommt die Angst derjenigen, die täglich mit dem Verlust des Arbeitsplatzes rechnen müssen.

Arbeitslosigkeit ist meist ein unsichtbares Problem. Wer durch unsere Städte geht, dem bietet sich überwiegend ein Bild von

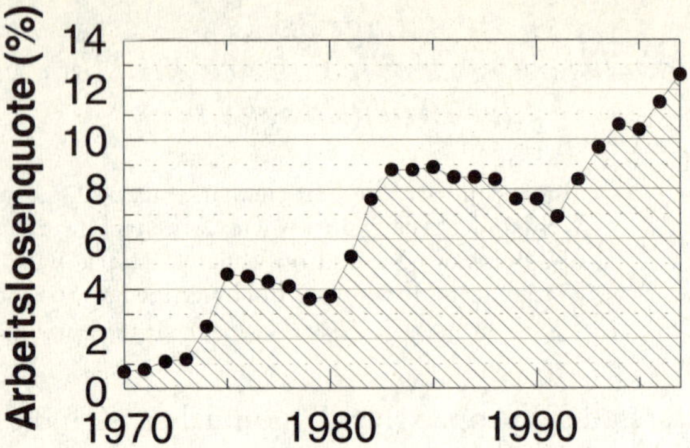

Grafik 4: Entwicklung der Arbeitslosigkeit in Deutschland, ab 1990 Gesamtdeutschland. Quellen: ISW Wirtschaftsinfo extra Nr.25, Hardes

Wohlstand und beruhigender Alltäglichkeit. Beunruhigung stellt sich erst ein, wenn man selbst arbeitslos ist oder in Gefahr gerät, arbeitslos zu werden. Waren 1982 über eine Million Arbeitslose in der Bundesrepublik noch ein Skandal, der zum Sturz der Regierung von Helmut Schmidt beigetragen hat, so werden heute offizielle Arbeitslosenzahlen nahe der Fünfmillionengrenze als schicksalhaft hingenommen. Es klingt wie Hohn, wenn eine marginale Senkung der offiziellen Quote euphorisch als Trendwende auf dem Arbeitsmarkt gefeiert wird, denn ein Ende der Massenarbeitslosigkeit ist nicht in Sicht.

Die existierende hohe Arbeitslosigkeit entstand im wesentlichen in zwei Schüben: Im Zuge der Ölkrise 1973/74 verdoppelte sich die Arbeitslosigkeit und übersprang die Einmillionengrenze, und durch die Rezession zwischen 1981 und 1983 verdoppelte sie sich innerhalb von zwei Jahren fast noch einmal. Seit dem ersten Ölpreisschock ging die Arbeitslosigkeit in Boomzeiten nur noch wenig zurück. Man spricht von den »Sockeln« 1975–1980 und 1982–1990. 1996 durchbrach die Arbeitslosigkeit in Westdeutschland die Dreimillionenmauer, während 1997 in Gesamtdeutschland im Jahresdurchschnitt etwa 4,36 Millionen Menschen offiziell keine Arbeit mehr hatten.

Jobless growth: Wirtschaftswachstum ohne Arbeitsplätze

In den zehn Jahren von 1983 bis 1992 wuchs das BSP in der Bundesrepublik real um rund 31 %.[43] Gleichzeitig nahm die Zahl der Arbeitsplätze um 12 % zu, was jedoch wesentlich weniger war, als man sich von der unternehmerfreundlichen, angebotsorientierten Politik erwartet hat. Ab 1991 läßt sich jedoch eine völlig neue Entwicklung beobachten. Zwischen 1991 und 1996 sind trotz eines realen Wirtschaftswachstums von über 10 % mehr als zwei Millionen Jobs verlorengegangen. Allein 1996 wurden trotz vorhandenem Wirtschaftswachstums 350 000 Jobs abgebaut.

Bundeskanzler Helmut Kohl verkündete in seiner Neujahrsansprache zum Jahreswechsel 1997/98: »Wir können mit einem Wachstum von 2,5 bis 3 % rechnen. Wir haben damit die berechtigte Hoffnung auf eine Trendwende am Arbeitsmarkt. Unsere Reformen zielen auf mehr wirtschaftliches Wachstum. Dies ist eine Voraussetzung für mehr Arbeitsplätze.« Doch Wirtschaftswachstum bedeutet zwar einen Anstieg des Bruttosozialproduktes, es heißt aber nicht automatisch Schaffung neuer Arbeitsplätze. Denn wenn es durch Rationalisierungsmaßnahmen möglich ist, gleichzeitig mehr Produkte mit weniger Arbeitskräften herzustellen, so steigt das BSP ebenfalls an. Es wäre ein jährliches Wirtschaftswachstum von etwa 3 % nötig, um durch den Ausbau von Produktionsanlagen den rationalisierungsbedingten Abbau von Arbeitsplätzen aufzuhalten.[44] Selbst ein Boom mit unrealistisch hohen Wachstumsraten von 4,5 % über zehn Jahre hinweg würde nur 3,4 Millionen neue Beschäftigungsverhältnisse schaffen. Bei acht Millionen fehlenden Arbeitsplätzen reicht dieser an sich schon utopische Wachstumstraum aber nicht zur Beseitigung der Arbeitslosigkeit aus und ist ökologisch ohnehin unvertretbar. Offensichtlich ist Wirtschaftswachstum kein Modell zur Lösung der Massenarbeitslosigkeit mehr. »Neuer Wachstumsschub für neue Arbeitsplätze« und ähnliche Slogans sind Träume von gestern. Unbemerkt von der Politik haben die alten Gleichungen ihre Gültigkeit verloren. Unsere Wirtschaft wächst, ohne daß neue Arbeitsplätze entstünden.

Hohe Unternehmensgewinne waren und sind für die Anhänger angebotsorientierter Wirtschaftspolitik ein Garant für die Schaffung von neuen Arbeitsplätzen. Um Gewinne zu ermöglichen, müssen Unternehmenssteuern gesenkt und Löhne möglichst niedrig gehalten werden. Unternehmensgewinne sind in der Bundesrepublik reichlich vorhanden, und sie werden auch investiert. Es sind jedoch überwiegend Investitionen, bei denen es um die Umsetzung vorhandener Rationalisierungsmöglichkeiten geht. Die steigenden Unternehmensgewinne werden nicht dazu verwendet, neue Arbeitsplätze zu schaffen, sondern um noch vorhandene aus Kostengründen abzuschaffen. Dazu zählt auch die Auslagerung von arbeitsintensiven Produktionsbereichen ins Ausland. Bei Rationalisierungsinvestitionen winken weit höhere Gewinne; warum sollte man da in Arbeitsplätze investieren? Gleichzeitig stagniert wegen sinkender Reallöhne und staatlicher Sparmaßnahmen der private und der staatliche Konsum – was der Schaffung von Arbeitsplätzen endgültig den Garaus macht.

Daran wird auch die vielbeschworene »Innovationsfähigkeit« nichts ändern. Die Hoffnung trügt, daß damit das Problem der Arbeitslosigkeit gelöst werden könnte. Selbst wenn in Deutschland neue Technologien und neue Produkte entwickelt und hergestellt werden, die ein ähnliches Weltmarktpotential wie Fernseher oder Radio haben, so werden diese Produkte in einer weitgehend automatisierten Herstellung gefertigt werden. Der Arbeitsplatzgewinn wäre gering. Das zeigt das Beispiel der beiden Vorzeige-Spitzentechnologiekonzerne Intel und Microsoft, die zusammen lediglich 85 000 Beschäftigte haben.

Der Shareholder value

Ciba-Geigy und Sandoz waren zwei unabhängige Chemieunternehmen mit hervorragenden wirtschaftlichen Perspektiven. Beide Konzerne erwirtschafteten 1995 hohe Gewinne. Trotzdem fusionierten die Aktiengesellschaften im Mai 1996, nicht weil es darum ging, marode Betriebe wieder fit zu machen, sondern einzig und allein deshalb, um den Ertrag auf eingesetztes Kapital zu erhöhen.[45] Denn wenn sich zwei Betriebe zusammenschließen, werden Arbeitskräfte überflüssig (in diesem Fall 15 000), die Produktionskosten sinken und die Rendite steigt. So erklärt sich auch, warum nach dem Bekanntwerden der beabsichtigten Firmenfusion die Aktien beider Unternehmen sofort stiegen.

Die größten privaten Arbeitgeber in der Bundesrepublik sind Aktiengesellschaften. Allein Siemens, Daimler-Benz und die Deutsche Bahn AG beschäftigen zusammen fast eine Million Menschen.[46] Aktien dieser Unternehmen werden weltweit gehandelt. Der überwiegenden Mehrheit der Anleger geht es nicht um Arbeitsplatzsicherheit, Ausbildung oder um Forschung. Hierin besteht der fundamentale Unterschied zwischen Familienbetrieben, Betrieben, in welchen Arbeitnehmer entscheidende Einflüsse auf die Unternehmensleitung haben, und Aktiengesellschaften, die kurzfristig hohe Renditen erwirtschaften müssen.

Gewinn machen allein genügt nicht mehr – Aktionäre wollen auf ihr eingesetztes Kapital, ihre Aktien, größtmögliche Rendite. Der Zwang hat einen Namen: Der »Shareholder value« bezeichnet den Wertzuwachs von Unternehmensaktien. Der Kurs der Aktien muß steigen, sonst suchen sich die Anleger eine Anlageform, die größeren Gewinn verspricht. Dieser Mechanismus beinhaltet nicht nur, daß ein Unternehmen seine Produkte verkaufen können muß und Gewinn machen soll, sondern daß es seinen Gewinn heute um jeden Preis maximieren muß. Vorbei sind die Zeiten eines sozialdemokratischen Konsenses darüber, daß Unternehmen auch soziale Ziele berücksichtigen müssen. Für den Erfolg eines Großkonzerns zählen heute nicht soziale Verpflichtungen gegenüber seinen Arbeitern und Angestellten, nicht das Unternehmenswachstum oder die Gewinne, sondern der Shareholder value und maximale Gewinne, die Börsenkursentwicklung und die Kapitalrendite. Dieser Druck auf die Großunternehmen ist Realität. Vor allem amerikanische und englische Rentenfonds haben sich mit Milliardenbeträgen in die deutsche Industrie eingekauft und versuchen so die in den USA erreichbaren Renditen auf eingesetztes Kapital von über 10 % auch hierzulande durchzusetzen.[47] Deutsche Aktiengesellschaften wie Veba (15,0 %) und Hoechst (14,6 %) haben diese Forderungen bereits erfüllt. Großkonzerne wie Siemens (1,75 %) oder Daimler (0,46 %) erwirtschaften zwar ebenfalls gewinnbringende Renditen.[48] Bleibt aber die Rendite so niedrig, werden die Aktionäre respektive Banken ungeduldig, und in den Aufsichtsräten werden sodann Entscheidungen getroffen, die für höhere Renditen sorgen. Auch deshalb werden bei Siemens oder Daimler Arbeitsplätze abgebaut, obwohl Unternehmensgewinne vorhanden sind.

Durch die Globalisierung unterliegen Unternehmen, die sich Kapital über die Börse beschaffen, einem doppelten Zwang, Kosten zu sparen: Produkte müssen effizient hergestellt werden, um zum einen billig und konkurrenzfähig zu sein und zum anderen eine hohe Kapitalrendite zu erwirtschaften. Die Globalisierung des Warenmarktes vergrößert die Konkurrenz der Produkte, während die Globalisierung des Kapitalmarktes die Konkurrenz des »Herstellungsprozesses« potenziert. Es konkurrieren nicht mehr nur gleichartige Produkte miteinander, sondern völlig verschiedene, z. B. Autos und Bohrmaschinen: Der PKW-Hersteller BMW muß eine genauso hohe Kapitalrendite vorweisen können wie der Bohrmaschinenhersteller Bosch – andernfalls drohen unbequeme Entscheidungen in den Vorstandsetagen. Durch diese Form der Konkurrenz wird zwar der Herstellungsprozeß effizienter, aber die Produkte nicht billiger – hier haben wir keine für den Konsumenten nützliche Konkurrenz, sondern Vorteile ausschließlich für Kapitalanleger wie Banken, Investmentfonds und Spekulanten.

Was aber bedeutet eine hohe Gewinnausschüttung anderes als überhöhte Produktpreise für die Konsumenten und schlechtbezahlte Arbeiter in den Betrieben? Wenn ein amerikanischer Industriebetrieb wie der Mikroprozessorhersteller Intel Renditen von

25 % erwirtschaftet, hätte der Betrieb seine Produkte natürlich auch wesentlich billiger anbieten können.[49] Der Preis der Ware steht in immer geringerem Verhältnis zu den Herstellungskosten – der Kunde bezahlt den Aktionär. Auf der anderen Seite bedeuten hohe Renditen eine offenbar schlecht organisierte Belegschaft. Denn um auf dem Gütermarkt konkurrenzfähig zu sein, könnten die Gehälter der Arbeiter wesentlich höher sein.

Hohe Renditen weisen auf ein Nichtfunktionieren des Konkurrenzprinzips auf der Warenseite hin – während dieses Prinzip auf der Kapitalseite sehr wohl funktioniert. Die Firma Intel ist nahezu Alleinanbieter leistungsfähiger Mikroprozessoren in bestimmten Anwendungsgebieten. Die bereits vorhandene Marktmacht und der gigantische Gewinn von Intel machen es möglich, die nächste Generation der Computertechnologie zu entwickeln, wodurch die Monopolstellung des Unternehmens noch weiter wachsen wird. Ähnliches gilt auch für den transnationalen Konzern Microsoft, dessen marktbeherrschende Stellung ihm nahezu astronomische Gewinne sichert – unabhängig davon, ob die neueste Windows-Version eine Qualitätsverbesserung für die Konsumenten bedeutet.

Die neue Dimension der Rationalisierung

Rationalisierung ist zum Treibstoff der Wirtschaft geworden, wodurch Massenarbeitslosigkeit produziert wird. Sie findet in allen Bereichen der Wirtschaft statt, die Potentiale sind noch lange nicht ausgereizt. Am stärksten betroffen ist die Industrie, aber auch der Dienstleistungsbereich, einstiger Hoffnungsträger am Arbeitsmarkt, bleibt nicht verschont. Amerikanische Banken bieten für Girokonten höhere Zinsen als deutsche Banken für Sparbücher. Wohl deshalb unterhalten sie so gut wie keine Filialen. Im Gegenzug sind sie jedoch telefonisch rund um die Uhr erreichbar. Immer mehr Menschen akzeptieren Telefonbanking, die teure Belegschaft wird zum Großteil überflüssig.

- Die Deutsche Bank schloß 1996 64 Filialen, entließ 2250 Mitarbeiter, steigerte ihr Betriebsergebnis um 37 % und machte 2,2 Mrd. DM Gewinn.
- Die Dresdner Bank, das zweitgrößte deutsche Kreditinstitut, hat zwischen 1995 und 1997 rund 10 % ihrer Belegschaft abgebaut.[50]
- Zwischen 1991 und 1995 gingen in der deutschen Industrie insgesamt 1,2 Millionen Arbeitsplätze verloren, davon im Maschinenbau 223 000, in der Elektroindustrie 195 000, in der Auto- und Motorradfertigung 160 000, in der chemischen Industrie 73 000.
- Auch Opel in Rüsselsheim ist zufrieden: Zwischen Januar und November 1996 stieg die Produktion um 14 % oder 285 000 Autos an. Diese wurden von nur 11 650 Mitarbeitern, und damit um 4,1 % weniger als im Vorjahr, produziert.[51]
- Bei VW waren 1996 noch 241 000 Mitarbeiter beschäftigt, 20 000 weniger als 1990. Allein 1996 stieg der Aktienkurs des Unternehmens um 93 %, während im Inland 6 % aller Arbeitsplätze fortfielen. Das bescherte VW denn auch einen Anstieg der Umsatzerlöse um 13,6% und eine Verdopplung des Gewinns nach Steuern.
- Ähnlich die Daten für Daimler und BASF 1996: Beschäftigungsabbau 87 000 bzw. 28 000, Aktienkurs +75 % bzw. +98 %.[52]
- Die Rationalisierungsreserve der Siemens-Aktiengesellschaft wird mit 10 % angegeben. Doch das dürfte untertrieben sein. Siemens hat seit 1992 zunehmende Umsätze und Gewinne bei abnehmender Belegschaft. Allein 1996 stieg der Firmengewinn um 20 % auf 2,5 Mrd. DM, zwischen 1992 und 1996 sank die Belegschaft in Deutschland um rund 50 000 Mitarbeiter auf 200 000.
- Die Rationalisierungspotentiale ehemaliger Staatsbetriebe sind noch weitaus höher: Die Deutsche Bahn AG will ihre Belegschaft bis zum Jahr 2000 von 300 000 auf 200 000 Mitarbeitern abbauen, und die Deutsche Post AG hat bis zum Jahr 2000 die Streichung von 68 000 Arbeitsplätzen geplant.[53]

Das ist erst der Anfang. Durch Rationalisierungsmaßnahmen sind mindestens weitere vier Millionen Arbeitsplätze akut gefährdet. Dazu braucht man nur die Produktivität deutscher Unternehmen mit einigen hocheffizienten amerikanischen Dienstleistern vergleichen. Bei der amerikanischen Großbank Citicorp wird ein Betriebsergebnis von rund 68 000 US-Dollar pro Mitarbeiter erwirtschaftet. Wenn die Deutsche Bank so »produktiv« sein wollte, müßte sie von ihren 74 000 Mitarbeitern 42 %, also über 30 000 Mitarbeiter, entlassen. Dresdner und Commerzbank müßten jeweils über die Hälfte ihrer Belegschaft entlassen, um amerikanische Renditen zu erwirtschaften. Im amerikanischen Telekommunikationsunternehmen Pacific Telesis betreut ein Mitarbeiter durchschnittlich 296 Hauptanschlüsse. Bei der Deutschen Telekom sind es jedoch nur 174, ihr Verwaltungsapparat ist viel größer und ineffizienter. Nach amerikanischen Maßstäben müßte sie von ihren 225 000 Angestellten 92 000 entlassen. Solche Überlegungen werden natürlich in allen Bereichen der Wirtschaft angestellt, z. B. für die Fluggesellschaften (Lufthansa – über 20 000 Mitarbeiter zuviel) und die Versicherungen (Abbau von 100 000 Beschäftigten möglich).[54]

Nach obigen Effizienzkriterien sind die »überflüssigen« Arbeiter einfach »unproduktiv«. Werden diese Mitarbeiter im Zuge einer Umorganisierung entlassen, so sinken die Kosten, und der Shareholder value steigt. Heutige Börsenkurse nehmen diese zukünftigen möglichen Entlassungen vorweg und zwingen die Unternehmen gleichzeitig, diese auch durchzuführen, denn Aktionäre wollen durch maximal hohe Gewinne bei Laune gehalten werden. Das ist der Grund für die Höhenflüge des Deutschen Aktienindex. Der DAX stieg zwischen 1991 und Anfang 1997 um sagenhafte 247 % an, während gleichzeitig mehr als zwei Millionen Arbeitsplätze verlorengingen.[55]

Würden schon heute in den Betrieben alle derzeit verfügbaren Technologien zum Einsatz kommen, die die menschliche Arbeitskraft ersetzen, würden allein in Westdeutschland etwa neun Millionen Arbeitsplätze vernichtet werden. Die Arbeitslosenquote stiege dann auf 38 %.[56] Wenn alle Rationalisierungspotentiale ausgeschöpft werden, könnten in naher Zukunft theoretisch sämtliche Güter und Dienstleistungen von 20 % der Bevölkerung erbracht werden, 80 % wären arbeitslos.[57] Es ist unstrittig, daß eine demokratische Gesellschaft das nicht verkraften kann. Wohin soll denn der Rationalisierungs- und Effizienzwahnsinn führen? Ein Arbeiter kann für einen Betrieb überflüssig werden, aber er lebt weiter in der Gesellschaft, die ihm Lebensgrundlage sein und Selbstwertgefühl vermitteln muß. Ansonsten wird es auch bei uns zur Normalität, daß sich das wohlhabende Fünftel der Gesellschaft hinter Stacheldraht zurückzieht und sich der übergroße Rest mit Recht fragen kann, wo denn nun der gesellschaftliche Fortschritt nach zwei Jahrhunderten Industrialisierung geblieben ist.

Unabhängig vom Lohnniveau und den Sozial- und Umweltstandards wird ein immer größerer Teil der Menschen »überflüssig«. Wenn sich eine neue Industrie- oder Organisationsstruktur effizienter als eine bestehende erweist, wird sofort der Druck der Aktionäre dafür sorgen, unverzüglich den für die Rendite, den Shareholder value, günstigeren Weg einzuschlagen. Und je enger Märkte miteinander verflochten sind, desto höher wird dieser Druck sein.

Unter humanen Gesichtspunkten ist es die wohl unverfrorenste Lüge der Globalisierungsdebatte, daß durch die Globalisierung mehr Arbeitsplätze geschaffen als vernichtet werden. Der Trend zum globalen Wirtschaften bringt genau die Probleme hervor, die er zu lösen vorgibt. Arbeitslosigkeit wird durch global miteinander konkurrierende Finanz-, Waren- und Arbeitsmärkte erst in ihrer heutigen Dimension verursacht. Arbeit ist jedoch genug vorhanden, nur wirft diese keine 15 %-Rendite ab. Arbeit für Millionen Menschen findet sich im sozialen und ökologischen Bereich – globalisiertes Kapital wird diese aber nie finanzieren. Wirtschaftswachstum, Innovation und günstige Unternehmensbedingungen sind alte Rezepte zur Beseitigung der Arbeitslosigkeit, die durch die Globalisierung unwirksam wurden.

Ein effizienter Arbeitsplatz ersetzt vielleicht zwei ineffizientere. Es ist jedoch fraglich, ob der neue Arbeitsplatz erfüllender als der alte ist und Lebensqualität verlorengeht, ob wir uns durch die Globalisierung den Takt der Technik nicht noch stärker haben aufzwingen lassen.

Lüge 4:
»Die Löhne in Deutschland sind zu hoch«

> »Die Zuwächse werden aber wahrscheinlich für eine Weile unter der Inflationsrate bleiben ... Die Gewöhnung an jedes Jahr mehr Geld, mehr Freizeit – das ist zu Ende.«
>
> *Siemens-Chef v. Pierer* [58]

Ob Bundeskanzler, Wirtschaftsweiser oder Arbeitgebervertreter, in einem Punkt sind sich alle einig, wenn der Schuldige für den angeblichen Niedergang des Standortes Deutschland benannt werden soll: die zu hohen Löhne. Sie seien schuld daran, daß nicht mehr in Deutschland investiert wird und die Arbeitslosigkeit Rekordniveau erreicht. Die Manager der Großkonzerne klagen niedrigere Löhne ein, damit ihre Unternehmen im globalen Wettbewerb wieder konkurrenzfähig werden.

Seit Beginn der Standort- und Globalisierungsdebatte läßt sich bei Tarifverhandlungen das immer gleiche Ritual beobachten. Die Republik hält gespannt den Atem an und hofft, daß die Gewerkschaften bei ihren Forderungen nicht zu hoch greifen. Selbst Gewerkschaftsmitglieder treten für moderate Lohnabschlüsse ein und schwächen damit die Verhandlungsposition ihrer Vertreter. Der Bundeskanzler macht sich – unter Verletzung der Tarifautonomie, die diese Einmischung verbietet – zum Anwalt der Unternehmen, fordert »beide« Tarifparteien zur Mäßigung auf und meint damit doch nur die Gewerkschaften. Resultat dieser Propaganda ist, daß 1997 die Bruttolöhne den niedrigsten Zuwachs seit Beginn der statistischen Erfassung 1958 verzeichneten: Die Grundgehälter schrumpften um real 0,5 %.

Warum wird überhaupt noch in Deutschland produziert?

Eigentlich sonderbar, daß überhaupt noch Unternehmen in der Bundesrepublik produzieren, wenn der Bundesverband der Deutschen Industrie (BDI) konstatiert: »Die deutschen Arbeitskosten sind im internationalen Vergleich zu hoch.«[59] Obwohl die Löhne in Portugal oder Osteuropa wesentlich niedriger sind als in Deutschland, gibt es hierzulande immer noch Arbeitsplätze. Dies hat einen einfachen Grund, der von Unternehmerseite nur zu gerne unterschlagen wird: Nicht die Löhne, sondern die Produktivität ist der entscheidende Faktor im internationalen Wettbewerb.

Hierzu ein einfaches Beispiel: Angenommen, eine Arbeitsstunde kostet in Portugal 10 DM. In dieser Stunde produziert ein Arbeiter ein Stück eines Gutes. Ein Arbeiter in Deutschland, der dasselbe Produkt herstellt, verdient 40 DM, mit dem Unterschied, daß er in derselben Zeit sechs Stück dieses Gutes produzieren kann, da er besser ausgebildet ist, modernere Technologie zur Verfügung hat und weniger häufig streikt. Damit ist sein höherer Lohn gerechtfertigt, weil er produktiver als der portugiesische Arbeiter ist.

Die statistische Größe, die in diesem Zusammenhang im internationalen Vergleich der Maßstab für Produktivität ist, sind die Lohnstückkosten. Das ist der Lohn, der für eine produzierte Einheit eines Gutes bezahlt werden muß. Im genannten Beispiel betragen die Lohnstückkosten in Portugal 10 DM pro Gut, in

Deutschland jedoch nur 40 DM pro sechs Güter, also 6,70 DM pro Gut. Damit die Lohnkosten pro produzierter Ware in beiden Ländern gleich hoch sind, könnte der Stundenlohn in Deutschland sogar auf 60 DM steigen.

Das Beispiel kommt der Realität recht nahe: Die Produktivität der Arbeitnehmer ist in Deutschland wesentlich höher als in den meisten Staaten der Welt, deshalb sind höhere Löhne für die geleistete Arbeit auch gerechtfertigt. Das Argument, die Löhne in Portugal seien weitaus niedriger als in Deutschland, ist zwar zutreffend, aber deshalb eine Anpassung deutscher Löhne an das portugiesische Lohnniveau zu fordern, damit der Standort wieder wettbewerbsfähig wird, ist unsinnig. Im Gegenteil: Deutschlands Arbeitnehmer könnten sogar weit höhere Löhne fordern (im Beispiel 60 DM statt 40 DM), deshalb würde es sich für das Unternehmen unter Lohnkostengesichtspunkten immer noch nicht rentieren, seine Produktion nach Portugal zu verlagern.

In den vergangenen Jahren sind die Löhne in Deutschland langsamer gestiegen als die Produktivität: 1997 müßten die Arbeitgeber in Westdeutschland im Durchschnitt 45 DM pro geleistete Arbeitsstunde zahlen. Im internationalen Vergleich ist das zwar einer der höchsten Werte überhaupt (1989 waren es nur 30 DM), und auch der durchschnittliche Lohn ist in nicht unerheblichem Maße gestiegen, worauf die Arbeitgeber unermüdlich hinweisen. Was aber fast immer verschwiegen wird, ist die Tatsache, daß die Produktivität je Beschäftigtenstunde viel stärker gestiegen ist: von 55 DM 1989 auf 85 DM 1997. Der Abstand zwischen dem Stundenlohn und dem, was in einer Stunde erwirtschaftet wurde, hat sich somit von 25 DM 1989 auf 30 DM 1997 erhöht. Deshalb erwirtschaften die Unternehmen heute weit höhere Gewinne, und die internationale Wettbewerbsfähigkeit hat sich noch weiter verbessert.[60]

Vergleicht man die Entwicklung der Lohnstückkosten in verschiedenen Industriestaaten miteinander, so erkennt man, daß diese in Deutschland wesentlich langsamer stiegen als in den meisten anderen Ländern.[61] Der Anstieg der Lohnstückkosten fiel zwischen 1980 und 1997 in Deutschland und Frankreich am geringsten aus, und »die schlechtesten Werte erreichen mit dem Vereinigten Königreich und den USA zwei Länder, die üblicherweise als wenig lohnkostenintensiv klassifiziert werden«.[62] Deutschland ist in den letzten 15 Jahren immer konkurrenzfähiger geworden. Doch das Märchen von den zu hohen Löhnen und die Einschüchterung der Gewerkschaften zeigen Wirkung. 1997 war Deutschland das einzige westliche Industrieland, in dem die Lohnstückkosten sanken.[63]

Die Arbeitnehmer zahlen die Zeche für eine starke DM

Wenn in einem anderen Land die Lohnstückkosten im Vergleich zu Deutschland langsamer stiegen, so kann das auch einen anderen Grund als die steigenden Löhne in der Bundesrepublik haben. Eine Verbesserung der deutschen Wettbewerbssituation hat stets zur Folge, daß die Nachfrage nach der deutschen Währung stark zunimmt, denn mit ihr werden deutsche Waren bezahlt. Da die Bundesbank dieses Geld jedoch nicht bereitstellt – denn sie versucht die Inflation durch eine Begrenzung der Geldmenge so gering wie möglich zu halten –, wird die Mark auf dem Kapitalmarkt knapp, und der Preis der DM steigt. Die Wechselkurse verändern sich dahingehend, daß die Mark teuer wird und die Währungen der anderen Länder billiger. Die Folge ist eine Verteuerung deutscher Waren im Ausland. So werden die Produktivitätsvorteile Deutschlands durch den Wechselkursmechanismus wieder auf ein für die anderen Länder erträgliches Maß reduziert. Vergleicht man den Lohnstückkostenanstieg verschiedener Länder in internationalen Währungen, so stiegen die Lohnstückkosten in allen Ländern ungefähr gleich an.[64] Die Anpassung der Wechselkurse schützt die weniger produktiven Volkswirtschaften vor ihrem Ausverkauf. Gäbe es diesen Mechanismus nicht, würden produktivere Staaten unproduktive niederkonkurrieren. Genau dieser Wechselkursmechanismus entfällt, wenn der Euro eingeführt wird.

»... eine Aufwertung der D-Mark gegenüber dem US-Dollar in den anderthalb Jahren 1994/95 um rund 26 % [bedeutet] einen Wettbewerbsverlust von fast 200 Mrd. DM ... ein Verzicht auf einen Prozentpunkt möglicher Lohnerhöhung würde zu einer Wettbewerbsverbesserung der deutschen Außenwirtschaft um 7,5 Mrd. DM führen.«[65] Wechselkursschwankungen dieser Art werden von der Wirtschaft akzeptiert, nicht jedoch höhere Lohnforderungen. Um dieselben Außenhandelsnachteile wie bei obiger Dollarabwertung zu erzeugen, hätten die Gewerkschaften eine Lohnsteigerung von 27 % durchsetzen müssen. Die Idealkonstellation für Unternehmer wäre, wenn die durch die Wechselkursmechanismen verursachten Wettbewerbsnachteile durch einen Lohnverzicht der Arbeitnehmer aufgefangen werden könnten. Dazu muß nur oft genug wiederholt werden, daß die Löhne zu hoch sind. Und irgendwann glaubt es der Arbeitnehmer dann selbst.

Löhne einmal anders betrachtet

> »Ist das so schwer zu begreifen? Wer sparen muß, konsumiert weniger. Können aber die Unternehmen ihre Waren im Inland nicht absetzen, entlassen sie Beschäftigte.«
>
> *Rudolf Augstein in: ›Der Spiegel‹, Nr. 08/1997*

Dank des technologischen Fortschritts sind wir zunehmend in der Lage, mit immer weniger menschlicher Arbeitskraft immer mehr Güter herzustellen. Je mehr Fortschritt, desto weniger müssen wir arbeiten, so die vernünftige Folgerung, denn der Umkehrschluß hieße, wegen des Fortschrittes müssen alle mehr arbeiten. Wenn mehr Güter erzeugt werden, können wir auch mehr konsumieren. Wenn die Menge der produzierten Güter zunimmt, muß aber auch die Geldmenge in den Händen der potentiellen

Konsumenten entsprechend steigen, um die produzierten Dinge kaufen zu können.

Höhere Löhne erzeugen eine höhere Nachfrage nach produzierten Gütern. Henry Ford war einer der ersten Industriellen, die dieses Prinzip auch in die Tat umsetzten. »Autos kaufen keine Autos« ist sein bekannter Ausspruch. In den 30er Jahren verdoppelte er deshalb praktisch über Nacht die Löhne seiner Beschäftigten, in der berechtigten Hoffnung, daß von den Lohnzuwächsen seine Autos gekauft werden. Dieses Beispiel zeigt, daß höhere Löhne nicht unbedingt ein Nachteil für die Unternehmer sind. Der Lohn ist auch aus Unternehmersicht nicht nur ein Kostenfaktor, sondern Voraussetzung dafür, daß Produkte überhaupt verkauft werden können. Der Einigungsboom 1991 hat uns vor Augen geführt, was geschehen kann, wenn plötzlich mehr Kaufkraft vorhanden ist. Um die höhere Nachfrage befriedigen zu können, wurden in der westdeutschen Industrie neue Arbeitsplätze geschaffen.

Seit Jahren beklagen die Unternehmer die hohen Löhne. Zeigt diese Propaganda Wirkung in Form sinkender Reallöhne, beschweren sich die Unternehmen gleichzeitig über eine zu geringe Nachfrage im Inland. Daß selbst bei einer Exportquote von 36 % die Mehrzahl unserer Produkte immer noch im Inland abgesetzt wird, nimmt kaum jemand zur Kenntnis. Der größte Teil unserer Exporte fließt in die OECD-Staaten, also in Industriestaaten. Da in diesen Ländern mit denselben Begründungen wie in Deutschland die Lohnschraube nach unten gedreht wird, sind auch dort zukünftig kaum Nachfragesteigerungen zu erwarten.[66]

Die Löhne in der Bundesrepublik sind höher als in Portugal oder Tschechien. Das ist eine Tatsache, doch spielt sie für die Wettbewerbsfähigkeit der deutschen Wirtschaft keine Rolle. Es gibt gute Gründe, höhere Löhne in Deutschland zu fordern: Erstens ist die Gewinnsituation der Großkonzerne blendend, also kann ihre Wettbewerbssituation nicht so schlecht sein wie behauptet. Zweitens ist Deutschland nach wie vor Exportweltmeister. Deutsche Produkte sind offenbar trotz hoher Lohnkosten weltweit begehrt. Drittens steigen die Löhne seit Anfang der 80er Jahre kaum an, obwohl das Bruttosozialprodukt enorme Zuwachsraten verzeichnet. Doch die Arbeitnehmer werden von den erwirtschafteten Wohlstandsgewinnen ausgeschlossen.

Das gezielte Verbreiten schlechter Stimmung

»Die Klagen über den Standort Deutschland sind überwiegend interessenpolitisch motiviert.«

Ergebnis des Standortgutachtens des IFO-Instituts für Wirtschaftsforschung (München)

Deutschland ist nach wie vor Exportweltmeister, es exportiert pro Einwohner mehr Güter als irgendein anderer Staat der Erde (1995: USA: 2264 US-Dollar pro Einwohner, Japan: 3573 US-Dollar, Deutschland: 6247 US-Dollar). In absoluten Zahlen exportieren wir mehr Güter (für 506 Mrd. DM) als Japan (443 Mrd. DM), obwohl Japan 40 Millionen Einwohner mehr hat als Deutschland. Unsere Exportquote und unser Außenhandelsvolumen steigen stetig an. Das Wachstum wurde nur zwischen 1990 und 1993 durch die Wiedervereinigung kurzfristig verringert, als unsere Industrie vermehrt den nationalen Markt bediente.[67]

Der Anteil deutscher Exporte am Weltexport betrug 1913 etwa 11 %. Zu jener Zeit war das Welthandelsvolumen wesentlich geringer, es beschränkte sich außerdem auf wenige Länder. Keine Schwellenländer im heutigen Sinne überschwemmten mit Billigprodukten den Weltmarkt. Seitdem hat sich viel geändert. Produktionskapazitäten explodieren regelrecht, Kapital kann nahezu weltweit investiert werden, und immer mehr Länder sind in der Lage, technologisch anspruchsvolle Produkte selbst herzustellen. Deshalb wäre es normal, wenn der Anteil deutscher Exporte am Weltexport zurückgehen würde. Dies wäre ein Zeichen dafür, daß die Entwicklungsländer aufholen, sich der Reichtum gerechter über den Globus verteilen würde. Diese Entwicklung ist jedoch nicht zu beobachten. Ende der 80er Jahre betrug Deutschlands Anteil am Weltexport immer noch 11 %, 1995 lag er bei 10,1 % (bei einem Weltbevölkerungsanteil von unter 1,5 %). 1997 stieg er wieder an. »Es gibt kein Standortproblem, Deutschland hat Vorsprünge im internationalen Wettbewerb« ist denn auch das Fazit des Deutschen Instituts für Wirtschaftsforschung.[68] Deutschland hat offensichtlich seine Machtstellung trotz Schwellenländer und Strukturwandel behaupten können.[69]

Wenn davon gesprochen wird, daß Löhne und Sozialleistungen zu hoch seien, so sagen das diejenigen, die durch niedrigere Lohnkosten und niedrigere Sozialabgaben ihre Gewinne steigern können. Und genau diese Leute, die am meisten davon profitieren, werden angehört und sind in den Medien täglich präsent. Es fällt den Standortpropagandisten leicht, den Anschein zu erwecken, »als ob die hochproduktive BRD in den Zustand einer Mangelökonomie zurückgefallen wäre, in der es immer weniger zu verteilen gäbe«.[70] Kapitalstarke Unternehmen leisten sich ganzseitige Anzeigen in Zeitschriften, um Lohnverzicht und Sozialabbau einzuklagen; aber Journalisten stellen den Konzernchefs auch von selbst nach, um sie der Öffentlichkeit zu präsentieren.

Die mit der Globalisierung verbundene weltweite Mobilität von Kapital erlaubt es Unternehmen, zur Herstellung ihrer Produkte ins Ausland auszuweichen. So gab die Globalisierung mit einer *theoretisch* möglichen Verlagerung des Produktionsstandortes den Arbeitgebern ein neues Druckmittel an die Hand, und das wird medienwirksam genutzt, um Druck auf Löhne und Arbeitnehmerrechte auszuüben, obwohl das Auslandsengagement der Unternehmen meist andere Gründe hat. Die Drohung mit Standortverlagerung – unabhängig davon, ob sie wahrgemacht wird oder nicht – ist weltweit zu hören. Deutsche Firmen produzieren in Großbritannien oder den USA, amerikanische Unternehmen drohen mit der Umsiedlung nach Mexiko oder Brasilien, falls ihre Steuer- und Lohnkostenbelastung nicht fällt. In Brasilien wird mit Singapur gedroht, dort klopft Siemens bei der Regierung an und läßt verlauten, nach Vietnam auszuwandern, falls in

Singapur die Gewerkschaften Lohnerhöhungen erkämpfen. Und wer droht Vietnam mit Äthiopien?

Lohnverzicht erhält keine Arbeitsplätze und schafft keine neuen. Der globale Kampf der Standorte gegeneinander zwingt zu minimaler Beschäftigung, ganz gleich auf welchem Lohnniveau. Wenn ein Betrieb dank neuer Technologien nur noch 50 % seiner Arbeiter zur Produktion benötigt, dann entläßt er die anderen 50 %. Lohnverzicht kann diese Entlassungen vielleicht kurzfristig verzögern, aber verhindern wird er sie nicht. Die permanent einseitige Berichterstattung über angedrohte oder tatsächlich erfolgte Unternehmensverlagerungen verängstigt die Arbeitnehmer. Diese Angst wird von den Großkonzernen bewußt ausgenutzt, um durch Lohnsenkungen ihre Profitquote zu erhöhen. Hinter der Drohung einer Standortverlagerung nach England oder Tschechien verbirgt sich eine soziale Abwärtsspirale, die das Lohnniveau in Deutschland, aber auch in England und Tschechien auf das eines Entwicklungslandes drücken soll. Wie lange diese Taktik funktioniert, hängt davon ab, wie lange die Bevölkerung dies hinnimmt und wann sie anfängt, sich gegen eine Standortpropaganda zu wehren, die unsere demokratische Gesellschaft zerstören kann.

Lüge 5:
»Der Staat mischt sich zuviel in die Wirtschaft ein«

> »Nur mit einem schlanken, effizienten und flexiblen Staat werden die Spielräume geschaffen, die wir brauchen, um Arbeitnehmer und Unternehmer von Steuern und Abgaben zu entlasten.«
>
> *Olaf Henkel, BDI-Vorsitzender*[71]

Vom »schlanken Staat« ist viel die Rede. Die Wortwahl suggeriert bereits, daß dieser auch erstrebenswert ist, denn das Adjektiv »schlank« ist positiv besetzt, es bezeichnet den Körperbau attraktiver Menschen und es schwingt etwas von »fit for fun« mit.

Die heutigen Vorstellungen über einen begehrenswerten Körperbau werden auf den Umfang staatlicher Aktivitäten übertragen; wie das Ideal der Mediengesellschaft – fit und schlank – soll auch der Staat aussehen. Interessanterweise ist das Wort »schlank« durch einen bewußten Übersetzungsfehler entstanden. Die Konzepte von schlanker Produktion und vom schlanken Staat gehen auf das englische Wort »lean« (lean management) zurück. Nur bedeutet lean nicht »schlank«, sondern »mager«. Wird statt vom schlanken Staat vom mageren Staat gesprochen, ist das positive Image dieses Begriffes schnell dahin. Denn wer will schon als mager gelten – Magersucht ist schließlich eine Krankheit. Wie viele Wertvorstellungen ist der Schlankheitswahn ein Produkt unserer Zeit, galt doch bei den Römern Dickleibigkeit als durchaus attraktiv und als Zeichen von Wohlstand. Ähnliches gilt für die staatlichen Aktivitäten: Erst durch den Zusammenbruch der sozialistischen Staatswirtschaften wurde die staatliche Einmischung in den Wirtschaftsprozeß nachhaltig diskreditiert. Die Diskussion wurde auf die Schlagwörter »Markt = gut, Staat = schlecht« verkürzt, obwohl staatliche Aktivitäten auf verschiedensten Ebenen ablaufen und meist durchaus sinnvoll sind. Schon die Tatsache, daß sie derzeit im wirtschaftlichen Bereich pauschal verdammt werden, sollte stutzig machen. Denn in anderen gesellschaftlichen Bereichen ist es genau umgekehrt: Die soziale Spaltung erfordert einen immer mächtigeren Polizeiapparat, und Unmengen von Gesetzen sind nötig, um das Privateigentum zu schützen.

Der Staat muß sich einmischen

Staatsaktivitäten rufen in uns oft das Bild von bleistiftspitzenden, unbeweglichen Bürokraten hervor, die in ihren Amtsstuben nur damit beschäftigt sind, auf den Dienstschluß zu warten oder bedauernswerten Bürgern Steine in den Weg zu legen. Ein Bild, welches in den Medien bewußt gepflegt wird. Staat und Bürokratie werden zum Sinnbild für Stillstand und Ineffizienz. Deshalb wird die Rücknahme staatlicher Einmischung zugunsten von Wettbewerb und Markt gefordert. Aber der Staat hat auch seine positiven Seiten: Zu den Kernaufgaben staatlicher Politik gehört z. B. ein funktionierendes Sozialsystem. Darüber hinaus sind staatliche Aktivitäten äußerst vielfältig und durchaus begründbar, wie die nachfolgenden Beispiele zeigen:

Garantie der Rahmenordnung: Der Markt benötigt eine Rahmenordnung, für deren Ausgestaltung und Erhalt derzeit der Staat zu sorgen hat. Das macht marktwirtschaftlichen Wettbewerb überhaupt erst möglich. Hierzu gehört die Verhinderung von Monopolen, Kartellen und ruinösem Wettbewerb. Das Vertragsrecht zu garantieren ist ebenso Staatsaufgabe wie Verbraucherschutz und Schutz am Arbeitsplatz.

Subventionen: Staatliche Zuschüsse werden gewährt, um neue Technologien zur Marktreife zu entwickeln, aber auch, um Strukturbrüche zu vermeiden (Steinkohlebergbau) oder um Programme zur Strukturangleichung (Ostdeutschland) zu fördern. Hierher gehören so unterschiedliche Bereiche wie Zuschüsse für Firmengründer und sozialen Wohnungsbau oder Steuervergünstigungen aller Art. Dennoch werden Subventionen gern im Sinne des neoliberalen Zeitgeistes als schädlicher Markteingriff, als Behinderung des Marktmechanismus pauschal abgelehnt.

Staatliche Finanzhilfen und Steuervergünstigungen erreichen 1998 mit rund 115 Mrd. DM nur deshalb ein Rekordniveau, weil die Finanzierung des Kohlepfennigs geändert wurde und jetzt in dieser Statistik auftaucht. Davon abgesehen sinken die Subventionen (zwischen 1988 und 1995 um 11 %).[72]

Die größten Steuervergünstigungen, die indirekt Subventionen sind, gab es 1996 für selbstgenutztes Wohneigentum (2,9 Mrd. DM), für betriebliche Investitionen in Ostdeutschland (2,3 Mrd. DM) und als Eigenheimzulage (1,2 Mrd. DM). Die Beispiele zeigen, daß Subventionen und Steuervergünstigungen, genausowenig wie andere staatliche Aktivitäten, pauschal zu verdammen sind. Natürlich können sie auch zur Blockade eines nötigen

Tabelle 2: Die größten Subventionen in Deutschland 1996[73]

Subventionsart	Summe (Mrd. DM)
Steinkohlebergbau	7,7
Sozialer Wohnungsbau	2,9
Betriebliche Investitionshilfen in den neuen Ländern	1,6
Verbesserung der Agrarstruktur	1,3
Zinszuschüsse zur Wohnraummodernisierung in Ostdeutschland	1,1
Zinszuschüsse bei der Gründung von selbständigen Existenzen	1,0
Dieselölverbilligung für Landwirte	0,8

Strukturwandels führen, und einmal gewährte Steuernachlässe sind nur schwer wieder abzuschaffen. Hier muß genau differenziert werden.

Öffentliche Güter: Überließe man die Entscheidung über den Bau öffentlich zugänglicher Bibliotheken den Privatunternehmen, würde es diese Einrichtungen in der heutigen Form nicht geben. Derzeit ist es gesellschaftlich (noch) erwünscht, daß jeder nahezu kostenlosen Zugang zu Bibliotheken hat, die deshalb bezuschußt werden müssen und eben keinen monetären Gewinn abwerfen. Deshalb wird dieses »öffentliche Gut« über Steuern durch den Staat finanziert. Es existieren viele öffentliche Güter, die der Staat bereitstellt: Alle öffentlichen Einrichtungen zählen dazu, die gesamte Verkehrsinfrastruktur (Straßen darf jeder unentgeltlich benutzen) und das Bildungssystem.

Staatsunternehmen: Der Staat tritt in manchen Bereichen bewußt als Unternehmer auf, der nicht dem Zwang zur Gewinnmaximierung unterliegt. An der Erreichung sozialer und gesellschaftlicher Ziele müssen Staatsunternehmen gemessen werden und nicht daran, ob sie Gewinn erwirtschaften. Telekom, Post und Bahn waren staatliche Unternehmen, da sie auch soziale Aufgaben zu erfüllen haben, z. B. die Gleichbehandlung von Menschen aus verschiedenen Regionen zu erreichen oder eine erschwingliche Grundversorgung im Bereich des Verkehrs oder der Kommunikation zu gewährleisten. Diese Unternehmen zu privatisieren stellt die Gewinnmaximierung über jedes soziale Ziel.

Der Staat sollte in den Bereichen als Unternehmer auftreten, in denen es sinnvoll ist, daß nur ein Unternehmen eine bestimmte Leistung zur Verfügung stellt. Ein Beispiel hierfür war die Bundesbahn. Existierte nur ein privatwirtschaftliches Unternehmen, würde es als Monopolist seine Kunden ausbeuten. Deswegen sollte es in staatlicher Hand sein, oder es muß als Privatunternehmen unter staatliche Aufsicht gestellt werden. Also wurde die Bahn bislang staatlich organisiert, und man betrieb auch unwirtschaftlichere Nebenstrecken, wobei die Preise der Bahnfahrkarten für alle Strecken gleich hoch waren.

Umweltauflagen: Ein Unternehmen, das im Markt seinen Gewinn maximiert, wird auf jeden Umweltschutz verzichten, solange Luftverschmutzung oder das Einleiten von Abwasser in Flüsse nichts kostet. Hier ist der Staat gefordert, entweder Verbote zu erlassen oder die Unternehmen für die Umweltschäden, die sie verursachen, mit den entsprechenden Kosten zu belasten.

Um unsoziale und unerwünschte Marktergebnisse zu korrigieren, muß sich der Staat einmischen. Derzeit scheint der Staat diesbezüglich vieles falsch zu machen. Regulierungen zementieren häufig die Marktmacht mancher Großbetriebe. Andererseits ist der Staat die einzige Möglichkeit, Sozial- und Umweltstandards zu garantieren. Deshalb bedeutet Deregulierung oft einen geringeren Schutz des Schwächeren.

Gibt es in Deutschland zuviel Staat?

»Mit einer Staatsquote von 51 % ist Deutschland dem Sozialismus näher als der Marktwirtschaft.«

H.-D. Holtzmann, Deutsche Bank Research[74]

Was »zuviel« Staat eigentlich bedeutet, wird in der aktuellen Debatte meist nicht näher erläutert. Als Maßstab für den Umfang staatlicher Aktivität wird pauschalisierend die Staatsquote oder Staatsausgabenquote herangezogen. Die Staatsquote ist der Anteil aller staatlichen Ausgaben am Bruttosozialprodukt. In Grafik 5 ist deren Entwicklung in der Bundesrepublik seit 1960 dargestellt.

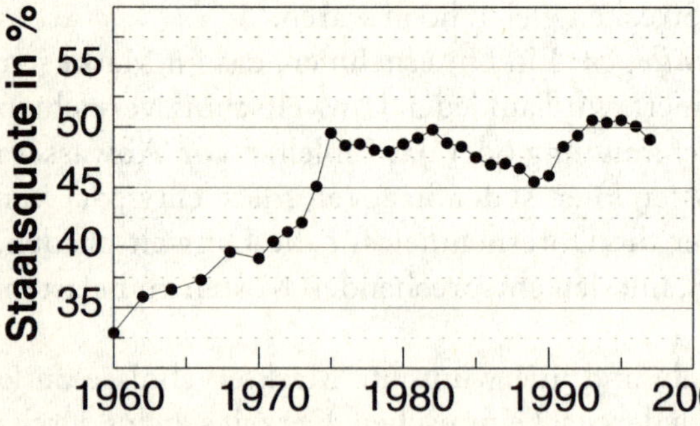

Grafik 5: Die Staatsquote in Deutschland (West) von 1960 bis heute, ab 1991 Gesamtdeutschland. Quelle: Statistisches Bundesamt, Deutsche Bank, Ehrenberg.

Bereits 1975 erreichte die Staatsquote knapp 50% des BSP und blieb seitdem in etwa konstant. Das bedeutet, daß rund die Hälfte unseres Bruttosozialproduktes durch staatliche Hände geht. Das ist keine Sonderentwicklung, denn im internationalen Vergleich zeigt sich, daß staatliche Aktivitäten in der Bundesrepublik vom Umfang her im Mittelfeld der wichtigsten Industrienationen liegen.

Schweden	62,6
Dänemark	59,9
Finnland	55,0
Belgien	53,8
Frankreich	53,0
Italien	51,7
Österreich	51,4
Niederlande	49,1
Deutschland	49,0
Griechenland	44,3
Norwegen	44,1
Portugal	42,6
Spanien	41,6
Großbritannien	40,6
Irland	39,1
Japan*	36,0
USA	33,3

Tabelle 3: Die Staatsquote einiger Industriestaaten in % der Wirtschaftsleistung 1997.

(*) Nach dem Institut für Wirtschaft (IW) ist die japanische Staatsquote um 12 % höher, da es keine strikte Trennung von Staat und Sozialversicherungen gibt, wie bei obiger Quote angenommen.

Quelle: ›Wochenschau‹ II, Nr. 01/1997, S. 36 und ›Die Welt‹, 7.5.1996

Da sich die Ausgaben für Soziales anteilmäßig nicht erhöht haben, die Arbeitslosigkeit stark angestiegen ist und die Staatsquote nur vereinigungsbedingt (Stichwort Solidaritätsabgabe und Explosion der Staatsverschuldung) den Stand von 1981 erreicht hat, müssen andere staatliche Aufgabengebiete bereits schrumpfen. Dieser Trend wird allerdings verschleiert, da durch die gestiegene Staatsverschuldung immer mehr Mittel in die Zinszahlung fließen. Darüber hinaus steigt das Finanzierungsdefizit der Arbeitslosenversicherung, der Staat muß einspringen. Es sind deshalb immer weniger finanzielle Mittel für weitere Aufgaben des Staates vorhanden.

Die Staatstätigkeit ist nicht ausgeufert. Aber vielleicht beschneidet die staatliche Einmischung Wachstumschancen in der Bundesrepublik? Die Behauptung, daß bei niedrigerer Staatsquote das Wirtschaftswachstum höher ist, läßt sich jedoch weder belegen noch widerlegen. Seit 1975 hat die Staatsquote in Deutschland einen Wert von etwa 50%. In dieser Zeit gab es mehrere Boomphasen und Rezessionen. Gleichzeitig gab es auch in anderen Staaten mit anderen Staatsquoten dieselben Phänomene. Das Wirtschaftswachstum betrug zwischen 1970 und 1975, als die Staatsquote um 10 % stieg, rund 11 %. Zwischen 1982 und 1987 fiel die Staatsquote um drei Prozentpunkte, das Wirtschaftswachstum war jedoch kaum höher, es betrug 12%. Vergleicht man die USA mit Deutschland, so stellt man fest, daß zwischen 1970 und 1980 die Wirtschaft beider Länder real um 33 % wuchs, obwohl die amerikanische Staatsquote im Durchschnitt bei 33 % lag, die deutsche jedoch bei fast 51 %.[75] Die exorbitanten Wachstumsraten von weniger industrialisierten Ländern werden stets einseitig als der Erfolg dieser Länder interpretiert. Doch wenn solche Länder »aufholen« sollen, dann muß das Wachstum bei ihnen wesentlich höher sein als bei uns. Bis das irische BSP pro Kopf und Jahr (14000 US-$) dem deutschen (26000 US-$) entspricht, muß die dortige Wirtschaft noch gewaltig zulegen.

Die Staatsquote ist im wesentlichen ein Propagandainstrument (siehe Eingangszitat). Das deutsche Sozialsystem ist bezahlbar, und Staatsausgaben sind mitunter sinnvoll. Wenn es der Wirtschaft nützt, wird der Rückzug des Staates gefordert. Auf der anderen Seite wird staatliche Unterstützung im globalen Wettbewerb gerade von den Unternehmen eingefordert. Eine undifferenzierte Betrachtungsweise der Staatsquote hilft nicht weiter, wenn man die Frage beantworten möchte, welche Aufgaben ein Staat zu übernehmen hat und welche nicht.

Die Schattenseiten der Magersucht

Die Privatisierungsfans sollten bei Gelegenheit in Großbritannien mit der Bahn fahren, die dort 1995 privatisiert wurde. Seitdem Angebot und Nachfrage die Weichen stellen, »hagelt es Proteste wegen Verspätungen und überteuerter Tickets«.[76] In manchen Fällen haben sich die Fahrpreise verdoppelt. Bei der Fahrplanauskunft bekommt man in über 60 % der Fälle falsche Informationen. »Die Verkäufer sind überfordert, mancher Ticketautomat hat heute mehr Knöpfe als ein Personalcomputer. Und selbst mit dem richtigen Ticket kommt man nicht besser voran: Wer häufig umsteigt oder auf dem Rückweg die Route wechselt, zahlt extra, wartet länger, fährt Umwege. Mit dem Bus fahren hilft leider auch nicht, denn der ist mittlerweile ebenfalls privatisiert.«[77]

»Schlanker Staat« bedeutet nicht zuletzt die Privatisierung von Staatsbetrieben – in Deutschland betrifft das vor allem die Telekom, Post und Bahn. Wenn sie marktwirtschaftlich orientierte Unternehmen werden, müssen sie Gewinn erwirtschaften und ihre Dienstleistungen danach ausrichten. »›Sozialer Klimbim‹ wie vergünstigte Bahnfahrkarten für kinderreiche Familien, Telefonfreieinheiten für Sozialhilfeempfänger oder die Subventionssummen für dörfliche Postämter sollen ... aus den Etats der Staatsunternehmen verbannt ... werden...«.[78] Ein Viertel des deutschen Bahnnetzes ist nach einer Wirtschaftlichkeitsstudie unrentabel, bei Privatisierung drohen Stillegung oder Preiserhöhung.[79] Eine Telekom, die Gewinnzwängen unterliegt, muß trotz »effizienterer« Strukturen ihre Telefongebühren erhöhen, um eine möglichst hohe Kapitalrendite zu erwirtschaften und ihre Aktionäre zu bedienen. Die Verlierer der Privatisierung sind die Kunden und besonders die Arbeitnehmer. Denn mit der Privatisierung von Staatsbetrieben geht immer eine Steigerung der Arbeitslosigkeit einher:

- Die Deutsche Bahn AG reduzierte ihre Belegschaft zwischen 1994 und 1997 von 336 000 auf 225 000 Beschäftigte. Sie muß in den nächsten fünf Jahren um weitere 50 000 sinken, damit die Bahn »nicht erneut zum Sanierungsfall« wird.[80]
- Die Deutsche Post AG will zwischen 1995 und dem Jahr 2000 68 000 Arbeitsplätze »wegrationalisieren«.

Den Preis für die Magersucht des Staates zahlt die Gesellschaft in Form von Arbeitslosigkeit. Außerdem werden nur Unternehmen privatisiert, die Gewinn abwerfen. Damit fehlen dem Staat nach der Privatisierung Einnahmen zur Deckung von Verlusten in nicht privatisierbaren, aber gesellschaftlich erwünschten Bereichen. Diese müssen im Ausgleich über Steuererhöhungen finanziert werden.[81]

Werden durch die Privatisierung von staatlichen Unternehmen Dienstleistungen wirklich billiger? Die Telekom erhöhte erst einmal kräftig ihre Telefongebühren, in Großbritannien ist Zugfahren mittlerweile ein teurer Spaß und im Zuge der Privatisierung der Müllentsorgung erhöhten 69 % der amerikanischen Kommunen ihre Entsorgungsgebühren – trotz Sparversprechens![82] In Deutschland zeichnet sich eine ähnliche Entwicklung ab, das zeigt auch das Beispiel Energie- und Wasserversorgung und Müllentsorgung. Gewinner der Privatisierung dieser kommunalen Aufgaben sind nicht die Konsumenten, denen eine höhere Effizienz und niedrigere Gebühren zugute kommen könnten, sondern die Aktionäre weniger Mammutkonzerne. Die RWE hat sich bereits 200 Entsorgungsfirmen einverleibt, die VEW 100 Entsorger, die VEBA 40 und die Badenwerke 25.[83] Die herrschende Oligopolstruktur (d. h. wenige Großbetriebe beherrschen den Markt) führt nicht nur zu Preisabsprachen und Ineffizienz, die dem Bürger teuer zu stehen kommen. Die ehedem staatlichen Angestellten hatten ein gutes Einkommen. Mittlerweile führt Lohndumping und die Aushöhlung der Tarifverträge (vor allem in der Entsorgungswirtschaft) zu einer massiven Verschlechterung der Arbeitsbedingungen in privaten Betrieben im Vergleich zu kommunalen Betrieben.

Die unkalkulierbaren Risiken und Rentabilitätsprobleme bürdet man zusehends dem Staat auf. Sondermüllverbrennungsanlagen werden vermehrt öffentlich betrieben, und die Abwälzung des gesamten finanziellen Risikos auf den Staat beim Transrapid ist aktuelles Beispiel. Der Staat wird im Sinne privatwirtschaftlicher Profitmaximierung instrumentalisiert, wobei hier »Staat« ganz direkt »Steuerzahler« bedeutet: Die Risiken tragen alle, den Profit – wenn es gut geht – trägt die Privatwirtschaft.

Regulierungen müssen sein, um einen Markt funktionsfähig

und sozial zu gestalten. Was können denn dann »Überregulierungen« sein? Die Sachverständigenkommission »schlanker Staat« unter Vorsitz von Rupert Scholz (CDU) fordert »weniger Gesetze und mehr Privatisierung ... sowie die Beschleunigung von Planungs- und Genehmigungsverfahren«.[84] Die Kommission beklagt die lange Dauer von Genehmigungsverfahren[85], die durch »Überregulierung« unverhältnismäßig in die Länge gezogen werden. Die sogenannte »Schlichter-Kommission« des Bundeswirtschaftsministeriums hat Vorschläge erarbeitet, wie Genehmigungsverfahren beschleunigt werden können. Ein zentraler Punkt dabei ist, Bürgerbeteiligung bei Anhörungsverfahren noch weiter zu erschweren.[86]

Ein Blick hinter die Kulissen macht jedoch deutlich, daß es um mehr geht. Denn 1994 wurde nur bei 8,2 % aller Genehmigungsverfahren (Zahlen aus Nordrhein-Westfalen) die Öffentlichkeit informiert. Bei 7,1 % aller öffentlichen Verfahren (also bei 0,58 % aller Genehmigungsverfahren) kommt es zu Klagen, davon werden 80 % von den Unternehmen selbst angestrengt. Statistisch gesehen führen unvollständige Unterlagen am häufigsten zu Verzögerungen, und über 71 % aller Anhörungsverfahren sind nach einem Jahr abgeschlossen. Für Investoren spielt das Genehmigungsverfahren kaum eine Rolle: Nach der Wichtigkeit von 24 Standortfaktoren befragt, setzen Unternehmer die Dauer von Genehmigungsverfahren auf Platz 20. Und wenn bei Anhörungsverfahren Kritik geäußert wird, dann schimpfen die Unternehmen auf mangelnde Abstimmung zwischen den Ämtern untereinander. Zwei Drittel der Unternehmen begrüßen Öffentlichkeitsbeteiligung sogar, da nach der Anhörung die Akzeptanz einer neuen Firma in der Bevölkerung wesentlich größer ist.

Deregulierung hat hier andere Gründe: die Abschaffung von Bürgerrechten auf breiter Basis. Durch die zweifelhaften Gesetze, die auf die Schlichter-Kommission zurückgehen[87], wird der Bürger noch weiter aus der Wirtschaft herausgehalten – obwohl es für die Geschwindigkeit des Anhörungsverfahrens unerheblich ist.[88] Es ist nichts generell dagegen einzuwenden, Genehmigungsverfahren effizienter zu gestalten. Wenn jedoch die Öffentlichkeit herausgehalten werden soll, so soll etwas verheimlicht werden – und man sollte kritisch werden.

Was uns als Entwicklung hin zu einem »schlanken« Staat verkauft wird, ist Magersucht mit unkalkulierbaren sozialen und wirtschaftlichen Risiken. Privatisierung und Deregulierung um jeden Preis sind das Resultat einer Marktgläubigkeit, die heute den Blick für die Funktionen des Staates in der Wirtschaft verstellt hat. Wer den mageren Staat fordert, fordert mehr Arbeitslosigkeit und mehr Ungerechtigkeit.

Lüge 6:
»Die Auslandsinvestitionen der deutschen Industrie zeigen, wie unattraktiv der Standort Deutschland ist«

»Arbeitsplätze sind der größte Exportschlager der Deutschen.«

Olaf Henkel, Vorsitzender des (BDI)[89]

Woche für Woche lesen wir in der Zeitung, wie unattraktiv der Wirtschaftsstandort Deutschland geworden sei. Der Vorstandschef der BASF-Gruppe, Jürgen Friedrich Strube, behauptet, daß ausländische Investoren »einen großen Bogen um Deutschland« machen.[90] Bestätigt wird dieser Eindruck durch einen Firmensprecher von Procter & Gamble: »Deutschland ist das Loch im Donut, wir investieren drumherum, aber eben nicht in Deutschland.«[91] Deutschland zieht angeblich kaum noch Investoren aus dem Ausland an, dafür investiert die deutsche Industrie im Ausland: Mercedes baut Fabriken in den USA, VW in Südkorea. Das soll als Beleg für die schlechten Standortbedingungen in der Bundesrepublik dienen, für zu hohe Löhne, zu unflexible Arbeiter, einen zu stark regulierenden Staat und für zu hohe Unternehmenssteuern.

Was sind Auslandsinvestitionen, und warum werden sie getätigt?

Unter Auslandsinvestitionen[92] versteht man alle Kapitaltransfers, die dem Erwerb oder dem Aufbau von Produktionsanlagen im Ausland dienen. Also fällt nicht nur der Neubau einer Fabrik darunter, sondern auch der Erwerb von bereits bestehenden Anlagen. Auch der Erwerb von mehr als 20 % des Aktienkapitals eines Unternehmens stellt eine »Direktinvestition« im Ausland dar.[93]

Zentraler Grund für die hohen Auslandsinvestitionen ist die Erschließung und Sicherung neuer Märkte. So sagt Helmut Werner, ehemals Vorstandschef von Mercedes-Benz: »Die Zeiten des klassischen Exports sind vorbei. Als rein nationaler Hersteller kann man kaum überleben. Mercedes muß seine globalen Chancen nutzen.«[94] Mittelfristig werden Konzerne, die mehr als ein Viertel ihrer Produkte im Ausland verkaufen wollen, sie auch dort produzieren.[95] Auslandsinvestitionen sind für Unternehmen eine Möglichkeit, Handelsbarrieren wie Zölle und Währungsschwankungen zu umgehen. Die starken Schwankungen des Wechselkurses zwischen Dollar und Mark stellen für Unternehmen erhebliche Risiken dar, und von vielen Staaten werden importierte Produkte mit Zöllen belegt, eben weil damit erreicht werden soll, daß Waren im eigenen Land produziert und dadurch im Inland Arbeitsplätze geschaffen werden sollen.

Markterschließung, Vermeidung von Wechselkursrisiken und Umgehung von Zollschranken bedeuten keine Schwächung des Standortes Deutschland. Mit dem Bau von Produktionsstätten im Ausland ist nur selten Konkurrenz zu Unternehmen in Deutschland verbunden. Der Bau eines VW-Werkes in China vernichtet in der Bundesrepublik keine Arbeitsplätze. Im Gegenteil: Der Markt für VW wird vergrößert, und es entstehen Arbeitsplätze bei uns, weil der Kontakt zur Filiale in China gehalten werden muß oder weil Forschung und Entwicklung nach wie vor in Deutschland stattfinden. ›Die Zeit‹ dazu: »Für jeweils drei Arbeitsplätze, die im Ausland geschaffen werden, ... entsteht ein Arbeitsplatz im Inland.«[96] Auch die Deutsche Bundesbank schreibt: »Die gute wirtschaftliche Lage hat den Erwerb von Auslandsbeteiligungen stimuliert«; Auslandsinvestitionen seien eine Marktstrategie, und sie werden nur selten mit zu hohen Löhnen begründet.[97] Dieses Auslandsengagement zeigt die Stärke in Deutschland entwickelter Produkte und bedeutet gerade keine Standortschwäche, sondern dessen Stärke.

Es gibt aber noch weitere Gründe für Auslandsinvestitionen, welche nichts mit der Exportstärke der deutschen Wirtschaft zu tun haben: Investitionen, die in direkter Konkurrenz zum Standort Deutschland stehen und hierzulande Arbeitsplätze vernichten oder Chancen zur Errichtung neuer Arbeitsplätze ungenutzt lassen. Sie werden am häufigsten als Symptom für den »kränkelnden Standort« genannt. Dazu gehören Investitionen wie beispielsweise die von Siemens in England errichtete Chipfabrik oder die Verlagerung von Teilen der Produktion multinationaler Unternehmen ins Ausland. Von den multinationalen Konzernen, aber auch von mittelständischen Unternehmen, werden Lohnkostenunterschiede, vor allem jedoch Steuervorteile in anderen Ländern ausgenutzt. Die Behauptung, daß der überwiegende Teil der Auslandsinvestitionen durch niedrige Löhne im Ausland motiviert ist, ist falsch: 75 % der Produktionsverlagerungen der Unternehmen und 80 % der Zunahme an Auslandsinvestitionen sind nicht mit Lohnkostendifferenzen zu begründen. Beleg hierfür ist die Tatsache, daß die deutsche Bekleidungsindustrie Produktionsstätten zum größeren Teil in die USA, Italien oder nach Österreich verlagert, also mitnichten in Billiglohnregionen.[98] In der EU zieht Irland eher Auslandsinvestitionen an als Portugal, obwohl dort die Arbeitskosten noch niedriger wären. Und in Afrika, wo die niedrigsten Lohnkosten zu erwarten wären, investiert kaum jemand: Zu unsicher sind dort die politischen Systeme, zu schlecht die Infrastruktur und zu niedrig die Produktivität.

Zentraler Grund für Standortverlagerungen ist der ruinöse Steuerwettbewerb zwischen den europäischen Staaten. Irland beispielsweise versucht ausländische Investoren durch attraktive Steuervergünstigungen anzulocken.[99] Doch entstehen dort nicht etwa Tausende neuer Arbeitsplätze. Es entstehen überwiegend Briefkastenfirmen, die den einzigen Zweck haben, Gewinne aus Exportgeschäften zu verschleiern. Großkonzerne verbuchen ihren Gewinn in Irland, obwohl sie ihre Geschäfte hauptsächlich in anderen EU-Staaten tätigen.[100] Nur eine einheitliche europäische Steuergesetzgebung kann das verhindern (vgl. Kapitel III).

Doch der größte Teil des Auslandsengagements basiert auf anderen Motiven. Wie eingangs erwähnt, fällt auch der Erwerb ausländischer Unternehmen unter den Bereich »Auslandsinvestitionen«, obwohl hier nicht investiert wird, sondern vorhandene Produktionskapazitäten genutzt werden. Diese Übernahmen haben andere Gründe: Durch sie werden unliebsame Konkurrenten beseitigt oder das Know-how und die fähigsten Arbeitskräfte in den Dienst der eigenen Firma gestellt. Und stets wird nach der Übernahme ausgemustert, was an Arbeitern und Maschinen überflüssig ist.

Auslandsinvestitionen als Triebkräfte der Globalisierung

Auf keinen Fall deuten die deutschen Auslandsinvestitionen darauf hin, daß unsere Industrie in Billiglohnländer abwandert. Die Kapitalströme fließen dorthin, wohin auch die Warenströme fließen. Und die fließen vor allem in westliche Industrieländer (auf die 1993 88 % aller deutschen Auslandsinvestitionen entfielen).[101] Diese Entwicklung hat sich in den vergangenen Jahren zugunsten der Entwicklungsländer gewandelt, die 1996 bereits knapp ein Drittel der Direktinvestitionen an sich binden konnten.[102] Bei den Entwicklungsländern handelte es sich aber fast ausschließlich um China und die ostasiatischen »Riesen«.

44 000 multinationale Konzerne mit rund 280 000 ausländischen Beteiligungen sind mittlerweile im Besitz von einem Drit-

tel des weltweiten produktiven Anlagekapitals[103] – das ist die treibende Kraft der Globalisierung. Es existieren Unternehmen, deren Bilanzsumme das Bruttosozialprodukt ganzer Staaten übersteigt. Allein die 100 größten Konzerne machten 1992 einen Umsatz von mehr als 5500 Mrd. US-Dollar, was etwa dem Bruttosozialprodukt der USA entspricht.[104] Die gesamten Bestände an Auslandsvermögen aller multinationaler Konzerne stiegen zwischen 1960 und 1992 von 68 Mrd. US-Dollar auf 2000 Mrd. US-Dollar, mit einer mittleren jährlichen Wachstumsrate von 11 %. Seit 1980 steigen die Auslandsinvestitionen jedoch jährlich um 28 %, »mithin fast dreimal so schnell wie der Weltexport (11,1 %) und viermal so schnell wie das Weltsozialprodukt (9,8 %)«.[105] Das bedeutet, daß die wirtschaftlichen Verflechtungen der Welt weit schneller wachsen als das Weltsozialprodukt oder der Welthandel. Doch wie oben erwähnt, bleiben bei den Auslandsinvestitionen die Industriestaaten fast unter sich. In Tabelle 4 sind die wichtigsten Länder aufgeführt, in die deutsche Auslandsinvestitionen 1995 geflossen sind.

Werden die Sparten betrachtet, in die überwiegend investiert wird, so kann festgehalten werden, daß sich seit Beginn der 90er Jahre die »Objekte der Begierde« stark verändert haben. Es werden immer weniger Investitionen im verarbeitenden Gewerbe

Land	Mrd. DM
Großbritannien	10,7
Frankreich	8,6
USA	8,3
Niederlande	3,3
Italien	3,1
Ungarn	1,9
Österreich	1,4
Schweiz	1,3
Tschechische Republik	1,2
Spanien	0,8
Sonstige	9,4
Summe	50,0

Tabelle 4: Wohin 1995 deutsche Auslandsinvestitionen flossen. Die überraschend hohen Werte für osteuropäische Länder beruhen auf Firmenübernahmen im Telekom- und Energiebereich.

Quellen: Altvater / Mahnkopf, S. 254; Institut für sozial-ökologische Wirtschaftsforschung Nr. 25, S. 16

Tabelle 5: Aufgliederung der Auslandsinvestitionen nach dem Wirtschaftszweig des Unternehmens im Ausland.

Wirtschaftszweig des Unternehmens im Ausland	Direktinvestitionen in Mrd DM, 1991–1993	Steigerungsrate 1991–1993 (%)
Alle Sparten	56,8	21,6
Verarbeitendes Gewerbe	14,8	13,7
Handel	4,0	8,7
Kreditinstitute	8,7	46,3
Beteiligungsgesellschaften	5,7	50,0
Finanzierungsinstitutionen	15,3	60,0
Versicherungen	4,4	33,3
Sonstige	3,9	11,0

Quelle: Altvater/Mahnkopf, S. 259; eigene Berechnungen

getätigt, sondern – wie in Tabelle 5 angegeben – verstärkt im Finanz- und Dienstleistungssektor.

Den größten Anteil deutscher Auslandsinvestitionen macht nicht der Aufbau neuer Produktionsstätten aus, sondern schlicht der Aufkauf bestehender Anlagen. So fällt 1995 allein der Kauf des amerikanischen Chemie-Multis Marion Marell durch die deutsche Hoechst-AG mit 7 Mrd. DM ins Gewicht – 14 % der gesamten deutschen Auslandsinvestitionen in diesem Jahr.[106] »Allein die acht größten Übernahmen machten 1996 ein Finanzvolumen von 18,3 Mrd. DM aus.«[107] Die Auslandsinvestitionen haben nach Ansicht der Deutschen Bundesbank politische Gründe, schließlich bürgt der Bund mit 1,7 Mrd. DM im Jahr (1995).[108] Deutsche Firmen können wegen der stabilen und häufig überbewerteten Mark im Ausland billigere Beteiligungen erwerben, in Deutschland zu investieren ist aus dem gleichen Grund teurer. So sparte Hoechst beim Kauf von Marion Marell aufgrund einer DM-Aufwertung 350 Mio. DM ein.[109]

Man stelle sich im Gegenzug den Fall vor, daß deutsche Unternehmen reihenweise von ausländischen »geschluckt« würden.

Ausländisches Kapital flösse nach Deutschland, von einer Stärke des Standortes Deutschland würde allerdings kein Mensch sprechen. Nur kapitalstarke, rentable und deshalb konkurrenzfähige Volkswirtschaften können zum »Company-shopping« ins Ausland gehen. Wir werten es auch nicht als Schwäche des Industriestandortes Japan, wenn Japan in Deutschland Produktionsstätten errichtet, sondern als Stärke der japanischen Industrie. Es käme uns nicht in den Sinn, davon zu sprechen, Japan exportiere mit diesem Schritt Arbeitsplätze. Vielmehr würden wir sagen, daß japanische Produkte so erfolgreich sind, daß sie überall produziert werden können. Um Unternehmensbeteiligungen zu erwerben, brauchen Unternehmen viel liquides Kapital – welches in Deutschland reichlich vorhanden ist. Auch das IFO-Institut konstatiert, daß es ein Zeichen von Stärke sei, wenn die deutsche Wirtschaft »von ihrer Ertrags- und Finanzkraft her in der Lage ist, ihre Wettbewerbsposition und Marktstellung durch die Übernahme von ausländischen Unternehmen auszubauen«.[110] Und selbst die Bundesbank stellt klar: Eine gute wirtschaftliche Lage hat den »… Erwerb von Auslandsbeteiligungen stimuliert«.[111]

1995 flossen 13 Mrd. DM als Investitionen nach Deutschland, unsere Wirtschaft exportierte 50 Mrd. DM.[112] Ein naiver Blick auf diese Zahlen legt den Schluß nahe, daß Deutschland unattraktiv für ausländische Investoren geworden sei. Wie bereits erläutert, bestehen die deutschen Auslandsinvestitionen überwiegend aus Firmenübernahmen. »Damit stellt sich der größte Teil der Direktinvestitionen weniger als eine Flucht, sondern mehr als Eroberungsfeldzug zur Erschließung neuer Märkte dar.«[113]

Deutschland ist für ausländisches Kapital attraktiv

Die Auslandsdirektinvestitionen der deutschen Industrie sind bereits seit 1979 größer als die Direktinvestitionen der ausländischen Industrie in Deutschland.[114] Der Aktien- und Wertpapiermarkt bietet jedoch ein anderes Bild: Allein zwischen 1991 und 1995 investierte das Ausland 356 Mrd. DM mehr in deutsche Aktien als deutsche Investoren ausländische Wertpapiere erwarben. Diese Summe ist weitaus größer als das Negativsaldo bei den Direktinvestitionen von 144 Mrd. DM. Offenbar haben ausländische Kapitalbesitzer große Beteiligungen an deutschen Kapitalgesellschaften erworben, die sich in den Statistiken über Auslandsdirektinvestitionen anderer Staaten in Deutschland nicht niederschlagen. Es fließt daher weitaus mehr Kapital nach Deutschland, als mit der volkswirtschaftlichen Größe »Auslandsdirektinvestitionen« erfaßt wird.[115] Der Standort Deutschland ist für ausländisches Kapital attraktiv, nur fließt es nicht in Form von statistisch erfaßten Direktinvestitionen.

Die geringen Inlandsinvestitionen ausländischer Firmen in Deutschland können aus drei Gründen nicht als Schwäche des Standortes Deutschland gedeutet werden:

- Die D-Mark wird so stark bewertet, weil sie stark nachgefragt wird.
- Deutschland produziert seit Jahrzehnten (nur kurzzeitig gebremst durch den Wiedervereinigungsboom) riesige Handelsbilanzüberschüsse. Deutsche Produkte verkaufen sich selbst in Zeiten, in denen die D-Mark stark überbewertet ist, im Ausland sehr gut.
- Japan ist das einzige weitere Land, das seit Jahren einen negativen Saldo bei den Nettokapitalexporten für Auslandsinvestitionen aufweist. Der japanische Yen unterliegt jedoch, genauso wie die D-Mark, häufig einem Aufwertungsdruck, der weit über die reale Wertsteigerung hinausgeht. Japan und Deutschland »werden offenbar vom Devisenmarkt ganz anders beurteilt; sie werden mit Vertrauensbeweisen gleichsam überschüttet«.[116] Außerdem ist Japan gezwungen, in seinen ostasiatischen Hauptabnehmerländern direkt zu investieren, da »der Export industrieller Massengüter ... auf politischen Widerstand in den Importländern« stößt.[117]

Die Wirkung der Auslandsinvestitionen oder Wo das Problem wirklich liegt

Unternehmensverlagerungen vernichten unter Umständen auch Arbeitsplätze in Deutschland. Es stellt sich die Frage, ob dann wenigstens im Ausland die Arbeitnehmer von dieser Verlagerung profitieren. Unterscheidet man zwischen Investitionen in Industrieländern und Entwicklungsländern, läßt sich feststellen:

Überall auf der Welt herrscht für Unternehmen ein zunehmender Kostendruck. Arbeitsplätze werden – wo es möglich ist – wegrationalisiert. Neue Produktionsanlagen werden von vornherein kapitalintensiv unter Verwendung modernster Produktionstechnologie errichtet. Arbeitsplätze, die in Deutschland aufgrund von Produktionsverlagerungen verlorengehen, entstehen nicht in gleichem Umfang im Ausland. In den Industriestaaten läßt sich zwar eine minimale Beschäftigungszunahme in transnationalen Unternehmen verzeichnen, diese liegt jedoch unter deren Umsatz- und Gewinnsteigerungen. »Komplexe, international integrierte Produktions-, Marketing- und Gewinnstrategien in den transnationalen Unternehmen haben eher für eine Umverteilung bereits vorhandener als für die Schaffung neuer Arbeitsplätze gesorgt.«[118]

In den Entwicklungsländern konzentriert sich die Schaffung von Arbeitsplätzen auf Mexiko, China und die südostasiatischen Schwellenländer, in anderen Regionen ist die Arbeitsnachfrage teilweise rückläufig; allein in Lateinamerika und Afrika gingen 70 000 verloren. Obwohl die Vermögensbestände deutscher Firmen in der »Dritten Welt« um fast acht Mrd. DM stiegen, »haben deutsche Unternehmen in der Zeit von 1990–1993 die gesamte Beschäftigung in ihren Niederlassungen in den Entwicklungsländern um 43 000 Arbeitsplätze reduziert«.[119]

Die Möglichkeit, Investitionen in nie dagewesenem Ausmaß auch im Ausland zu tätigen, ist die Ursache für den ruinösen Standortwettbewerb der Staaten untereinander. Ungarn bezahlt neue Arbeitsplätze mit Steuergeschenken, Großbritannien mit der Wiederausbeutung seiner Arbeitnehmer. Dieser Wettbewerb nützt in letzter Konsequenz niemandem, er führt zu Sozialdumping und zum Bankrott der Staatshaushalte. Gerade durch die von den Staaten selbst geschaffene Möglichkeit der Auslandsdirektinvestitionen haben sie sich ihr eigenes Grab geschaufelt: Die transnationalen Unternehmen können jetzt ganze Gesellschaften gegeneinander ausspielen. Kapitalmobilität ist der Ursprung dieser Misere. Erst jetzt können sich transnationale Konzerne aussuchen, wo ihre Bedingungen am besten erfüllt werden.

Gesamtwirtschaftlich betrachtet schaffen Auslandsinvestitionen keine Arbeitsplätze. Sie erhöhen den Kostendruck in allen Teilen der Erde und führen so zwangsläufig zu Rationalisierungsmaßnahmen und Arbeitsplatzverlusten. Besonders eindrucksvolles Beispiel dafür ist die deutsche Automobilindustrie, die ihre Auslandsumsätze zwischen 1991 und 1993 um 20 % steigerte, die Zahl der im Ausland Beschäftigten jedoch um 3 % reduzierte.[120] Durch die Mechanismen der Globalisierung werden Arbeitsplätze sowohl in Deutschland als auch im Ausland vernichtet.

Die gängigen Argumente in der derzeitigen Debatte um Auslandsinvestitionen halten einer genaueren Analyse nicht stand:

- Das negative Saldo der Auslandsinvestitionen für Deutschland sagt nur wenig über die tatsächlichen Kapitalströme aus. Ganz sicher sind die Auslandsinvestitionen der deutschen Industrie kein Indikator für die mangelnde Attraktivität des Standortes Deutschland.
- Auslandsinvestitionen führen zu einer transnationalen Vernetzung der Konzerne. Weil sie mit der Abwanderung in billigere Länder drohen können, brauchen sie sich nicht mehr an die Spielregeln einzelner Länder zu halten. Indem sie ihre Forderungen nach möglichst billigen Arbeitskräften und Wirtschaftsstandorten durchsetzen, unterminieren sie weltweit den sozialen Frieden.
- Ob durch Auslandsinvestitionen neue Arbeitsplätze in Größenordnungen entstehen, die dazu geeignet wären, die Massen-

arbeitslosigkeit in Industrie- und Entwicklungsländern zu bekämpfen, kann mehr als bezweifelt werden. Die Technologie der Industriestaaten ist derart produktiv, daß das Wirtschaftswachstum der Erde mit immer weniger Menschen realisiert wird.

Lüge 7:
»Der Euro nützt uns allen«

> »Ich will auch sagen, was uns droht, wenn wir diesen Weg nicht gemeinsam finden. Es drohen Abwertungswettläufe, Handelskriege, Protektionismus, Renationalisierung der Wirtschaftspolitik, Deflation, vielleicht sogar Depression.«
>
> *Roman Herzog vor dem Europaparlament*[121]

Die Vorteile der Mini-Globalisierung

Die Einführung einer europäischen Währung ist ein aktuelles Beispiel dafür, wie die Globalisierung gesteuert wird bzw. gesteuert werden kann. Wie in Lüge 1 gezeigt wurde, ist der europäische Binnenmarkt ein Projekt der Globalisierung. Die Währungsunion wird die Handelsbeziehungen zwischen den europäischen Staaten weiter intensivieren und dieselbe Auswirkung haben: stärkere wirtschaftliche Konkurrenz zwischen den Teilnehmerländern; die Wirtschaftstätigkeit wird ein Stück »globaler«.

Trotz der in der Bevölkerung weitverbreiteten Angst vor dem Verlust des »Wohlstandssymbols DM« ist in der Bundesrepublik nahezu jeder Politiker für eine Einführung des Euro. Allein über den Zeitpunkt und über die Beitrittskriterien wird noch gestritten. So ist für Helmut Kohl die Europäische Währungsunion eine Frage von »Frieden und Freiheit im 21. Jahrhundert«[122] – also etwas von unumstrittenem Nutzen. Das zentrale Argument für die Einführung des Euro ist ein politisches: Eine gemeinsame europäische Währung binde die Mitgliedsländer der EU noch enger aneinander als bisher und soll damit die europäische Integration verfestigen. Dadurch werde ein Krieg der Nationalstaaten gegeneinander noch unwahrscheinlicher.

Natürlich erhofft man sich vom Euro auch wirtschaftliche Vorteile. »Der Euro wird den Handel fördern und damit Wohlstand und Arbeitsplätze sichern. Das gilt besonders für Deutschland als Exportland Nummer eins in Europa«, so Heinrich v. Pierer, Vorstandsvorsitzender der Siemens AG.[123] In den EU-Ländern muß in verschiedenen Währungen bezahlt werden. Wollen Unternehmen ihre Produkte exportieren oder Vorprodukte und Rohstoffe importieren, sind die zukünftigen Preise für diesen Transfer unsicher. Die Abwicklung von Auslandsgeschäften wird oft zu einem Glücksspiel, dessen Ertrag vom Kurs der jeweiligen Währung abhängt. Zusätzlich verlangen Banken Wechselgebühren, die Importe und Exporte verteuern. All das verursacht bei Unternehmen, die über Landesgrenzen hinweg Handel betreiben, Kosten, die bei einer gemeinsamen Währung nicht anfielen. Der Euro nutzt daher in erster Linie diesen Unternehmen. Eine Einheitswährung reduziert deren Transaktionskosten um schätzungsweise 40 Mrd. DM, die Kosteneinsparungen für die deutsche Exportwirtschaft werden auf 8 Mrd. DM geschätzt.[124] Außerdem entfallen Wechselkursspekulationen zwischen den Teilnehmerländern, die Zinsen werden europaweit tendenziell sinken (z. B. durch höhere Bankenkonkurrenz).

»Einige meiner Länder-Kollegen wie Lafontaine oder Simonis werden sich noch über den durch den Euro ausgelösten härteren Wettbewerb wundern. Die sind überhaupt nicht gerüstet. Diese unreflektierte Euro-Begeisterung kann ich nicht nachvollziehen. Auch die Gewerkschaften müssen umdenken. Im Euro-Land werden völlig unterschiedliche Kosten-, Lohn- und Sozialstrukturen ungeschützt aufeinanderprallen. Wenn heute schon 70 bis 90 % aller Bauarbeiten des Münchner Messebaus von Subunternehmern aus Irland, Portugal und Spanien gemacht werden, dann ist das ein Vorgeschmack des Euro-Wettbewerbs.«

Edmund Stoiber, Bayerischer Ministerpräsident [125]

Und damit hat er recht. Wird das Auslandsengagement für die Unternehmen rentabler und ist es mit geringeren finanziellen Risiken verbunden, werden die Konkurrenzbeziehungen zwischen den Euro-Teilnehmerländern noch weiter intensiviert. Das Sinken der Transaktionskosten durch einen einheitlichen Währungsraum ist vergleichbar mit der Schaffung des europäischen Binnenmarkts zum 1. 1. 1992. Der »Ceccini-Bericht« ging damals nach einer Befragung von 11 000 Unternehmen davon aus, daß aufgrund des billigeren Warenaustauschs fünf Millionen Arbeitsplätze entstehen werden.[126] Aus der steigenden Konkurrenz folgte jedoch steigender Rationalisierungsdruck auf die Betriebe und führte so zu weiterem Arbeitsplatzabbau. Eine Einheitswährung wird dieselbe Folge haben.

Wenn Länder mit flexiblen Wechselkursen währungspolitisch aneinandergefesselt werden sollen, hat das fatale Folgen für Länder mit einer weniger produktiven Industrie. Sobald ein Land seine Produktivität stärker als ein anderes Land steigern kann, treten Wechselkursschwankungen auf. Das stärkere Land kann seine Produkte besser exportieren und wird das andere Land dadurch wirtschaftlich schwächen. Durch eine Abwertung seiner Währung [127] kann nun das schwächere Land seiner Industrie einen Wettbewerbsvorteil verschaffen, wenngleich es nun für Importe höhere Preise bezahlen muß und seine Inflation »anheizt«. Als Folge muß nun die Nachfrage gedrosselt werden, um den Preisauftrieb zu mindern – denn sonst würde der Exportvorteil bald wieder aufgezehrt werden.

Eine derartige Politik ist in Zeiten hoher Arbeitslosigkeit nicht einfach durchzuführen, da eine Nachfragedrosselung, z. B. über staatliche Ausgabenkürzung, die Krise auf dem Arbeitsmarkt verschärfen kann. Die Abwertung einer Währung ist daher nicht mehr, aber auch nicht weniger als ein Notanker, den ein Land nur in äußersten Notfällen benutzt, ihn dann aber benutzen *muß*. Wenn dieses »Sicherheitsventil« jedoch demontiert wird, weil in allen Ländern dieselbe Währung gültig ist, ist die schwächere Industrie gezwungen, ihre Produktionskosten zu senken, um weiterhin gegenüber der ausländischen Industrie konkurrenzfähig zu bleiben. Kurzfristig ist das über Arbeitsplatzabbau, Lohnsenkungen und die Streichung von Sozialleistungen möglich. Die Verlierer einer überstürzten Währungsunion werden deshalb in den wirtschaftlich schwächeren Ländern immer Arbeiter oder Angestellte sein.

Wirtschaftlich starke Regionen profitieren also weit mehr von einer Einheitswährung als wirtschaftlich schwache. Das Gefälle zwischen den Regionen wird sich wegen der Produktivitätsunterschiede noch weiter verstärken, da die starken Regionen schon heute Wettbewerbsvorteile besitzen und diese auch ausnutzen werden. »In der Finanzbranche ist es kein Geheimnis, daß die deutschen Großbanken davon ausgehen, nach der Einführung des Euro ihre Position in Europa auch durch Übernahmen erheblich stärken zu können.«[128] Die D-Mark liegt häufig unter Aufwertungsdruck gegenüber anderen EU-Währungen, da die deutsche Industrie in vielen Bereichen ihre Produktivität stärker steigern kann, als ihre Konkurrenten es könnten. Ist die Abwertung anderer Währungen nicht mehr möglich, wird die Überlegenheit der deutschen Industrie weiter zunehmen. »Mit der Einführung einer einheitlichen europäischen Währung in großen Teilen Europas wird Deutschland endlich seine Produktivität und Effizienz zeigen und ausspielen können ... Dann kann sich kein Land dem Leistungswettbewerb mehr durch Abwertung seiner Währung entziehen.«[129] Desintegration wird die Folge sein, strukturschwache Gebiete werden weiter zurückfallen, die Zentren werden die Gewinner sein. Um das abzuwenden, wären noch wesentlich höhere Beträge nötig, als derzeit für europäische Strukturförderprogramme ausgegeben werden; doch diese sind schon heute nicht ausreichend.

Man muß sich aber davor hüten, die Bürger des hochproduktiven Wirtschaftsstandortes Deutschland als Gewinner zu bezeichnen. Durch die Einheitswährung werden Kostenunterschiede transparenter und Großkonzerne können noch stärker als bisher entwicklungsspezifische Unterschiede ausnutzen. Wenn die Transaktionskosten sinken, sind geringere Kostenunterschiede als bisher bei der Standortfrage entscheidend. Dann können verschiedene Regierungen von multinationalen Unternehmen noch wesentlich besser gegeneinander ausgespielt werden, und der soziale Kahlschlag wird sich noch einmal beschleunigen. Doch Gewerkschaften, eigentlich Sprachrohr der Arbeiter, hören offensichtlich immer noch die Internationale klingen, wenn das Stichwort »Euro« fällt. »Wer Europa will, der muß jetzt auch die Währungsunion wollen. Daran führt überhaupt kein Weg vorbei«, so der ÖTV-Vorsitzende Herbert Mai.[130] Dabei müßten sich gerade die Gewerkschaften gegen den Euro engagieren. Ein »führender Industriemanager« in der ›Zeit‹: »Wenn der Euro kommt, dann wird er helfen, endlich die Deutschen mit ihren überzogenen Personalkosten zu disziplinieren.«[131]

Nach einer Währungsunion werden Steuer- und Kapitalflucht auch bei geringen Beträgen noch attraktiver, da die Umtauschkosten und die Angst vor den Kursschwankungen einer anderen Währung entfallen. Deshalb wird der Druck auf das Sozialsystem in Deutschland noch weiter ansteigen. Langfristig gesehen wird dann eine europäische Sozialunion kein Problem mehr sein: Durch die Währungsunion werden sich die Regierungen ihren selbstverursachten Sachzwängen untergeordnet haben, bis alle das gleiche Sozialleistungsniveau erreicht haben – das niedrigste.

Die erhofften integrativen Impulse können somit auch in ihr Gegenteil umschlagen. Steigende Unzufriedenheit braucht einen Schuldigen, dieser wird in den europäischen Institutionen gefunden werden. Schuldzuweisungen wegen steigender Arbeitslosigkeit und Sozialabbaus erfolgen nicht an die nationalen Regierungen, sondern an die Bürokraten in Brüssel und die Währungshüter der Europäischen Zentralbank. Nicht die Verschiebung des Euro gefährdet die europäische Einigung, sondern eine überstürzte und undurchdachte Einführung. Bereits zwei Währungssysteme mit konstanten Wechselkursen sind gescheitert, zuletzt das System von Bretton Woods. Beide Systeme gaben den Ländern zu geringe Handlungsspielräume, um ihre politischen und sozialen Ziele zu erreichen – genau wie der Euro.

Die Notwendigkeit des Euro beruht angeblich auch auf der gefährlichen Abhängigkeit westlicher Währungen vom Dollarkurs und vor allem vom amerikanischen Zinsniveau.[132] Es wird behauptet, eine europäische Einheitswährung könne das nötige Gegengewicht bieten, um diese Abhängigkeit zu beenden. Der amerikanische Wirtschaftswissenschaftler C. Fred Bergsten behauptet, daß der US-Dollar im Euro seinen ersten ernstzunehmenden Konkurrenten haben wird, da beide Währungsräume gleich groß und ähnlich kapitalstark sind.[133] Nach neoliberalen Vorstellungen wird Kapital in die Währung fließen, welche stabiler ist, und Bergsten meint, es könnte investives Kapital bis zu einer Billion Dollar in den Euro fliehen. Der Dollar und der Euro werden ihren ganz privaten Kampf um Hyperstabilität austragen, die sozialen Ziele werden dabei auf der Strecke bleiben. Nachfragestimulation in Krisensituationen wird es nicht mehr geben, die Arbeitslosigkeit wird noch weiter steigen.

Um die teilweise währungspolitisch unsinnigen Konvergenzkriterien erfüllen zu können, wird in den meisten Ländern der EU um jeden Preis gespart. Sozialleistungen werden gestrichen und gekürzt, staatliche Institutionen nehmen kaum mehr Neueinstellungen vor, der Staat verweigert Geld für Umschulung und Fortbildung, und allein der Abbau von ABM-Stellen führte in der Bundesrepublik zwischen 1996 und 1997 zu 300 000 zusätzlichen Arbeitslosen.[134] Zukunftsinvestitionen in Forschung und Bildung werden verringert, das Ifo-Institut bestätigt Arbeitsplatzverluste durch die »Konsolidierungspolitik«.[135] Und das alles für die zweifelhaften Vorteile eines Mehr an Konkurrenz und eines Mehr an Markt durch eine gemeinsame Währung. In letzter Konsequenz wird der Euro die europäische Einigung nicht vorantreiben. Eher steht zu erwarten, daß er sie verzögert oder sogar ein gutes Stück zurückwerfen wird.

Die Konvergenzkriterien

> »Für mich sind diese Kriterien, insbesondere die Kriterien zur Begrenzung der Staatsverschuldung, … unverzichtbarer Beitrag für ein langfristig angelegtes Revitalisierungsprogramm für ganz Europa.«
>
> *Horst Köhler, Präsident des Deutschen Sparkassen- und Giroverbandes*

Die Einführung des Euro bedeutet nichts anderes, als daß sich die Teilnehmerstaaten einer einheitlichen europäischen Geldpolitik unterwerfen. Die Geldpolitik liegt dann in den Händen der Europäischen Zentralbank. Ein Europäischer Zentralbankrat entscheidet über die Höhe der Geldmenge und legt die Zinsen fest. Eine gemeinsame europäische Geldpolitik – die Festsetzung von Zinsen und der Höhe der Geldmenge – erfordert, daß die Teilnehmerstaaten am Euro schon vorher damit beginnen, ihre Geldpolitik einander anzugleichen. Als Maßstab für diese Angleichung wurden Konvergenzkriterien beschlossen. Von vornherein wurden dabei die deutschen Prinzipien der Geldpolitik übernommen: Der Euro habe ebenso stabil zu sein wie die D-Mark, deshalb muß die Inflationsrate der Euro-Kandidatenstaaten extrem niedrig sein. Die Erfüllung der Kriterien, die zu einer Teilnahme am »Euro-Club« berechtigen, zwingen die Staaten Europas zum Sparen; »die von der Bundesbank angestrebte Ultrastabilität des Euro schließt eine eigenständige Beschäftigungspolitik aus«, bestätigt Rudolf Hickel, Professor für Wirtschaftswissenschaften an der Universität Bremen und Mitglied der Arbeitsgruppe Alternative Wirtschaftspolitik.[136]

Sparzwänge hätten eventuell ihre Berechtigung, wenn die Konvergenzkriterien in ihrer derzeitigen inhaltlichen Ausgestaltung eine zwingende währungspolitische Voraussetzung für eine europäische Währung wären. Die Unterwerfung der europäischen Staaten unter das Diktat der Stabilitätspolitik der Deutschen Bundesbank ist aber für eine gemeinsame Währungsunion keinesfalls zwingend. Länder, die für eine gemeinsame Währungsunion geeignet sind, erkennt man daran, daß die Wechselkurse zwischen ihren Währungen über *lange* Zeiträume stabil bleiben und die Geldpolitik ihrer Zentralbanken vor allem in Krisenzeiten dieselbe bleibt.

Das ist z. B. zwischen Österreich und Deutschland der Fall. Die D-Mark und der Schilling stehen durch die Kopplung der österreichischen Geldpolitik an die deutsche seit Jahren konstant im Verhältnis 1:7. Weitere Kriterien, wie in den Maastrichter Verträgen formuliert, sind für solch einen konstanten Wechselkurs nicht zwingend nötig – auch Österreich wird die Maastrichter Kriterien nicht alle erfüllen –, konstanten Wechselkursen und der Möglichkeit einer einheitlichen Währung tut dies allerdings keinen Abbruch.

In den Maastrichter Verträgen sind aber fünf Bedingungen festgeschrieben, die ein Land im Jahr 1997 erfüllen muß, um an der Währungsunion teilnehmen zu dürfen. In der Presse werden zumeist nur die ersten beiden Kriterien erwähnt.

1. Die Gesamtverschuldung eines Landes darf nicht mehr als 60 % seines Bruttoinlandsproduktes (BIP) betragen. (Das BIP ist etwa identisch mit dem Bruttosozialprodukt,[137] es steht für den Wert aller im Inland hergestellten Produkte.) Dieses Kriterium muß nicht strikt eingehalten werden; das Land

muß lediglich eine »stabilitätsorientierte Haushaltsführung« nachweisen können, d.h. die Gesamtverschuldung muß tendenziell sinken, falls die Verschuldung mehr als 60 % des BIP beträgt.

2. Die jährliche Neuverschuldung eines Landes darf nicht mehr als 3% seines BIP betragen. Wie unter 1. besteht aber ein gewisser Interpretationsspielraum.
3. Das Zinsniveau darf um nicht mehr als 2 Prozentpunkte über dem Durchschnitt der drei EU-Länder mit dem niedrigsten Zinsniveau liegen.
4. Die Inflationsrate darf um nicht mehr als 1,5 Prozentpunkte über dem Durchschnitt der drei EU-Länder mit der niedrigsten Inflationsrate liegen.
5. Das Land muß seit zwei Jahren Mitglied im europäischen Währungssystem (EWS) sein.

Die ersten vier der fünf Maastricht-Kriterien sind in dieser Strenge für eine stabile Währung überflüssig.[138] Die zwei zentral in der Öffentlichkeit diskutierten Maastricht-Kriterien 1 und 2 sind die unwichtigsten und führen trotzdem schon heute zu einer sozialen Spaltung Europas:

1. *Warum darf die Gesamtverschuldung eines Landes nicht mehr als 60 % seines Bruttoinlandsproduktes betragen?*
   Der Zahlenwert »60 %« entstand als zufälliger Durchschnittswert der Verschuldung aller Länder bei der Ausformulierung des Maastrichter Vertrags. Die Festlegung dieser Obergrenze erfolgte aufgrund der Befürchtung, ein Land mit hoher Staatsverschuldung strebe eine höhere Inflationsrate an, um sich darüber zu entschulden. Doch hier ist Belgien der Gegenbeweis; dort betrug die Inflationsrate 1995 nur 1,5 %, in der EU damals nur von Finnland unterboten. Der belgische Franc steht seit Jahren nicht unter Abwertungsdruck, obwohl die Gesamtverschuldung Belgiens mehr als doppelt so hoch ist wie die deutsche (1995 bei 134,3 % des BIP und damit EU-Rekord). Eine

Einhaltung dieses Kriteriums um jeden Preis ist daher währungspolitischer Unsinn.

2. *Warum darf die Kreditaufnahme eines Landes nicht mehr als 3 % seines BIP betragen?*
Mit der 3%-Marke soll erreicht werden, daß privatwirtschaftliche Investitionen nicht durch staatliche Verschuldung verhindert werden. Bietet nämlich der Staat hohe Zinsen auf staatliche Schuldverschreibungen, zieht er so einen Großteil des privat gesparten Kapitals an sich. Statt Gespartes zu investieren, wandert das Geld dann in staatliche Schuldverschreibungen. Der Staat wiederum wird dieses Geld nicht unbedingt investieren, sondern er erhöht damit evtl. den Konsum (es wandert beispielsweise in Personalkosten, Militärausgaben, Zuschüsse zur Arbeitslosenversicherung).
Weil nun aber in Deutschland die Sparquote bei 11 % des BIP liegt und auch die Investitionsquote hoch ist, wäre es nicht nötig, die 3%-Marke einzuhalten. Die Sparquote der USA liegt hingegen nur bei 4 %. Hier könnte ein staatlicher »Verschuldungsrausch« schnell zu einem Rückgang von privaten Investitionen führen, wenn das gesparte inländische Kapital in staatliche Schuldtitel fließt und sich die USA nicht über den Weltkapitalmarkt versorgen könnten. Wie nun ein Staat seine Ausgaben finanziert, sollte er selbst entscheiden dürfen – dieses Kriterium aber beschneidet seine geldpolitische Souveränität. In der Bundesrepublik werden Sozialleistungen zusammengestrichen und wird bei Zukunftsinvestitionen (beispielsweise im Bildungsbereich) gespart, um die Drei-Prozent-Hürde zu erreichen, obwohl dies währungspolitisch nicht nötig wäre.

3. *Warum darf die Inflationsrate in einem Land nicht mehr als 1,5 Prozentpunkte über dem Durchschnitt der drei preisstabilsten Länder liegen?*
Mit diesem Kriterium wird schon im Vorfeld der Euro-Einführung versucht, die Länder auf die extreme Anti-Inflations-

politik der Deutschen Bundesbank festzulegen. Niedrige Inflationsraten sind jedoch keine notwendige Voraussetzung für eine gemeinsame Währung. Wenn alle Zentralbanken über lange Zeiträume dieselbe Geldpolitik verfolgen, pendeln sich die Inflationsraten der Länder automatisch auf einem vergleichbaren Niveau ein – ob extrem niedrig oder leicht erhöht ist für die gemeinsame Währung unerheblich. Eine sinnvolle Stabilitätspolitik muß den goldenen Mittelweg zwischen den beiden Extremen von zu hoher und zu niedriger Inflationsrate finden.

4. *Warum darf das Zinsniveau eines Landes nicht mehr als 2 Prozentpunkte über dem Durchschnitt der drei Länder mit den niedrigsten Zinssätzen liegen?*
Das Zinsniveau ist ein Indikator für die Stabilität einer Währung. Damit in einem Land niedrige Zinsen möglich sind, muß es über eine niedrige Inflationsrate verfügen. In Ländern mit niedriger Inflationsrate kann das Zinsniveau niedriger sein als in Ländern mit hoher Inflationsrate, da für Kapitalanleger der Abstand zwischen Zinsniveau und Inflationsrate entscheidend ist. Trotz niedrigerer Zinsen fließt Geld in diese Länder, weil die Entwertung durch Inflation geringer ist. Dieses Kriterium verpflichtet daher wieder zu einer extrem niedrigen Inflationsrate – ein Ziel, das nur die Bundesbank so rigoros verfolgt. Aber auch die Zinsniveaus würden sich angleichen, wenn die Zentralbanken EU-weit eine einheitliche Geldpolitik betrieben. Auf welchem Niveau sich die Zinsen dann einpendeln ist – wie auch bei der Höhe der Inflationsrate – für eine gemeinsame Währung unerheblich.

Die beiden letztgenannten Konvergenzkriterien 3 und 4 sind das Resultat einer vereinheitlichten Währungspolitik im Sinne der Deutschen Bundesbank. Als unabdingbare Voraussetzungen für eine gemeinsame Währung sind sie von geringer Relevanz. Sie dienen allein der Festschreibung einer niedrigen Inflationsrate im Vorfeld der Währungsunion.

Das einzig wirklich nötige monetäre, also durch Statistiken erst faßbare »geldliche« Kriterium zur Einführung einer Einheitswährung, die Konstanz der Wechselkurse, sollte durch das EWS gewährleistet werden. Durch unbegrenzte geldliche Eingriffe anderer Zentralbanken sollte ein Staat, dessen Währung unter Abwertungsdruck gerät, so gestützt werden, daß die Wechselkurse zwischen den Teilnehmerländern um nicht mehr als 2,25 % schwanken. Um eine Währung zu stützen, kaufen andere Länder die schwache Währung, steigern also ihre Nachfrage, was ihren Wert stabilisiert.

Durch dieses System wurde versucht, trotz unterschiedlicher Geldpolitik und wirtschaftlicher Dynamik in den einzelnen Ländern, die Wechselkurse aneinanderzubinden. Das EWS konnte in der vorgesehenen Form nicht überleben, da für Währungsspekulanten deutlich war, daß manche Wechselkurse unter realen wirtschaftlichen Gesichtspunkten unhaltbar waren. So mußten trotz energischer Interventionen der Zentralbanken zuletzt 1992 die meisten EU-Währungen gegenüber der D-Mark abgewertet werden. Um formal ein Weiterbestehen der EWU zu sichern, wurde die Schwankungsbreite der Währungen auf 15 % erhöht. Noch 1997 gab es dramatische Wechselkursschwankungen – das englische Pfund wurde um 22 % gegenüber der D-Mark aufgewertet.[139] Langfristig konstante Wechselkurse konnten nicht durchgesetzt werden. Für die gefahrlose Einführung einer gemeinsamen Währung müßten die Wechselkurse aber auch ohne milliardenschwere Stützungskäufe stabil bleiben.

Damit ein Wechselkurssystem funktioniert, muß in den Teilnehmerländern Einigkeit über die Geldpolitik bestehen. Eine niedrige Inflationsrate hat nur in Deutschland so deutlich Vorrang vor anderen wirtschaftspolitischen Zielen wie beispielsweise der Bekämpfung von Arbeitslosigkeit. Das Zinsniveau und die Geldmenge ausschließlich dazu zu verwenden, die Inflationsrate möglichst gering zu halten, ist aber kein Naturgesetz, sondern

Ausdruck der übertriebenen Stabilitätspolitik der Deutschen Bundesbank. Wenn in zwei wirtschaftlich nahezu gleich entwickelten Ländern die eine Zentralbank nur darauf achtet, eine niedrige Inflation zu erreichen, im anderen Land jedoch von der Zentralbank eine Unterstützung der Regierung, z. B. beim Kampf gegen Arbeitslosigkeit, erwartet wird und dafür eine leicht erhöhte Inflationsrate in Kauf genommen wird (z. B. in Frankreich), wird eine Einheitswährung, die eine einheitliche Geldpolitik erfordert, zwischen diesen Ländern notwendigerweise zu Spannungen führen.

Der Euro ist eine Gefahr für Europa

»Statt sich auf die epochale Grundfrage zu beziehen, ob wir das neue Europa wollen oder nicht, hat … sich [die Politik] auf eine … Interpretation der Stabilitätsdaten fixiert.«

Werner Weidenfeld, Leiter des Zentrums für angewandte Politikforschung[140]

Die Einführung des Euro geht an der wirtschaftlichen Realität vorbei. Regierungen gehen so weit, Bilanzen zu fälschen, um die Konvergenzkriterien zu erfüllen. Italien hatte die beste Idee: 1997 zahlten die Bürger eine »Europasteuer«[141], damit genügend Geld in der Kasse ist, um die Kriterien zu schaffen. 1999 zahlt der Staat das Geld dann wieder an die Bürger zurück. Diese Steuer wurde sogar vom Europäischen Gerichtshof akzeptiert. Diese gefälschten Bilanzen werden jedoch irgendwann überstrapaziert sein, und es wird offensichtlich werden, daß die betroffene Bevölkerung die erforderlichen wirtschaftlichen Strukturanpassungen nicht tragen wird. Politische Forderungen nach dem Fortbestand der eigenen Währung, nach einem langsameren Entwicklungstempo, Staatsverschuldung und dafür höherer sozialer Sicherheit werden lauter werden.

Die Europäische Währungsunion wird nicht von den Gesellschaften Europas durchgesetzt, sondern von denen, die bisher den Hauptnutzen an der Globalisierung hatten: von großen Industriekonzernen und Banken. Sie sind in der Lage, die Politik unter Druck zu setzen. Im Oktober 1997 drohte der umsatzstärkste Konzern der Welt, General Motors, Großbritannien mit der Schließung seiner beiden Werke, falls die britische Regierung sich weigert, von Anfang an beim Euro mitzumachen.[142] Trotzdem enschied sich die britische Regierung dafür, die Teilnahme erst einmal zu verschieben. General Motors hat seine Werke entgegen seiner Ankündigung nicht geschlossen.

Bereits 1970 war im »Werner-Plan« der Europäischen Gemeinschaft die Einführung einer Einheitswährung vorgesehen. Sie war aber nicht durchsetzbar, weil andere Aspekte der europäischen Einigung als wichtiger erachtet wurden und wurde wieder verworfen. Dem europäischen Einigungsprozeß tat dies keinen Abbruch. Auch heute sollten wir uns auf das konzentrieren, was die europäische Integration wirklich vorantreibt. Nach Ansicht des ehemaligen Bundesbankpräsidenten Karl Otto Pöhl sollte eine einheitliche Währungsunion erst der Schlußakkord für zusammenwachsende Volkswirtschaften sein, nachdem Finanz- und Wirtschaftspolitik bereits parallel laufen.[143]

Ein Zerbrechen des Euro an den wirtschaftlichen Realitäten, unterschiedlichen währungspolitischen Konzepten und kulturellen Unterschieden ist daher nicht unwahrscheinlich. Darauf macht der ehemalige ›Financial Times‹-Journalist David Lascelles in seinem Buch ›Der Crash von 2003‹ aufmerksam. Er beschreibt darin, wie verschiedene wirtschaftspolitische Zielvorstellungen den Euro durchaus wieder sprengen können: In einer Beschäftigungskrise möchte Frankreich von der Europäischen Zentralbank die Erlaubnis zu höherer Verschuldung haben, um über kreditfinanzierte Staatsausgaben Arbeitsplätze zu schaffen. Deutschland besteht partout auf Geldwertstabilität. Um die Unruhen in Frankreich nicht in einem Volksaufstand enden zu lassen, führt Frankreich den Franc zum Jahresende 2003 wieder ein. Emmanuel Todd, bekannter französischer Intellektueller, meint schlicht: »Im Jahr 2005 wird es keinen Euro geben. Entweder weil er nie eingeführt oder schon wieder abgeschafft wurde.«[144]

Wir erleben auf politischer und wirtschaftlicher Ebene eine »Europhorie«, die angesichts der Gefahren, die diese Entwicklung birgt, mehr als unverständlich ist. Die Währungsunion nutzt nicht allen Regionen und nicht allen Bevölkerungsschichten der Euro-Staaten, sondern nur den hochindustrialisierten Zentren Europas und vor allem den Kapitalbesitzern. Wir sparen uns für den Euro zu Tode und nehmen Rekordarbeitslosenzahlen in Kauf, die den sozialen Frieden gefährden. Und all das, obwohl die erwarteten Vorteile des Euro mehr als unsicher sind. Durch die Fixierung auf die stabile Einheitswährung ist die Europäische Union zur Europäischen Währungsunion degradiert worden. Währungspolitische Argumente dominieren die europäische Einigungsdebatte. Der Geist des vereinten Europas wurde vom Sparzwang zur Erfüllung der Konvergenzkriterien vertrieben, die politische, soziale, gesellschaftliche und ökologische Integration Europas ist genauso zum Stillstand gekommen wie die öffentliche Debatte darüber. So klingen Forderungen nach mehr Demokratie, Mitbestimmung und Bürgerrechten im realen Europa lächerlich. Wer spricht unter diesen Voraussetzungen noch von Ökologie und einer einheitlichen Steuergesetzgebung? Nötig wäre eine Währungsunion, die eine Einheitswährung nicht um jeden Preis einführt und sich gleichzeitig an wirtschaftlichen und sozialen »Konvergenzkriterien« orientiert (vgl. Kapitel III).

Lüge 8:
»Großbritannien und die USA sind Vorbilder bei der Schaffung von Arbeitsplätzen und Wohlstand«

»In Anbetracht hoher Arbeitslosigkeit und verschärftem internationalen Standortwettbewerb... gibt es keine Alternative zur Anpassung in Richtung mehr Flexibilität nach holländischem, britischem und letztendlich auch amerikanischem Modell.«

Karl-Heinz Paqué, Professor für Internationale Wirtschaft[145]

In den meisten Industriestaaten steigt die Zahl der offiziell registrierten Arbeitslosen; Ausnahmen sind einige wenige Länder, etwa die USA oder Großbritannien. Wie bereits erwähnt, sind diese beiden Länder die Musterschüler bei der Umsetzung neoliberaler Wirtschaftspolitik. Politik und Wissenschaft werden nicht müde zu betonen, daß neoliberale Wirtschaftspolitik zu mehr Arbeitsplätzen und Wohlstand führt. Der amerikanische und der britische Weg gelten schon allein durch die Reduzierung der Arbeitslosenquote als vorbildlich: »Man wirft den Ländern, die den amerikanischen Weg... gehen, stets soziale Kälte vor. Ein Vergleich der Arbeitslosenquoten in Großbritannien (6,7 %), den USA (6,2 %) mit denen der klassischen Wohlfahrtsstaaten Frankreich (12,8 %), Schweden (9,9 %) und Deutschland (10,4 %) läßt nur den gegenteiligen Eindruck zu.«[146]

Die USA und der Mythos »Jobmaschine«

»Es mag kurios erscheinen. Aber langfristig wird das Problem nur zu lösen sein, wenn sich die USA am deutschen Modell orientieren.«

Oliver Blanchard, US-Ökonom,
in: ›manager magazin‹, 09/1996

Die USA werden als der Vorzeigestaat des Neoliberalismus gefeiert, ihre Arbeitslosenstatistik sei der Beweis, daß Deregulierung und Flexibilisierung zu mehr Beschäftigung und damit zu mehr Wohlstand führe. So nahm in den USA die Zahl der Erwerbstätigen von 1993 bis 1996 um 5,4 % zu, während sie in der Bundesrepublik im selben Zeitraum um 2,3 % sank. Die offizielle Arbeitslosenquote lag 1996 in den USA unter 6 % und war damit nur halb so hoch wie in der Bundesrepublik[147] – wir sollten also neidisch sein! Es existieren niedrige Mindestlöhne, die Arbeitsverträge sind äußerst flexibel (»hire and fire«), und die soziale Absicherung ist minimal.

Das sogenannte amerikanischen Jobwunder läßt sich aus dem dortigen Verständnis von Arbeit und Arbeitslosenstatistik erklären: 1996 waren in den USA 7,3 Millionen Menschen als arbeitslos registriert, was einer Quote von 5,3 % entspricht. Die offizielle amerikanische Statistik verschleiert jedoch die wahre Arbeitslosigkeit weit mehr als die deutsche Statistik. So fehlen in der amerikanischen Arbeitslosenstatistik jene mindestens 6 Millionen Menschen, die zwar arbeiten können und wollen, die Suche nach einem Job aber aufgegeben haben. Außerdem erscheinen in dieser Statistik auch nicht die 4,5 Millionen Menschen, die unfreiwillig teilzeitbeschäftigt sind. Damit sind bereits 14 % der erwerbsfähigen Amerikaner unterbeschäftigt. Zu den Unterbeschäftigten gehören außerdem 10,1 Millionen Erwerbstätige mit Zeitarbeitsverträgen und 8,3 Millionen Selbständige ohne ausreichende Aufträge, was eine Arbeitslosen- und Unterbeschäftigtenquote von 28 % ergibt.[148] Bei näherer Betrachtung bleibt von dem so oft beschworenen »Beschäftigungswunder« wenig übrig. Amerika schafft zwar rein statistisch neue Jobs, insgesamt fehlen jedoch Millionen von Arbeitsplätzen – genau wie hierzulande.

Dennoch haben die Vereinigten Staaten bei uns das Image, viele gutbezahlte, hochqualifizierte Jobs im High-Tech-Bereich zu schaffen. In Wahrheit sind jedoch die Zuwächse in diesem Bereich in Deutschland und in den USA identisch (+2,6 %).[149] Ein Beschäftigungszuwachs ergibt sich in den USA allein bei den »McJobs« mit Niedrigstlöhnen und ohne soziale Absicherung. Knapp 20% aller Amerikaner arbeiten für Löhne unterhalb der

Armutsgrenze – die sogenannten »working poor« machen ein Fünftel der arbeitenden Bevölkerung aus. »Der Unterschied liegt im Zuwachs an unqualifizierten, schlechtbezahlten Jobs. Noch (!) wird es aber in Deutschland als Problem empfunden, daß Menschen, die tagsüber für – sagen wir – sieben Mark pro Stunde arbeiten, nachts in Pappkartons schlafen.«[150]

Trotzdem wird uns durch die Medien, die Unternehmer und Politiker suggeriert, die USA seien das Zukunftsmodell für die Bundesrepublik. Auch vor der Verbreitung von Falschmeldungen schreckt man nicht zurück. So berichtet im April 1997 der Wirtschaftsrat der OECD: »Zwei Drittel der neuen Arbeitsplätze wurden in Tätigkeitsbereichen und Industriezweigen geschaffen, die mehr als die medianen [= ›mittleren‹] Löhne und Gehälter zahlen.« Dieser Satz war bewußt genauso formuliert, daß er falsch verstanden wurde: »Mehr als zwei Drittel der neuen Arbeitsplätze bieten eine überdurchschnittliche Bezahlung«, las man in den Schlagzeilen der deutschen Presse. Wo liegt der Unterschied zwischen den beiden Sätzen? Wenn beispielsweise eine Ladenhilfe in einem Gewerbe arbeitet, das seinen Arbeitern im Durchschnitt mehr zahlt als die mittleren (= medianen) Löhne in den USA, so gehört er auch bei einem Hungerlohn zu diesem »privilegierten Tätigkeitsbereich oder Industriezweig«.[151] Das ändert jedoch nichts an seinem Armutslohn. Obiges »Wortspiel« hört sich bei Tyll Necker, Ex-BDI-Vorsitzender, dann so an: »Diese McJobs-Theorie hält keiner Überprüfung stand. Über 60 % der neuen amerikanischen Arbeitsplätze sind in anspruchsvollen Branchen entstanden, etwa in der Informationstechnik, in der Biotechnik und im Softwarebereich.«[152]

Derartige Tatsachenverdrehungen kann man schlichtweg als Manipulation bezeichnen. Die ist aber nur dann nötig, wenn jemand etwas zu verbergen hat, und zu verbergen gibt es offenbar eine Menge: Durchschnittlich arbeitet ein Amerikaner pro Jahr 430 Stunden mehr als ein Deutscher. Ist denn die Technologie in diesem Land noch so unterentwickelt, daß Amerikaner so viel arbeiten müssen? Eine Bestätigung dieser These könnte man darin sehen, daß in den Berufen, die direkt mit der »Digitalen Revolution« zusammenhängen (computer and data processing services), nur wenig mehr als eine Million Menschen beschäftigt sind, also weniger als in den drei Billigkaufmarktketten Wal-Mart, Kmart und Sears. Bei den Vorzeige-Super-High-Tech-Firmen Microsoft und Intel arbeiten insgesamt nicht mehr als 85 000 Menschen.[153]

Zwischen 1990 und 1995 hat die Computerbranche in den USA weniger als 300 000 neue Jobs geschaffen, in Zeitarbeitsfirmen entstanden jedoch mehr als 800 000; billige Jobs sind der Renner und werden staatlich gefördert. Zwischen 1979 und 1994 sank der Mindeststundenlohn um 25 %. Erst Präsident Bill Clinton hob ihn wieder minimal an, von 4,25 auf 4,75 Dollar. Seit 1973 sank der durchschnittliche Stundenlohn um 13% und liegt derzeit bei 12 Dollar und damit auf dem Niveau von 1965. »Ein Schwarzer ohne Hochschulabschluß verdient heute real 30 % weniger als noch 1970.«[154] Seit mehr als 20 Jahren lebt ein Drittel der schwarzen Bevölkerung Amerikas in Armut, fast genauso viele sind es mittlerweile bei den Hispanics: 1980 lebten 21,8 % von ihnen in Armut, mittlerweile sind es ebenfalls beinahe ein Drittel (1993: 30,6 %).[155] Die offizielle Armutsquote betrug 1994 14,5 % der Gesamtbevölkerung, d. h., 38,1 Millionen Menschen haben ein Einkommen, das weniger als die Hälfte des mittleren amerikanischen Einkommens beträgt.[156] 38,1 Millionen Menschen entsprechen der Hälfte der Bevölkerung Deutschlands. Aufschlußreich ist auch folgende Bemerkung eines amerikanischen Gewerkschafters: »Ein Arbeitsloser in Deutschland ist besser dran als ein Beschäftigter im unteren Einkommensbereich hierzulande – und so wird es auch bleiben, [selbst] wenn der Mindestlohn tatsächlich ... angehoben würde.«[157]

Die durchschnittlichen Stundenlöhne im Dienstleistungsbereich liegen bei 7,41 Dollar.[158] Selbst bei der üblichen 48-Stunden-Woche (sic!) sind das weniger als 1500 Dollar im Monat. Da in die Mittelwertbildung auch sehr hohe Löhne eingehen, muß man davon ausgehen, daß weit mehr als die Hälfte der Angestellten wesentlich weniger verdient. Die durchschnittlichen Stundenlöhne im Gastronomiebereich liegen sogar bei nur 5,59 Dollar. Vor der Erhöhung des Mindestlohnes arbeiteten rund 11 Millionen Amerikaner für Stundenlöhne zwischen 4,25 und 5,15 Dollar. »Entgegen weitverbreiteten Annahmen besteht die Mehrheit dieser Arbeitnehmer nicht aus Teenagern, die sich in Sommerjobs Geld fürs erste Auto oder die College-Ausbildung verdienen wollen ...«[159] Amerikanische Vorstandsvorsitzende erhalten dagegen für ihre Arbeit mehr als ihre deutschen Kollegen: In den USA verdienen sie im Schnitt 120mal soviel wie Angestellte, in Deutschland nur das 21fache, in Japan ist das Verhältnis sogar »nur« 1:16.[160]

Die Behauptung, durch niedrigere Arbeitskosten entstünden neue Arbeitsplätze, muß in einem wesentlichen Punkt korrigiert werden: Niedrige Löhne erhöhen die Nachfrage der bereits arbeitenden Bevölkerung nach weiteren Arbeitsplätzen. Denn wenn man mit einem Job nicht mehr über die Runden kommt, braucht man eben mehrere. Da sehr viele der Arbeiter und Angestellten Löhne erhalten, die nicht weit vom Mindestlohn entfernt sind, gehen bereits 7 900 000 von ihnen einem Zweitjob nach. Das tun sie jedoch bestimmt nicht im Urlaub, denn der durchschnittliche Urlaub beträgt nur etwa zwei Wochen. Weihnachten wird am 25. 12. gefeiert, am 24. und am 26. wird gearbeitet, und am 25. schnell nach Hause zur Familie geflogen.

Das amerikanische Sozialgefüge kann wohl kaum ein erstrebenswertes Vorbild für die Bundesrepublik sein. In einer Studie des Nürnberger Instituts für Arbeitsmarkt- und Berufsforschung (IAB) wird der »American way« treffend zusammengefaßt: »Mangelnde Gesundheitsfürsorge, soziale Ausgrenzung, Ghettobildung und Kriminalität sind die unliebsamen Folgen.« Die Rassenunruhen in Kalifornien und Florida waren Beispiele dafür. Statistische Indizien für den Zerfall der Gesellschaft gibt es zuhauf: rückläufige Geburten- und wachsende Scheidungsraten, labile und gefährdete Jugendliche. 1994 gab es pro 100 000 Jugendliche 13 Tötungsdelikte, eine Rate, die bis zu zehnmal so hoch ist wie in den Ländern Westeuropas.[161] »Beinahe 2 % der männlichen Erwerbsbevölkerung sitzt gegenwärtig im Gefängnis, weitere 5 % sind auf Bewährung oder bedingt haftentlassen. Die gesellschaftlichen Kosten der Kriminalität werden für das Jahr 1996 auf etwa 4 % des Sozialprodukts der USA geschätzt.«[162] Zwischen 1980 und 1995 hat sich der Etat für Gefängnisse verachtfacht (von 330 Mio. auf 2,6 Mrd. Dollar), »in vielen Bundesstaaten ist der am schnellsten wachsende Haushaltsposten der Neubau von Gefängnissen«.[163] Die Gefängnisse werden vermehrt privat betrieben, die Insassen unterstützen die amerikanische Wirtschaft nach Kräften. Beispiel New Mexico: Dort erledigen die Gefangenen telefonische Hotelreservierungen konkurrenzlos billig. »Turbo-Kapitalismus ist wunderbar und effizient für die Konzerne, er macht nur leider unsere Gesellschaft kaputt.« (Edward Luttwak)[164] »Flexibilisierung« bedeutet in Amerika, daß der Arbeiter zu einer Maschine ohne Sozialgefüge mutiert, wenn er im Laufe seines Arbeitslebens 6–10mal den Wohnort und den Job wechseln muß.

In den USA wollte man die Massenarbeitslosigkeit bekämpfen, erzeugte jedoch Massenarmut. Manche Autoren sprechen schon von »Dritte-Welt-Verhältnissen« in den USA.[165] Wie die amerikanische Gesellschaft ihre Arbeiter behandelt, kann am Beispiel der Stadt New York gezeigt werden. Sie ist zu einem der saubersten Orte Amerikas geworden, weil sie ihre Sozialhilfeempfänger zwingt, mit Besen und Kehrschaufel die Stadt zu reinigen. Wer Sozialhilfe erhalten will, muß dafür arbeiten. »Training on the job« (etwa »berufsnahes Praktikum«) nennt sich zynischerweise diese Maßnahme, die die Wiederbeschäftigungschancen von Sozialhilfeempfängern verbessern soll. Wie das durch das Fegen von Bahnhofshallen passieren soll, bleibt ein Geheimnis des Erfinders. Im Gegenzug wurden die städtischen Angestellten der Straßenreinigung entlassen, schließlich ist der Einsatz von Sozialhilfeempfängern wesentlich billiger: Mister Smith wird der Besen aus der Hand genommen, er wird entlassen; tags drauf sieht er sich wieder mit Besen, diesmal jedoch zum halben Lohn: »training on the job«. Sozialhilfe ist nicht nur an diese »öffentlichen

Arbeiten« gebunden, sie ist überdies ausnahmslos auf fünf Jahre befristet. Wer dann den Sprung zurück ins Arbeitsleben nicht geschafft hat, muß selbst sehen, wo er bleibt – die Obdachlosigkeit oder der Bettelstab sind vorprogrammiert, und das in einem der reichsten Länder der Erde.

Weshalb in den USA die Sozialhilfe auf fünf Jahre begrenzt werden mußte, wo man doch angeblich die Arbeitslosigkeit in den Griff bekommen hatte, erscheint rätselhaft. Denn wenn jeder eine Arbeit hätte, dürfte es eigentlich keine Sozialhilfeempfänger geben. Natürlich gibt es politische Gründe, warum Präsident Clinton dem Wunsch der Neoliberalen in Wahlzeiten gefolgt ist, die Sozialhilfe zeitlich zu begrenzen. Warum wurde das aber überhaupt gefordert? Hier zeigt sich der Grundwiderspruch des Neoliberalismus: Es wird behauptet, jeder könne einen Arbeitsplatz aus eigener Kraft erlangen, das Versagen dieses Credos (denn, wie erwähnt, leben ein Sechstel der US-Amerikaner in Armut) wird durch gesetzliche Regelungen retuschiert: Es gibt immer weniger Sozialhilfeempfänger, da immer weniger Menschen Anspruch darauf haben, und nicht, weil es immer weniger Armut gibt.

Die USA haben in den 70er Jahren selbst erlebt, daß auch ohne sozialen Kahlschlag Jobs entstehen können. Unter Präsident Carter wurden pro Jahr 2,8 Millionen neue Jobs geschaffen. Als nach 1980 die Republikaner mit den Präsidenten Reagan und Bush an die Regierung kamen, entstanden bis 1991 rein statistisch 12 Millionen Jobs, also nur noch eine Million pro Jahr. Seit 1991 entstanden 11 Millionen Jobs unter dem demokratischen Präsidenten Clinton – das sind etwa 1,8 Millionen pro Jahr. Die neoliberale Kahlschlagpolitik ist bei der Schaffung von Jobs weitaus weniger erfolgreich als eine etwas ausgewogenere Politik.

Lohndumping, Flexibilisierung und Sozialabbau, also der reine Neoliberalismus, haben sich auch hinsichtlich anderer wirtschaftspolitischer Eckdaten als Flop erwiesen. Sie führten nicht nur zum Zerfall der Gesellschaft, die USA geraten mit dieser Politik auch gesamtwirtschaftlich in eine bedenkliche Situation: Die

Produktivität der amerikanischen Arbeiter bleibt weit hinter der der Deutschen zurück. In den USA wird nicht ausgebildet, sondern nur kurz angelernt. Die Arbeitsproduktivität ist in den USA zwischen 1980 und 1995 um 14%, in Deutschland jedoch um 28% gestiegen.[166] Bedenklich ist auch das dauerhafte Handelsbilanzdefizit der USA, das sich seit 1992 verdoppelte, obwohl der Dollar niedrig bewertet wurde, und das die amerikanischen Exporte begünstigte. Trotz billiger Arbeitskräfte sind es amerikanische Produkte, die auf dem Weltmarkt immer weniger konkurrenzfähig sind.

Großbritannien, das »Paradies für Investoren«

»Jeden Tag sehe ich in London mehr Bettler und Obdachlose als kürzlich in Kiew.«

Jakob von Uexküll, Stifter des ›Alternativen Nobelpreises‹ in einem Leserbrief an die ›Tageszeitung‹ vom 30. 4. 1997

Das Zeitalter der Industrialisierung begann im 18. Jahrhundert in England. Von dort aus eroberten die Segnungen der Technik Europa und Amerika. Die negativen Erfahrungen, die man dort mit den Folgen des »Manchester-Kapitalismus« machte – z. B. Arbeiteraufstände, die zu Produktionsausfällen führten –, ließen England zum Wegbereiter eines Wohlfahrtsstaates werden, der auf den sozialen Ausgleich setzte. Fortschritt und Wohlstand kamen einem breiten Bevölkerungsteil zugute. Auch heute scheint Großbritannien wieder Vorbild zu sein, wenn es um die Herausforderungen der Globalisierung geht. In Newcastle, wo Siemens für 2,65 Mrd. DM ein Halbleiterwerk baut, sind nach Angaben des Siemens-Finanzchefs K.-H. Baumann[167] die Arbeitskosten um 50 % geringer als in Deutschland. Auf der britischen Insel wird deshalb kräftig investiert, und neue Arbeitsplätze sollten entstehen.

Aber auch das britische Beispiel ist bei genauerer Betrachtung ebensowenig Vorbild wie das amerikanische: Seit 1980 schreitet Britannien rückwärts, zurück zu den Zeiten, als der Unternehmer Gott und der Arbeiter Bittsteller war. Nicht wenige Anzeichen deuten darauf hin, daß die Entwicklung, die Margaret Thatcher begann, in bezug auf Sozialabbau und Ausbeutung der Arbeiter noch gründlicher als der »American way« verlaufen ist. Die Eckpfeiler der neoliberalen Wirtschaftspolitik sind die gleichen wie in den USA: niedrige Löhne, möglichst wenige soziale Rechte für die Arbeitnehmer und, um den Unternehmen ein Höchstmaß an Flexibilität zu erlauben, möglichst geringe staatliche Einmischung in die Wirtschaft sowie fortschreitender Sozialabbau. Um die Staatsquote zu senken, wurde überall gespart und die soziale Absicherung deutlich reduziert. Heute beträgt die Staatsquote 40,6 %. So wenig staatliche Aktivitäten gibt es in der EU sonst nur noch in Irland (39,1 %).

Zwar ist Großbritannien Mitglied der Europäischen Union, aber es weigerte sich bis zur Wahl von Tony Blair kategorisch, die Europäische Sozialcharta zu unterzeichnen, die soziale Mindeststandards in den EU-Mitgliedsstaaten festschreibt. Die konservative Regierung empfand die in dem Vertragswerk vorgesehene Beschränkung der wöchentlichen Arbeitszeit auf 48 Stunden als eine Einmischung in die inneren Angelegenheiten des Landes. Die Einmischung wäre in der Tat beträchtlich, denn 22 % derer, die einer Ganztagsbeschäftigung nachgehen, arbeiten mehr als 48 Stunden die Woche, in Frankreich sind es lediglich 7 %. Die Hälfte der werktätigen Engländer arbeitet mehr als 44 Stunden die Woche. In Großbritannien gibt es keine Begrenzung der Wochenarbeitszeit, auch Überstunden, Schicht- und Sonntagsarbeit unterliegen keinen Begrenzungen mehr, 12 % der arbeitenden Bevölkerung erhalten keinen bezahlten Urlaub, es gibt keine Mindesturlaubstage, keine Einschränkungen bei Zeitverträgen, Kurzzeitanstellungen oder Folgeverträgen mit derselben Person, und die übliche Probezeit beträgt 24 Monate. Natürlich ist auch deshalb nur noch jeder dritte britische Arbeitnehmer fest angestellt. Alle anderen sind über Zeitverträge, die beliebig verlängert werden können, an die Unternehmen gebunden. Der Vorteil für die Unternehmen ist offensichtlich, denn kurzfristige Entlassungen sind bei Zeitverträgen kein Problem. Auch Jugendliche haben es schwer auf dem Arbeitsmarkt: Weniger als 50 % der 18jährigen befinden sich in einer Ausbildung, in Deutschland und Frankreich sind es jeweils über 80 %.

In England wurden die Arbeitnehmerrechte systematisch abgeschafft: Es gibt keinen gesetzlich garantierten Mindestlohn, damit ist England sogar den USA voraus. Viele der Arbeiter verdienen heute nur noch umgerechnet 4,40 DM in der Stunde, bei vergleichbar hohen Lebenshaltungskosten wie in Deutschland. Großbritannien ist zum Billiglohnland geworden. Deregulierung und Privatisierung fördern eine Verschärfung der ungleichen Verteilung, die in der europäischen Union einzigartig ist: Die ärmsten 10 % der Bevölkerung haben in den letzten zwanzig Jahren einen realen Einkommensverlust von 13 % verkraften müssen, während die Einkommen der Reichsten 10 % um 65 % anstiegen. Im selben Zeitraum ist die Zahl der Briten, die unter der Armutsgrenze leben, von 5 auf 13,7 Millionen gestiegen; bereits jedes dritte Kind wächst in Armut auf.[168] In einigen Stadtvierteln von Newcastle, Manchester oder Sheffield leben über 40 % der Menschen ohne Beschäftigung und in Armut. London ist die »europäische Hauptstadt der Kriminalität«: Die Verbrechensraten nahmen in den letzten zehn Jahren schneller zu als in irgendeinem anderen europäischen Land.[169]

Die ganze Welt, allen voran die USA und Japan, investiert in England, denn die dortigen Arbeitnehmer lassen sich wieder ausbeuten. »England ist zur Herstellungsplattform zur Belieferung des Kontinents geworden«[170] – denn die Engländer selbst können sich die Produkte, die in ihrem Land hergestellt werden, nicht mehr leisten. Auch um die britische Industrie ist es schlecht bestellt. In England investieren zwar viele ausländische Investoren, doch die englische Industrie selbst wird ausverkauft. Auch die OECD läßt verlauten: »Die Schwäche der binnenwirtschaftlichen Investitionen ist besorgniserregend.« Die Automobilindustrie befindet sich gänzlich in ausländischer Hand. Zuletzt übernahm BMW die englische Firma Rover – ein weiterer Beleg für die Schwäche der britischen und die Stärke der deutschen Volkswirtschaft.

Die neoliberale Theorie behauptet, Wohlstand und Arbeitsplätze zu schaffen. Wohlstand wird offenbar nicht geschaffen – und Arbeitsplätze? Ein Blick auf die Arbeitslosenstatistik scheint das zu bestätigen: Die offizielle Arbeitslosenquote lag im August 1997 bei 5,3 %. Nur 1,5 Millionen Briten seien ohne Job, wird staatlicherseits behauptet.[171] Es sieht so aus, als habe England die Chance der Globalisierung genutzt, sozial abgerüstet und sich »fit« für den globalen Wettbewerb gemacht, was heute den englischen Arbeitern in Form von Arbeitsplätzen zugute kommt. Die Anzahl der Menschen, die in England Arbeitslosengeld beziehen, sinkt tatsächlich. Nur hat die Statistik nichts mit der tatsächlichen Anzahl der Arbeitslosen oder Unterbeschäftigten in diesem Land zu tun. Durch bislang 32 Änderungen des Statistikgesetzes wurde die Arbeitslosigkeit schlicht weggerechnet. Ohne diese rein formalen Gesetzesänderungen wären heute 4 Millionen Briten arbeitslos, was einer Quote von 14 % entspricht; sie wäre höher als die in Deutschland (12,6 %). Ein Beispiel: Wer nach 6 Monaten kein Arbeitslosengeld mehr erhält, wird einfach aus der Statistik genommen, auch wenn er weiterhin arbeitslos ist. In Deutschland werden hingegen Langzeitarbeitslose und arbeitslose Sozialhilfeempfänger in der Arbeitslosenquote berücksichtigt.

Die britische Regierung unter Major übte zusätzlichen Druck auf die Arbeitsämter aus, um durch statistische Manipulationen die Arbeitslosenquote weiter zu drücken. Rein statistisch sind in England in den letzten fünf Jahren 900 000 Arbeitsplätze entstanden – wie aber kann das sein, wenn die Zahl der Beschäftigten nicht steigt? Zwei Drittel der neugeschaffenen Jobs sind Teilzeitjobs, jeder vierte Arbeitnehmer arbeitet Teilzeit.[172] Dabei erscheint die Definition von »Teilzeit« höchst fragwürdig: Es reicht aus, eine Stunde pro Woche beschäftigt zu sein, damit für die Statistik ein neuer Arbeitsplatz geschaffen wird und der Betreffende nicht mehr in der Arbeitslosenstatistik auftaucht. Jeder Freizeitauftritt einer Rockband wird als Arbeitsplatz deklariert, aus einem Stundenjob bei verschiedenen McDonald's-Restaurants werden genauso viele Arbeitsplätze wie Filialen, in denen ein und dieselbe Person arbeitet. Man kann sich vorstellen, mit welcher Begeisterung ein britischer Arbeiter verkündet: »900 000 neue Jobs, und ich habe sechs davon!«

Berücksichtigt man die Manipulationen der Arbeitslosenstatistik, ist es lächerlich, von einem »Jobwunder« in Großbritannien zu sprechen. Durch statistische Tricks wird der Arbeitslose zum Spielball der Politik. Warum aber muß die Arbeitslosigkeit unbedingt schöngeredet werden? Die zur Ideologie gewordene Theorie des Neoliberalismus muß nachweisen, daß ihre Heilsversprechen auch eintreten. Ein einfacher Blick auf die Beschäftigtenzahlen zeigt bereits, daß kaum neue Arbeitsplätze geschaffen wurden. Im Vergleich zu 1980 gab es 1994 in Deutschland 5 % mehr Beschäftigte, in England 0 %. Erst 1995 stieg die Beschäftigung in England um 1 %.[173]

Die USA und Großbritannien sind warnende Beispiele

> »Großbritannien und die USA, Schweden, Holland und Neuseeland haben den ›turn around‹ geschafft. Ich bin überzeugt, wir schaffen ihn auch.«
>
> *Tyll Necker, ehemaliger BDI-Vorsitzender*[174]

Die neoliberalen Musterknaben England und die USA können nicht als Vorbild für die Bundesrepublik dienen, wenn es um die Bekämpfung von Arbeitslosigkeit geht. Beide Länder sind eher ein warnendes Beispiel dafür, was neoliberale Wirtschaftspolitik in dieser extremen Ausprägung bedeutet: Destabilisierung der Gesellschaft, Ausbeutung und Ausgrenzung, ohne Wohlstand zu schaffen und Arbeitslosigkeit zu beseitigen. In ihrer Summe zeichnen die einzeln recherchierten Zahlen ein vernichtendes Bild, sowohl über den »Moloch USA«[175] als auch über Großbritannien, welches mit den USA sein Vorbild in der Ausbeutung der Arbeitnehmer gefunden hat.

In der Diskussion werden weitere Staaten genannt, die angeblich ihre neoliberalen »Hausaufgaben« gemacht hätten und deshalb so erfolgreich im Kampf gegen die Arbeitslosigkeit wären. Doch wenn dort real Arbeitsplätze geschaffen wurden, so hat das meist viele Gründe. Beispiel Niederlande[1726]: Das reale BIP-Wachstum war zwischen 1982 und 1996 in Holland zwar höher (+44 %) als in Deutschland (+39 %), der geringfügige Wachstumsunterschied kann jedoch nicht der Hauptgrund der sinkenden Arbeitslosigkeit sein. Hauptsächlich vorzeitige Pensionierung, luxuriöse Arbeitsunfähigkeitsrenten und eine stark ausgedehnte Teilzeitarbeit (38 % der Beschäftigten, in Deutschland sind es nur 16 %) entlasten den Arbeitsmarkt.[177] Das holländische Beschäftigungswunder hat mit Neoliberalismus nichts zu tun – die Lohnersatzleistungen gehören mit 78 % zu den höchsten der Welt, die Staatsquote entspricht der deutschen. Bereits diese wenigen Zahlen sollten belegen, daß man Länder niemals pauschal als »Vorbilder« bezeichnen sollte – und schon gar nicht als »neoliberale Vorbilder«. Denn wie in den Niederlanden findet man auch bei den anderen »Musterknaben« wie Neuseeland oder Schweden verschiedene Ansätze zur Bekämpfung der Arbeitslosigkeit. Sie haben häufig – wie z. B. in Schweden – nichts mit neoliberaler Kahlschlagideologie gemein.

Lüge 9:
»Die Entwicklungsländer profitieren von der Globalisierung«

> Tyll Necker: »Der Welthandel ist eine Quelle des Wohlstands. Wir müssen auch den Ländern der dritten Welt das Recht einräumen, sich am weltweiten Wohlstand und Wachstum zu beteiligen.«
> taz: »Aber die Statistiken sagen etwas anderes: Der Abstand zwischen den ärmsten 20 % der Länder und den reichsten 20 % hat sich seit 1960 verdoppelt.«
> Tyll Necker: »Der Welthandel nützt sicher nicht allen gleichermaßen ...«
>
> *Tyll Necker, ehemaliger BDI-Vorsitzender*[178]

Etwa 4,5 Mrd. Menschen leben in sogenannten »Entwicklungsländern«. 80 % der Menschheit sind arm. 1,3 Milliarden Menschen müssen mit weniger als einem Dollar pro Tag auskommen, über 800 Millionen Menschen haben nicht genug zu essen, weitere 800 Millionen Menschen müssen auf gesundheitliche Fürsorge verzichten, und mindestens 840 Millionen Erwachsene können weder lesen noch schreiben.[179] Gemeinhin bezeichnet man fast alle Staaten der Erde als Entwicklungsländer, ausgenommen nur die wirklich hochentwickelten Staaten Westeuropas, die USA, Kanada und Japan. Die »dritte Welt« ist äußerst inhomogen; man kann sie in fünf Entwicklungstypen unterteilen:[180]

1. Die südostasiatischen Wirtschaftsmächte (Malaysia, Hongkong, Südkorea, Taiwan, Singapur, Thailand)
2. Schwellenländer mit stark industrialisierten Zentren (Mexiko, Argentinien, Brasilien, Indien, China)
3. Die OPEC-Staaten
4. Der verarmte Ostblock bzw. die ehemalige »zweite Welt«
5. Der abgekoppelte, stark verarmte Süden (Afrika, Teile Lateinamerikas und Asiens)

Natürlich muß den Ländern der »dritten Welt« das Recht eingeräumt werden, am Wohlstand teilzuhaben. Doch durch die Globalisierung in ihrer jetzigen Form tritt genau das Gegenteil ein.

Globalisierung verschärft die Armut in den Entwicklungsländern

> »Es ist eine Tatsache, daß das derzeitige Finanzsystem und seine Liberalisierung jene bevorzugt, die bereits jetzt privilegiert sind und die Weltwirtschaft dominieren. Die Kosten haben die Entwicklungsländer zu tragen, besonders die ärmsten unter ihnen.«
>
> *K. S. Komo, Professor für Ökonomie*[181]

Die UNO definiert die am wenigsten entwickelten Staaten der Erde als Staaten mit einem Pro-Kopf-Einkommen von unter 320 US-Dollar pro Jahr. Von diesen 48 Staaten liegen 42 in Afrika, insgesamt leben 570 Millionen Menschen in ihnen, also über 12 % der Erdbevölkerung. 1960 hatten die 46 ärmsten Länder einen Anteil am weltweiten Warenhandel von 1,4 %. Würde die Globalisierung den ärmeren Ländern zugute kommen, müßte sich deren Anteil am Handel vergrößert haben. Aber das Gegenteil ist eingetreten: Anfang der 90er Jahre lag ihr Anteil am Weltwarenhandel nur noch bei 0,6 %, und bis 1995 fiel er weiter auf zu vernachlässigende 0,4 %. 1980 betrug der Anteil der 102 ärmsten Länder am Warenaustausch 7,9% der Weltexporte, 1990 betrug er nur noch 1,4 %.[182] Freihandelsbefürworter wie die WTO, die UNCTAD, der IWF und die Weltbank werden trotzdem nicht müde, deren Segnungen gerade für die ärmsten Länder zu betonen.[183]

Eine ähnliche Entwicklung zeigen die weltweiten Kapitalströme. Schon in den 80er Jahren bewegten sich über 80 % der Weltkapitalströme innerhalb der USA, Westeuropas und des ostasiatischen Wirtschaftsraumes. »Die Bedeutung der weniger entwickelten Länder ... [ist] von etwa 14 % im Jahr 1982 auf null im Jahr 1989 gefallen.«[184] Läßt man die Schwellenländer unberücksichtigt, »... dann zieht der Großteil der ärmeren Länder außer öffentlichen Spenden und multilateraler Hilfe gar kein Kapital mehr an«.[185] So konnte der afrikanische Kontinent 1993 gerade 3 Mrd. US-Dollar Investitionskapital anziehen, wobei die Kapitalabflüsse die Kapitalzuflüsse überwogen. Das Saldo ist negativ, wie auch in den zehn Jahren davor.[186]

Heute sind 358 Milliardäre gemeinsam so reich, »wie insgesamt 2,5 Milliarden Menschen, fast die Hälfte der Weltbevölkerung«.[187] Mit der Abkopplung der Entwicklungsländer vom Welthandel und den Kapitalströmen vergrößert sich auch das Einkommensgefälle zwischen erster und dritter Welt. 1965 war das Pro-Kopf-Einkommen in den sieben reichsten Staaten 20mal so hoch wie in den sieben ärmsten Ländern. 1995 beträgt dieses Verhältnis bereits das 40fache.[188] Während 1960 die wohlhabendsten 20 % der Weltbevölkerung nur 30mal mehr Einkommen hatten als die ärmsten 20 %, sind es 1990 schon 60mal mehr. Und berücksichtigt man die ungleiche Verteilung innerhalb der Länder, so hatten die 20 % der Reicheren mindestens das 150fache Einkommen.[189]

Ein Blick auf die angeblichen Globalisierungsgewinner

Global mobiles Kapital und der Warenhandel fließen an den ärmeren Ländern vorbei. Beispiele von Firmeninvestitionen in Entwicklungsländern, die der Bevölkerung Arbeit und Einkommen verschafft haben, sind meist auch Beispiele von Ausbeutung. »Sechs Überstunden jeden Tag« oder »Schuften für den Weltmarkt« betitelt die ›Tageszeitung‹ Hintergrundberichte über die Situation von Frauen in Entwicklungsländern.[190] In den guatemaltekischen Textilfabriken eines südkoreanischen Multis wird für den Weltmarkt produziert. Die dort hergestellten Ralph-Lauren-Hemden kosten in Deutschland zwischen 160 und 2000 DM, eine Arbeiterin verdient knapp 3 DM am Tag. Das liegt unter dem selbst in Guatemala eingeführten Mindestlohn von knapp 4,50 DM, dem Preis von etwa 2 kg Bohnen. In Chinas Textilfabriken, die auch Adidas, Karstadt oder Quelle beliefern, wird 69 Stunden pro Woche gearbeitet, obwohl das chinesische Arbeitsrecht maximal 44 erlaubt. Diese Überstunden werden meist gar nicht oder nur geringfügig entlohnt. Die Siebentagewoche ohne einen freien Tag im Monat ist die Regel. »Durch die langen Arbeitszeiten ist die Unfallgefahr groß, die Akkordarbeit führt zu Krämpfen und Sehnenentzündungen.«[191]

In den Entwicklungsländern gibt es kaum Gewerkschaften oder Arbeitnehmerorganisationen. Das nutzen transnationale Konzerne offen aus, wie die Aussage eines südkoreanischen Botschafters zeigt: »Wir mögen Gewerkschaften nicht. Keine Fabrik hat länger als drei Monate überlebt, nachdem dort eine Gewerkschaft gegründet wurde.«[182] Da in der »dritten Welt« Arbeitskräfte im Überfluß vorhanden sind, werden die Betriebe geschlossen, sollte die Rendite in einer anderen Region größer sein. Mobiles Kapital kann das Land schnell wieder verlassen oder in eine andere Region wandern, in der die Arbeitskräfte bereit sind, sich ausbeuten zu lassen.

Beispiel Daimler-Benz: Betriebsräte aus deutschen Mercedes-Werken konnten sich bei einem Besuch selbst ein Bild über das »brutale Vorgehen« des Konzerns gegen ihre Kollegen in Brasilien machen: willkürliche Entlassungen, keine Gespräche mit den Betroffenen und keine Verhandlung mit der Gewerkschaft. »Die Bildung einer betriebsratsähnlichen Fabrikkommission hat das Management im Werk Campinas [bei São Paulo] bis heute nicht zugelassen.« Innerhalb Brasiliens versucht der Konzern verschiedene Standorte gegeneinander auszuspielen. Die neue A-Klasse wird »aus Kostengründen«, so das Management, nicht in Campinas, sondern in einer anderen Region produziert. Für einen brasilianischen Gewerkschaftsvertreter ist das nur der Versuch, die Löhne zu drücken. Ein deutscher Betriebsrat: »Es sind dieselben Methoden – hier bei euch und bei uns in Deutschland« –, nur eben auf verschiedenem Lohnniveau.«

Auch der Eintritt der Osteuropäer in den Globalisierungswettlauf fordert einen hohen Preis. Lebten in den ehemaligen Ostblockstaaten 1986 vier Millionen Menschen unterhalb der Armutsgrenze, sind es heute schon 120 Millionen.[193] Unabhängig davon, wie gefälscht die Statistiken des realen Sozialismus waren, die absoluten Zahlen deuten auf erhebliche Umverteilungsprozesse hin. Neben der neuen Massenarmut etabliert sich eine kleine Schicht von Superreichen – die marktwirtschaftlichen Reformen nutzen ausschließlich ihnen.

Das neoliberale Globalisierungsprojekt vertieft in den Entwicklungsländer die Kluft zwischen Arm und Reich, nur eine neue Manager- und Führungselite profitiert von dieser Entwicklung. Das Massenelend in der »dritten Welt« wird so nicht beseitigt, es werden höchstens kleine Inseln des Wohlstands inmitten von Massenelend geschaffen. Die von den Wirtschaftswissenschaftlern vertretene »Durchsickerungstheorie«, nach welcher entstehende industrielle Zentren in ihre Umgebung ausstrahlen und sich so regionale Unterschiede ausgleichen sollten, hat hier anscheinend keine Gültigkeit.[194] Ein Paradebeispiel ist die indische Metropole Bangalore, in der für den Computerweltmarkt programmiert wird. »Ihre bloße Existenz inmitten von Not und Elend läßt Zweifel aufkommen an der schönen High-Tech-Welt des nächsten Jahrhunderts.«[195] Solche Inseln sind eingekreist von Slums, welche ihrerseits Auffangbecken für eine ländliche Bevölkerung sind, die sich nichts mehr wünscht, als in die Städte zu ziehen, um wenigstens ein paar Dollar zu verdienen. Es fragt sich, ob ein Land wie Indien »die Belastung aushalten kann, auf globalem Niveau konkurrenzfähige High-Tech-Enklaven ... mitten unter Hunderten von Millionen ihrer verelendeten Landsleute aufzubauen«.[196] Wenn schon in den USA Einkommensunterschiede zu Unruhen führen, wie werden sich dann die weitaus eklatanteren Gegensätze in Indien auswirken?

Die Globalisierung ist kein Weg aus der Verschuldungsfalle

Die Länder der »dritten Welt« werden von den Industriestaaten im internationalen Wettbewerb nicht nur abgehängt, sondern zusätzlich ausgesaugt – wie bereits zu Zeiten der Kolonialisierung. Grund für eine Stagnation oder gar zunehmende Verelendung weiter Teile der Erde ist die Verschuldungslage der Entwicklungsländer. 1996 schuldeten sie dem »Norden« fast zwei Billionen US-Dollar; dies entspricht dem Bruttosozialprodukt eines der reichsten Industriestaaten der Welt, nämlich dem Deutschlands. Dieser Schuldenberg hatte sich in den letzten zehn Jahren – trotz aller Entschuldungsbemühungen – verdoppelt.[197] Die gleiche Summe wurde bereits einmal von den Entwicklungsländern aufgebracht: Zwischen 1983 und 1996 bezahlten die Entwicklungsländer zwei Billionen US-Dollar Zinsen und Tilgung, um jetzt auf einem doppelt so hohen Schuldenberg zu sitzen (vgl. Grafik 6). Von den Jahren 1980 bis 1990 spricht man als »verlorenes Jahrzehnt«, die 90er Jahre werden keinen Deut besser, denn die Schulden steigen weiter.

Schulden bezahlen können Entwicklungsländer nur in harten Währungen wie US-Dollar und D-Mark, die sie über Exporte er-

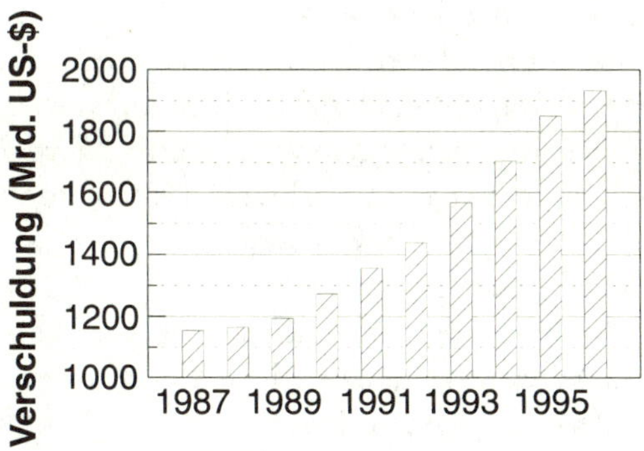

Grafik 6: Die Verschuldung der Entwicklungsländer. Quelle: ›Das Parlament‹, 8.11.1997

wirtschaften müssen. Damit sind mehrere fatale Entwicklungen verbunden:

- Die Landwirtschaft zur Versorgung der Bevölkerung wird vernachlässigt. Lebensmittel werden zusätzlich exportiert, und es werden nur für den Export geeignete Produkte angebaut.
- Die Bodennutzung wird intensiviert, der Boden verarmt und erodiert.
- Entwicklungsländer sind häufig vom Verkauf einiger weniger Agrarprodukte und Rohstoffe abhängig. Der afrikanische Kontinent ist zu mehr als 75 % auf den Verkauf von Primärprodukten wie Bauxit, Öl, Aluminium, Kakao, Kaffee oder Tee angewiesen. Komparative Kostenvorteile haben diese Spezialisierung verursacht, und die Entwicklungsländer sind jetzt darin gefangen. Seit Mitte der 70er Jahre sind aber gerade die Produkte der Entwicklungsländer im Vergleich zu Industrieprodukten wesentlich billiger geworden. Dieses Austauschverhältnis von Gütern, die sogenannten »Terms of Trade«, verschlechtern sich seit Jahrzehnten.[198] Die Entwicklungsländer müssen immer mehr Exportgüter verkaufen, um zahlungsfähig zu bleiben. Besonders betroffen davon sind Güter, die durch chemische Produkte substituierbar sind. Dazu zählen u. a. Jute, Sisal, Kautschuk und Leder. Länder, die auf den Export solcher Waren angewiesen sind, sind durch eine neoliberale Wirtschaftspolitik aus der Schuldenkrise nicht mehr zu befreien.
- Die Entwicklungsländer prostituieren sich für multinationale Konzerne: Um Kapital ins Land zu locken, werden Produktionskosten niedrig gehalten. Gewerkschaften werden verboten, und der Arbeitsschutz wird erschwert. Durch die Schuldenkrise wird der Standortwettbewerb zwischen den einzelnen Entwicklungsländern noch verschärft.
- Die Entwicklungsländer haben kein Interesse an höheren Löhnen oder Sozialleistungen, da sie ihre Wettbewerbsvorteile gegenüber anderen Staaten verlieren würden. Dann könnten sie ihre Schulden überhaupt nicht mehr begleichen.

Von Schuldenerlaß für die »dritte Welt« ist oft die Rede, doch umgesetzt wird er nur in lächerlichen Größenordnungen. Er dient vor allem der Gewissensberuhigung der reichen Staaten, im Sinne eines »Aber seht doch, wir tun etwas«. Selbst den höchstverschuldeten Ländern wird dank des Neoliberalismus keine Hilfe angeboten, obwohl klar ist, daß diese Länder aus eigener Kraft ihrer Schuldenfalle nicht entkommen können. Die Weltbank geht davon aus, daß Länder, die mehr als 15 % ihrer Exporterlöse als Zinszahlungen an die Industrienationen verwenden, ihre Schulden nicht abbezahlen können.[199] Das Ziel aller bisherigen Schuldenstrategien war nicht, »den ärmsten Ländern zu helfen, sondern nur, die Zahlungsfähigkeit der verschuldeten Länder aufrechtzuerhalten«.[200]

Fünfmilliardenneunhundertvierzigmillionen Verlierer?

1994 wurde die WTO als Nachfolger des GATT gegründet, eine Art Wächter über den globalen Freihandel. Sie soll »dafür sorgen, daß alle ihre 127 Mitgliedsstaaten von den vereinbarten Handelsliberalisierungen profitieren«, so Peter Southerland, der letzte Direktor des GATT, bei der Gründungsveranstaltung der WTO.[201] Immerhin 30 der 48 am wenigsten entwickelten Staaten gehören der WTO an. Der Generaldirektor der WTO, Renato Ruggiero, plädierte auf einer gemeinsamen Konferenz von WTO und der UNO-Organisation für Handel und Entwicklung (UNCTAD) für eine vollständige Befreiung der 46 ärmsten Länder von Zöllen und Importquoten.[202] Selbst wenn sich dieser Vorschlag durchsetzt, wird sich die Situation der Entwicklungsländer weiter verschlechtern. Es fehlt eine Flankierung des Freihandels durch einen umfassenden Schuldenerlaß, durch Technologietransfer und wirkliche Entwicklungshilfe. Die 21 reichen OECD-Länder verwendeten 1996 im Schnitt nur noch 0,25 % ihres BSP für Entwicklungshilfe, wollen aber »eigentlich« 0,7 % dafür aufbringen. Deutschland lag 1992 bei 0,35 %, 1996 waren es nur noch 0,28 %. Das ist der niedrigste prozentuale Anteil für Entwicklungshilfe, seit sie statistisch erfaßt wird.[203] Schlußlicht sind die USA mit 0,12 %.

Geht die Entwicklung weiter wie bisher, wird das nächste Jahrhundert eine Katastrophe für die »dritte Welt« bringen. An den ärmsten Staaten fließen die Waren- und Kapitalströme schon heute vorbei. Außer den hochentwickelten Industriestaaten profitiert kaum ein Land von der Globalisierung. Wenn man die Entwicklung der Handelsströme »... für die nächsten zwanzig Jahre hochrechnet, würde der Anteil Afrikas, des Nahen Ostens, Lateinamerikas, Rußlands und Osteuropas von 39,2 % (1970) über 26,4 % (1990) auf 5 % (2020) absinken. Das ist Abkopplung. Das ist die neue Spaltung zwischen der zunehmend integrierten globalen Welt und den immer stärker ausgeschlossenen Teilen der Erde.«[204]

Wie viele Menschen profitieren von der Globalisierung in ihrer heutigen deregulierten Form? Nur die wirklich wohlhabenden Einwohner der Industriestaaten wird man dazu zählen können, die Oberschichten der Dritte-Welt-Länder sind zahlenmäßig zu vernachlässigen. In den ärmeren Entwicklungsländern der Erde leben drei Fünftel der Menschheit, in den Schwellenländern noch mal ein Fünftel, ein Fünftel in den Industriestaaten. Dort haben geschätzte 5 % – so groß ist der Anteil der F.D.P.-Wähler in Deutschland, und diese dürften auch in etwa die Globalisierungsgewinner sein – einen erheblichen Nutzen, also global etwa 60 Millionen Menschen. Von den auf der Erde lebenden 6 Milliarden Menschen sind das 1 %. Einigen % der Weltbevölkerung wird die Globalisierung weder nutzen noch schaden, der überwiegende Teil der Menschheit steht auf der Verliererseite. »Da sich 95% der weltweiten Bevölkerungszunahme auf die ärmsten Gebiete des Erdballs konzentrieren, lautet die Frage kaum noch, ob es neue Kriege geben wird, sondern von welcher Art sie sein werden und wer gegen wen kämpfen wird.«[205]

Lüge 10:
»Globalisierung bringt Vielfalt überall auf der Welt«

»Amerikanische Unterhaltung vermittelt eine Vielfalt individueller Möglichkeiten, individueller Wahl und individuellen Ausdrucks. Das ist es, was die Leute überall wollen.«

Michael Eisner, Präsident von Walt Disney[206]

Wenn Journalisten, Manager, Politiker und Wissenschaftler, also diejenigen, die etwas zu sagen oder entscheiden haben, heute auf Reisen gehen, so beziehen sie ihre Informationen zumeist aus demselben Informationsprogramm. CNN (Cable News Network) ist 24 Stunden weltweit zu empfangen, gerade in den Hotels, in denen die internationalen Eliten verkehren. Sie zahlen mit globalen Kreditkarten (z. B. VISA, American Express), lesen die gleichen Zeitungen (z. B. ›Financial Times‹, ›The Wall Street Journal‹) und nehmen das gleiche, als »internationale Küche« bezeichnete Essen zu sich.[207]

Auch die Lebenssituationen des sogenannten »Durchschnittsbürgers« laufen in den industrialisierten Ländern nach ähnlichen Mustern ab. Mittels Fernsehapparaten aus überwiegend japanischer Produktion werden global die gleichen – zumeist amerikanischen – Serien konsumiert,[208] und es werden mittels Stereoanlagen die gleichen, für den weltweiten Konsum produzierten CDs gehört. Die Globalisierung hat keine Vielfalt befördert, sondern eine nach den immer gleichen Mustern ablaufende »Madonna«-Ökonomie, in der Konsum-, Informations- und Kommunikationsgüter zusehends vereinheitlicht und nach der gleichen Markt- und Werbelogik produziert und verkauft werden.[209]

Bestes Beispiel aus der jüngsten Vergangenheit sind die osteuropäischen Staaten. Als die Globalisierung nicht mehr am Eisernen Vorhang haltmachen mußte, kamen mit der marktwirtschaftlichen Produktionsweise auch die großen amerikanischen Konzerne. McDonald's und Coca-Cola wurden zu Symbolen der neugewonnenen Freiheit. Dann wurden die ehemaligen sozialistischen Länder amerikanisiert. Es galt als »in«, sich amerikanisch zu geben. Einheimische Imbißstände, obwohl qualitativ oft besser und zudem billiger, hatten keine Chance gegen McDonald's und seine Allgegenwärtigkeit in den osteuropäischen Großstädten.[210]

Abnehmende Warenvielfalt durch globalen Renditezwang

Der angebliche Nutzen des Freihandels beruht nicht nur auf billigen und qualitativ besseren Produkten. Freihandel soll obendrein weltweit durch die globale Konkurrenz der Unternehmen zu einer größeren Warenvielfalt führen. Der Konsument kann aus einer riesigen Palette an Waren und Dienstleistungen auswählen, was seine Lebensqualität erheblich steigert. Der Freihandel vergrößert aber die Warenvielfalt nicht im mindesten, er zerstört sie vielmehr. Diese Behauptung erscheint auf den ersten Blick nicht plausibel, denn unsere Supermärkte gaukeln uns ein anderes Bild vor. Ob Wein aus Chile oder japanische Camcorder, ob Spielzeug aus Hongkong oder Kaffee aus Kolumbien, die Warenvielfalt scheint keine Grenzen zu kennen.

Dennoch nimmt die Warenvielfalt vor allem bei den Nahrungsmitteln ab.[211] Heute sind nur noch 3 % der 1903 gehandelten Gemüsesorten im Angebot, ebenso die Apfelsorten: Von 7098 Apfelsorten im 19. Jahrhundert sind bis heute 6121 verschwunden, weil sie nicht ausreichend Profit abwarfen. Im Agrarsektor sind nur noch Hochleistungsäpfel, Hochleistungsrettich und Hochleistungskühe und -schweine konkurrenzfähig. Möglichst billig, chemisch aufgepäppelt und leider immer noch nicht viereckig (dann wären die Transportkosten geringer), präsentiert sich schnittfestes Wasser, pardon, präsentieren sich die Tomaten des ausgehenden 20. Jahrhunderts, welche – ebenso wie Hochleistungshennen – noch nie die Sonne gesehen haben, noch nie ein Gramm Erde berührt haben. Ein gutes Gewissen haben wenige

Menschen beim Kauf dieser Produkte; die Gesundheitsrisiken sind bekannt, aber chemische Geschmacksverstärker lassen uns unsere Zweifel vergessen – denn was gut schmeckt, kann nicht von Grund auf schlecht sein.

Freihandel bedeutet Krieg der Unternehmen und Produkte gegeneinander. Es überleben nur Produkte, die maximalen Profit abwerfen. Und je höher die produzierten Stückzahlen sind, desto geringer sind im allgemeinen die Kosten pro Stück. Im globalen Wettbewerb werden nur wenige Produkte für eine maximale Anzahl von Menschen hergestellt: Auf Abstechern in ferne Länder und andere Kulturen begegnen uns immer wieder dieselben Markenprodukte wie Coca-Cola, Levi's-Jeans und McDonald's.

Was gut für Konzerne ist, ist auch gut für die Welt

»Die Verhältnisse sind, wie sie sind, weil wir sind, wie wir sind.«

Gabor Steingart: »Die neue Ungemütlichkeit« in: ›Der Spiegel‹, Nr. 41/1997

Es gibt eine unüberschaubare Anzahl von Sendeanstalten. Leider unterscheidet sich das Angebot der verschiedenen Privatsender nur minimal. Die von diesen Sendern gezeigten Unterhaltungsstreifen werden in ein paar wenigen Fernsehstudios produziert und haben mit Vielfalt nichts zu tun, die Psychologie des »Für-Jeden-Etwas« läßt uns das jedoch nicht merken. Alternativen zu den sogenannten »Privaten«, wie der Kulturkanal ARTE, sind zwar vorhanden, führen aber ein Nischendasein in der Gunst der Konsumenten.

Eine private Fernsehanstalt finanziert sich ausschließlich über die Werbung. Je höher die Einschaltquoten, desto mehr zahlen die Firmen. Also versucht ein Privatsender, möglichst viele Zuschauer zu erreichen. Das ist z. B. mit großen Sportereignissen möglich, deren Übertragungsrechte teuer sind und die sich nur große Sendeanstalten leisten können. Die Folgen dieser Jagd nach Einschaltquoten sind massive Konzentrationsprozesse in der Medienindustrie: 1996 verkaufte Ted Turner sein Medienimperium (u. a. den Nachrichtensender CNN) an Time Warner, das Resultat ist ein milliardenschwerer Medienriese. In Deutschland kooperieren Bertelsmann und die Kirch-Gruppe beim digitalen Fernsehen mit der Telekom; die Zusammenballung dieser Programmacht wird vom Bundeskartell als »sehr kritisch« beurteilt.[212]

Je höher die Einschaltquoten, desto teurer die Sendeminute. Die Fernsehwerbung ist aber für Industriekonzerne lebensnotwendig, denn nur die in den Medien präsenten Produkte werden auch in großer Zahl gekauft. Ausschließlich Großkonzerne können billige Massenartikel herstellen und hohe Werbekosten aufbringen.

Über den Markt lassen sich die Bedürfnisse der Konsumenten befriedigen. Die Marktforschung hat angeblich den Sinn, die Wünsche und Sehnsüchte der Menschen zu erfassen und ihnen die passenden Produkte zur Erfüllung dieser Wünsche zu liefern. Doch die Werbung erfüllt eine andere Funktion: »Ihr fällt die Aufgabe zu, den Menschen einzureden, daß das, was sie haben, nicht genug ist.«[213] Große Konzerne und Unternehmen nehmen über Fernsehspots oder Plakate Einfluß auf Menschen, die tagtäglich einem wahren Bombardement an Werbebotschaften ausgesetzt sind. Ein US-Amerikaner erträgt bis zu seiner Rente etwa zwei Millionen Werbespots.[214] Allein der Etat der Werbeindustrie in den USA betrug 1995 etwa 425 Mrd. DM – eine gewaltige Summe verglichen mit den 56 Mrd. DM Werbeausgaben in Deutschland.[215] Doch Deutschland holt auf, seit Jahren verzeichnet die Werbebranche zweistellige prozentuale Etatsteigerungen.

»Die Fernsehwerbung handelt gar nicht von den Produkten, die konsumiert werden sollen; sie handelt vom Charakter der Konsumenten ... Deshalb gibt die Wirtschaft heute mehr Geld für Marktforschung als für Produktforschung aus.«[216] Die Werbung projiziert die Wünsche und Träume des Menschen auf reale, materielle und damit gewinnbringende Dinge, das Immaterielle wird wertlos. Da das Betrachten eines schönen Berges keinem Unternehmen nutzt, wird das »Flair« dieses Bildes verwendet, um damit Schokolade an den Mann bzw. die Frau zu bringen, indem suggeriert wird, die Sehnsucht nach heiler Welt könne durch Schokolade befriedigt werden. So wirbt auch Mazda mit öliger Stimme: »Lastwagen sind für mich eine göttliche Sache ... Ein Lkw ist wie ein Freund.«[217] Doch Grundbedürfnisse wie Glück, Geborgenheit oder Gesundheit können Schokolade und Autos nicht befriedigen. »Die Märkte liefern uns die Waren, aber nicht das Leben, das wir uns wünschen.«[218]

»Hat man den identitätsschwachen Konsumenten erst mal richtig konditioniert, dann läßt er sich von einer Modewelle zur nächsten treiben.«[219] An Modewellen haben wir uns längst gewöhnt, etwa die »Tamagotchi-Welle«, die »Schlaghosen-Welle«, die »Rollerblades-Welle« und die »Geländewagen-Welle«, die verschiedenste Regionen der Welt vereinen und doch nur auf Verkaufsstrategien von Unternehmen beruhen. Die Werbung redet dem Konsumenten sogar ein, daß er im Urlaub aktiv sein muß und das breite Freizeitangebot »gebrauchen« soll, um »in« zu sein. Dieser Trend raubt ihm die letzten ruhigen Minuten im Jahr, in denen er für sich hätte sein können, aber das hätte ja keinen Nutzen für die Konzerne.

Die Unternehmen und ihre Werbespots formen die Konsumenten. So entsteht eine »Kultur der Dinge«, ganz nach der Devise: »Was gut für die Firma ist, ist auch gut für die Welt.«[220] Gesellschaftliches Leben und Sportereignisse ordnen sich der besten Sendezeit unter. Werbeunfreundliche Sportarten wie Fußball sollen durch »Auszeiten«, in denen Werbung ausgestrahlt werden kann, noch mehr kommerzialisiert werden.[221] Ob wir, die Konsumenten, das auch wollen, spielt keine Rolle. Aber die Unternehmen und die Medien werden alles tun, um uns einzureden, daß es in unserem Interesse sei.

Wie durch die Medien Meinungen geformt werden

»Wir geben euch Freiheit! ... denn bei uns wählt ihr das Dressing selbst.«

Anzeige für eine Kette von Kartoffelrestaurants in den USA[222]

Wie klein die Welt durch die neuen Kommunikationstechnologien geworden ist, erleben wir täglich in den Fernsehnachrichten. Innerhalb weniger Minuten werden Nachrichten mit Bildern aus allen Teilen der Erde gezeigt. Eine bunte Vielfalt an optischen Eindrücken und Worten. Wir, die Fernsehzuschauer, erleben uns als Teilnehmer und Zuschauer einer globalen Welt. Es ist uns dabei allerdings nicht bewußt, daß diese Bilder zu 80 % aus lediglich drei global operierenden Bilderdatenbanken stammen.[223]

Nachrichten werden heute wie eine Show präsentiert. Vorbei sind die Zeiten, in denen ein biederer älterer Herr oder eine korrekt gekleidete Dame mittleren Alters mit monotoner Stimme das Neueste aus aller Welt herunterleierte. Heute laufen Nachrichtensendungen oft – ganz nach amerikanischem Vorbild – als lockere Gespräche zwischen Moderatoren ab. Der Kampf um Einschaltquoten macht auch vor ernsten Themen nicht halt. Nicht mehr die Information, sondern die Show steht im Vordergrund.

Wer in seiner Fernsehillustrierten blättert, wird von der Vielzahl an Nachrichtensendungen und Reportagen förmlich erschlagen. Trotz dieser Vielfalt transportieren die Medien keine objektiven Meinungen. Allein die Auswahl der Bilder spiegelt bereits die Meinung des Senders wider. Das Auge des Kameramanns sucht nach bestimmten Bilder, die uns als Wahrheit präsentiert werden. Wird von einem Parteitag der Grünen berichtet, so darf das obligatorische Baby im Tragetuch nicht fehlen, während der Nachrichtensprecher die Beschlüsse kommentiert. Daß bei SPD und CDU die gleichen Bilder zu filmen wären, ist uninteressant. Was ist von Nachrichten zu halten, die von Tarifverhandlungen berichten und unmittelbar danach von der Einweihung eines neuen Daimler-Benz-Werkes in den USA? Fast wehmütig berichtet der Reporter vom niedrigen amerikanischen Lohnniveau. Daß diese Investition mit dem deutschen Lohnniveau nichts zu tun hatte, sondern der Markterschließung dient, fällt unter den Tisch (vgl. »Lüge 6«). Der beängstigende Zusammenhang von Auslandsinvestition und zu hohen Löhnen in Deutschland bleibt den Fernsehzuschauern in Erinnerung, wenn auch nur als unterschwelliges Angstgefühl.

Es sind gerade Politiker und Industrieführer, die durch die Medien Gehör finden. Bei letzteren ist völlig klar, daß sie die Globalisierung nicht kritisieren werden, sie sind schließlich deren Gewinner. Erstere beziehen wesentliche Aspekte ihrer Information von zweiteren und kommen so sehr selten zu abweichenden Ergebnissen als denen der Freihandelsideologen. Damit beginnt ein Prozeß selektiver Wahrnehmung, der sich selbst verstärkt: Medien verbreiten »wichtige« Nachrichten in Form von Meinungen »wichtiger« Menschen, die »zufällig« mit den Globalisierungsgewinnern identisch sind.

Wie stark die Medien die politische Meinung beeinflussen, zeigte sich deutlich am »Fall Berlusconi« in Italien. 1994 kam der Medienmogul auf die Idee, sich politisch zu engagieren, und warb für sich selbst in seinen eigenen Fernsehsendern. Drei Monate später wurde er Regierungspräsident einer Koalitionsregierung unter Beteiligung einer neofaschistischen Partei. Der »Fall Berlusconi« beweist, daß diejenigen, die über die Medien uneingeschränkt verfügen können, um ihre Positionen darzustellen, einen immensen Einfluß ausüben. Es ist schwer, eine omnipräsente Meinung zu hinterfragen.

Die neoliberale Ideologie erstickt Alternativen

»Die Lobby für die Liberalisierung der Devisenmärkte ist viel einflußreicher als … [jeder] Reformer. Auf der ganzen Welt und besonders in den Vereinigten Staaten dominiert diese Lobby Wirtschaftsmedien und Finanzinstitutionen.« [224]

Die andauernde Präsenz einiger weniger Berühmtheiten in den Medien und die global einheitlichen, auf Marktmechanismen beruhenden Konsum- und Marketingstrategien sind nicht gerade einer Vielfalt des Denkens oder der Gedanken förderlich; das liegt auf der Hand. Wenn Medienkonzerne nur durch die Werbung und die diese finanzierenden großen Konzerne überleben können, werden sie auch eine Ideologie verbreiten, die diese Struktur unterstützt: die Glaubenssätze des Neoliberalismus. Glaubenssätze deswegen, weil die Dogmen des Neoliberalismus einer inhaltlichen Diskussion nicht zugänglich sind. Der französische Soziologie Pierre Bourdieu bringt es auf den Punkt: »Die Losungen, die so frenetisch ausgegeben werden – Globalisierung, Flexibilität: Man weiß doch gar nicht, was das bedeutet; es sind nur vage, unscharfe Begriffe in Umlauf, wie bei einem religiösen Bekenntnis.« Diese Glaubenssätze werden wie »selbstverständliche Wahrheiten« verkündet. »Niemand wundert sich, niemand stellt Fragen, alles erscheint offensichtlich. Die meisten, die diese religiöse Litanei nachbeten, haben von Wirtschaftstheorie keine Ahnung.«[225]

Sogar der offensichtliche Widerspruch zwischen den versprochenen Wohltaten und der Realität vermag das neoliberale Glaubensgebäude nicht zu erschüttern. Zu erkennen, daß der Neoliberalismus auf unrealistischen Annahmen basiert, die nicht hinterfragt werden, erfordert eine Menge an volkswirtschaftlichem Wissen.

Die vorangegangene Entlarvung der neun Lügen hat das gezeigt. Begriffe wie Bruttolohnquote oder Lohnstückkosten sind weniger schlagzeilenträchtig und verständlich als die Tatsache, daß die Löhne in Tschechien oder Portugal um ein Vielfaches niedriger sind als in der Bundesrepublik. So einfache Rechnungen versteht selbst der »einfache Arbeiter«. Und darin liegt das Problem: Diese Lügen zu enttarnen ist wesentlich schwieriger, als neoliberale Glaubenssätze wie »Die Löhne sind zu hoch« zu verkaufen.

Die Wirtschaftspolitik hat jede Gestaltungsvielfalt verloren. Regulierung, also das Gegenteil der Liberalisierung, wird von liberalen Wirtschaftstheoretikern als Ursache wirtschaftlicher Probleme gebrandmarkt und hat den Status eines Schimpfwortes erlangt. Nahezu jedes Industrieland hat die Schlagworte Deregulierung, Privatisierung und Liberalisierung zu den Grundsätzen seiner Wirtschaftspolitik gemacht. Jeder will »weltweit in allem und gegen jeden wettbewerbsfähig ... sein«.[226] Von einer gestaltenden, vielfältigen und rationalen Politik, die primär auf die Wünsche und das Wohlergehen ihrer Bürger achtet, kann keine Rede mehr sein.

Es ist schwer, sich dem neoliberalen Zeitgeist zu entziehen. Das gilt überraschenderweise gerade für diejenigen, die am meisten unter den Folgen dieser unsozialen Ideologie leiden. Menschen verzichten aus Scham auf Sozialhilfeleistungen, die ihr gutes Recht sind, und leben in Armut. Arbeitslose sind oft der Meinung, daß zu hohe Löhne an ihrer Misere schuld sind. Selbst Bundespräsident Herzog springt in seiner vielbeachteten Rede vom 26. April 1997 in Berlin auf den neoliberalen Globalisierungszug auf und fordert den schlanken Staat, mehr Arbeitsplätze durch noch mehr Wachstum.[227] Anstatt kritisch über die Globalisierung nachzudenken, fordert er die bedingungslose Teilnahme der Bundesrepublik an diesem Wettlauf. Er beschwert sich auf der einen Seite über »zuviel Egoismus« und fehlende Solidarität in unserer Gesellschaft; andererseits unterstützt er aber eine Politik, die auf Globalisierung in ihrer gegenwärtigen Form setzt und so die Entsolidarisierung der Gesellschaft verstärkt. »Man kann nicht Hurra-Kapitalismus und Selbstlosigkeit predigen«, wie der Soziologe

Ulrich Beck in seiner Entgegnung auf die Herzog-Rede feststellt.[228]

Wie fest etabliert die Marktideologie bereits ist, erkennt man daran, daß sie längst auch die Sprache diktiert, die wir verwenden. Man spricht vom »freien« Markt und vom »schlanken« Staat oder von »Flexibilisierung« und besetzt die Glaubenssätze des Neoliberalismus mit positiven Begriffen. Begriffe, die die negativen Folgen der Globalisierung zutreffend beschreiben, können nur unter der Gefahr verwendet werden, als sozialistischer Utopist, der mit Daten und Fakten aus dem letzten Jahrhundert argumentiert, abgestempelt zu werden. »Ausbeutung« oder »Arbeiterklasse«, ja selbst »Kapitalismus« sind in diesem Sinne negativ besetzt. Wer sie verwendet, wird der Lächerlichkeit preisgegeben – der unfairsten Form der Kritik. Sie wird in emotionsgeladenen Debatten von denjenigen verwendet, die ihr eigenes System für »rational« halten. Der politische Gegner wird ohne inhaltliche Auseinandersetzung zum Schweigen gebracht; Diskussionsvielfalt existiert nicht mehr.

Schon hören wir die Kritiker lamentieren, wir seien die »ewig Gestrigen«, hätten »die Zeichen der Zeit noch nicht erkannt« und könnten »im überholten nationalen Rahmen eh nichts ausrichten«. Dabei sind genau die »Globalisierer« die »ewig Gestrigen«, die einer Wirtschaftspolitik des 19. Jahrhunderts das Wort reden. Es wird Zeit für eine Entwicklung, die die Menscheit vorwärts ins 21. Jahrhundert bringt, und nicht zurück in die frühindustrielle Zeit der Klassenkämpfe und des Manchester-Kapitalismus.

Die Abkürzung TINA – <u>T</u>here <u>i</u>s <u>n</u>o <u>A</u>lternative – ist bereits zur feststehenden Redewendung bei denjenigen geworden, die zwar die verhängnisvollen Entwicklungen der Globalisierung erkennen, aber nicht an realistische Alternativen glauben.[229] Um Mißverständnissen vorzubeugen: Bei den möglichen Alternativen im nächsten Kapitel geht es nicht um die Wiederbelebung einer sozialistischen Planwirtschaft. Die Marktwirtschaft hat sich hinsichtlich ihrer Produktivität und auch unter ökologischen Gesichtspunkten eindeutig als überlegen erwiesen. Der Sieg des

Marktes im Systemwettbewerb, den sich der Neoliberalismus auf die Fahnen geschrieben hat, hat jedoch den Blick für Alternativen innerhalb eines marktwirtschaftlichen Systems verstellt, die im folgenden erläutert werden sollen.

III. Realistische Alternativen

Wo Reformen ansetzen müssen

> »Das Zusammenwachsen zu einer einzigen Weltwirtschaft ist keineswegs ein unaufhaltsamer Prozeß. Die Staaten haben sich entschlossen, Handelsbarrieren abzubauen und auf eine Kontrolle der Wechselkurse zu verzichten. Wenn sie wollten, könnten sie diese Politik jederzeit stoppen.«
>
> *Martin Wolf, Mitglied der Chefredaktion der ›Financial Times‹*[1]

Die Fülle an einseitigen Informationen läßt sogar kritische Geister glauben, die Globalisierung sei eine Entwicklung, gegen die wir uns nicht zu stemmen bräuchten, da sie die »rationale« und »einzig richtige« Entwicklung sei. Alternativen scheinen weder nötig noch möglich, und mit geradezu mittelalterlich anmutendem Fatalismus hält man sie für unser Schicksal. Der Neoliberalismus, der die Unausweichlichkeit der Globalisierung predigt, weist inzwischen die Merkmale einer Ideologie auf.[2] Seine Glaubenssätze haben einen quasi-religiösen Status erlangt und große Verbreitung gefunden, weil sie stets präsent sind und verblüffend einfach und einleuchtend klingen. Die Widerlegung der »Globalisierungslügen« erfordert die Kenntnis komplizierter Zusammenhänge – die Thesen des Neoliberalismus sind hingegen »medienfähig«. Und natürlich setzt man sich lieber mit den Chancen der Globalisierung als mit ihren Gefahren auseinander. Dieser Umstand wird von den Profiteuren der Globalisierung bewußt ausgenutzt.

Seit 1982 wird in der Bundesrepublik genau jene Politik praktiziert, die uns durch Deregulierung, Liberalisierung und Flexibilisierung allgemeinen Wohlstand bescheren soll. Trotzdem sind wir heute davon so weit entfernt wie nie zuvor in den letzten 40

Jahren: Rekordarbeitslosigkeit, Rekordarmut, Rekordungerechtigkeit und Rekordverunsicherung bei den Bürgern. Nicht nur in Deutschland, sondern weltweit gehen Neoliberalismus und Globalisierung Hand in Hand, nehmen Arbeitslosigkeit und Sozialabbau zu und katapultieren die Umweltzerstörung auf ein für die Menschheit existenzbedrohendes Ausmaß. Globalisierung hat mit dem Menschheitstraum einer »vereinigten Welt« nichts zu tun, genausowenig wird sie zu Weltfrieden oder einer gerechten Weltwirtschaftsordnung führen. Ein wesentliches Prinzip bleibt auf der Strecke, wenn die »Anarchisten in Nadelstreifen« Jagd auf maximale Rendite machen: Solidarität.

Diese verhängnisvolle Entwicklung wird sehr wohl bemerkt. In wirtschaftspolitischen Diskussionen, Essays, Kommentaren oder Leitartikeln finden sich treffende Analysen der Gefahren der Globalisierung. Es gibt auch durchaus zaghafte Vorschläge, wie die soziale und ökologische Abwärtsspirale gebremst werden könne. Internationale Abkommen müssen ausgehandelt werden, die dann soziale Mindeststandards festlegen oder internationale Kapitalflüsse regulieren sollen. Im gleichen Atemzug wird aber darauf hingewiesen, daß sich das wohl nicht in absehbarer Zeit realisieren lasse. Am Ende bleiben die Leser ratlos zurück. Was können sie tun? Nichts. Einseitige Nachrichten haben Denkverbote und Schranken in den Köpfen erzeugt, die selbst vielen Autoren und Journalisten nicht bewußt sind und die den Charakter einer sich selbst erfüllenden Prophezeiung haben. Der einzelne wird zur Tatenlosigkeit verdammt.

Oft wird behauptet, der wirtschaftliche Ruin der sozialistischen Staaten habe gezeigt, daß es zum derzeitigen Marktmodell keine oder nur unpraktikable Alternativen gäbe. Schon dieser Gedanke zeigt, wie tief neoliberale Glaubenssätze in uns verwurzelt sind. Denn Neoliberalismus ist nicht gleichbedeutend mit Marktwirtschaft. Innerhalb einer Wirtschaftsordnung, die nach marktwirtschaftlichen Prinzipien funktioniert, gibt es vielfältige Gestaltungsmöglichkeiten, die ohne sozialistische Utopien auskommen.

Handlungsfähigkeit zurückgewinnen

> »Märkte wissen noch nicht einmal, wie sie sich selbst regulieren müssen, um zu überleben – geschweige denn um demokratische Gemeinschaften zu fördern. Sie sind unfähig, jene Art regulierender Antikörper hervorzubringen, die sie bräuchten, um sich vor den sich selbst erzeugenden Viren des Monopols und der ansteckenden Gier zu schützen.«
>
> *Benjamin R. Baarber*[3]

Globalisierung bedeutet die Vergrößerung von Wirtschaftsräumen. Wie weit dürfen aber diese Räume expandieren, ohne daß sich negative Begleiterscheinungen zeigen? Die Antwort ist höchst einfach: Es muß möglich sein, in das Marktsystem regulierend einzugreifen, wenn bestimmte Grundvoraussetzungen für »sinnvollen« Wettbewerb nicht mehr gegeben sind. Die Kartellbehörden müssen zum Beispiel Preisabsprachen unterbinden, und Gesetze erlassen, können Firmenfusionen verhindern, die zu Monopolbildung führen und damit das Konkurrenzprinzip außer Kraft setzen würden. Gleichzeitig muß der Wettbewerb durch einen Ordnungsrahmen begrenzt werden können, falls er sozial und ökologisch unerwünschte Folgen hat. Das war und ist bislang Aufgabe der einzelnen Staaten. Sie kann natürlich auch durch ein vereintes Europa oder eine vereinte Welt wahrgenommen werden, aber eben nur dann, wenn bei allen Staaten Einigkeit über die durchzuführenden Maßnahmen besteht.

Die Geschichte scheint sich zu wiederholen. Wie zu Zeiten des klassischen Liberalismus vor 150 Jahren steuern wir heute auf einen von staatlicher Einmischung freien, diesmal globalen Markt zu. Während der industriellen Revolution griff der Staat nicht in die Wirtschaft ein, und auch heute zieht er sich zunehmend aus diesem Gebiet zurück. Dazu kommt noch, daß die globale Wirtschaftstätigkeit den nationalen »Ordnungsrahmen« teilweise unwirksam gemacht hat, ohne daß er durch Eingriffsmöglichkeiten auf globaler Ebene ersetzt worden wäre. Die Marktkräfte sind wieder entfesselt.

Die historische Erfahrung zeigt, daß Unternehmer höchst selten von sich aus bereit sind, Arbeiter und Angestellte am Unternehmensgewinn teilhaben zu lassen. Auch in den 60er und 70er Jahren waren harte Arbeitskämpfe nötig, um den Arbeitenden einen Anteil am Wohlstandsgewinn zu sichern. Der Staat garantierte diese Umverteilung, was sich in Mitbestimmungsrechten innerhalb der Betriebe, im Arbeitsrecht und im Ausbau des Sozialsystems niederschlug. Der Staat war so gesehen parteiisch: Er nahm dem Starken und gab dem Schwachen. Sobald sich aber der Staat aus dem Marktgeschehen heraushält, unterstützt er den Stärkeren. Diese Situation finden wir derzeit vor.

Jeder Unternehmer versucht Gewinn zu erwirtschaften, also seine »betriebswirtschaftliche Gesamtrechnung« in der Weise zu gestalten, daß sein Betrieb überlebt. Der Staat muß mit seinen Eingriffen in die Wirtschaft ein anderes Ziel verfolgen. Er muß die Mängel eines egoistischen Systems ausgleichen, was in Zeiten der Globalisierung immer schwieriger wird: Durch freien Kapitalverkehr können Konzerne verschiedene Standorte gegeneinander ausspielen. Urplötzlich konkurrieren Staaten miteinander und müssen deshalb ihre »volkswirtschaftlichen Gesamtrechnungen« optimieren. Der Staat muß Kosten sparen und effizient wirtschaften – er darf nicht nur kein Geld verschwenden, sondern er muß den gesamten »Standort« dahingehend modifizieren, daß er für den Investor attraktiv wird. Der Staat wird zum Verbündeten der Investoren. Die Folge ist eine Destabilisierung der Gesellschaften, steigende Kriminalität, eine steigende Ungleichverteilung der Einkommen, ein instabiler sozialer Friede und eine Gefährdung der Demokratie, was weder Unternehmern noch Arbeitnehmern Nutzen bringt.

Die Abwärtsspirale durchbrechen

Konzernlenker wehren sich nicht nur aus Prinzip gegen finanzielle Belastungen durch Steuern oder Umweltschutz, sondern auch aus realen wirtschaftlichen Zwängen heraus. Vielen Unternehmern kann es nicht verübelt werden, wenn sie die Bedingungen ihrer Kapitalgeber erfüllen und dem Rationalisierungsdruck nachgeben, Arbeitsplätze abbauen, Teile ihrer Produktion ins Ausland verlagern oder vorhandene Gewinnchancen auf dem Kapitalmarkt nutzen. Betriebe, die sozial und ökologisch handeln, werden mit Kostennachteilen oder mit der Pleite bestraft. Daher muß es primär darum gehen, Anreize zu entwickeln, die Gewinn- und Effizienzbemühungen der Betriebe wieder auf ein sozial und ökologisch verträgliches Maß reduzieren. Jede Reform, die mehr als einen nur kosmetischen Anspruch hat, muß zwangsläufig bei der Regulierung von Kapital- und Warenmobilität ansetzen.

Kapitalmobilität

Während der grenzüberschreitende Handel mit Waren und Dienstleistungen zwischen 1979 und 1994 um 134 % zunahm, stieg der Handel mit Devisen um 833 % und betrug 1996 bereits das 76fache des Weltwarenhandels.[4] Es war und ist politischer Wille, Kapital so flexibel und schnell wie möglich transferieren zu können.

- Kapitalmobilität verursacht den Zwang zur maximalen Rendite, Gewinn allein genügt nicht mehr. Das erzeugt einen enormer Rationalisierungsdruck auf Unternehmen, die von globalen Kapitalströmen abhängig sind.
- Geld fließt dorthin, wo in möglichst kurzer Zeit die höchsten Renditen zu erwirtschaften sind, und nur dort entstehen nach Meinung der Regierungen Arbeitsplätze. Die Folge ist ein ruinöser Wettlauf um niedrige Unternehmenssteuern, der Staatshaushalte in die Pleite führt. Für Sozialpolitik ist immer weniger Geld vorhanden.
- Der Zeitraum zwischen Entwicklung und Marktreife eines Produktes muß immer kürzer werden,[5] die Anleger mobilen Kapitals verlangen nach schnellstmöglichem Gewinn. Um

nach den ökologischen Auswirkungen neuer Produkte oder nach ihren Gefahren für die Gesellschaft zu forschen, bleibt keine Zeit.

- Regierungen verlieren die Kontrolle über die Wechselkurse, da sie nicht mehr über genügend Devisenreserven verfügen, um Spekulationswellen abzuwehren, wie beim Zusammenbruch des EWS,[6] der Mexiko- und der Südostasienkrise deutlich wurde.[7]
- Zentralbanken können nicht unabhängig voneinander ihre Zinsniveaus variieren, da v. a. kurzfristig gebundenes Kapital in Länder mit höherem Zinsniveau fliehen würde. Zinssenkungen zur Belebung der Konjunktur in Rezessionszeiten bleiben aus oder führen zu Kapitalflucht, wenn anderswo höhere Renditen locken.

Kapitalmobilität muß daher durch politische Beschlüsse eingeschränkt werden, wie z. B. durch die Tobin-Steuer (s. S. 173)

Warenmobilität

Der allergrößte Teil des Handels wird zwischen den Industriestaaten mit industriellen Massengütern abgewickelt. Dieser Handel hat ähnliche Folgen wie Kapitalmobilität: Die Konkurrenz steigt, exzessiver Konkurrenzdruck führt zu Kostendruck, dieser wiederum zu Rationalisierung und Beschleunigung von Produkt- und Investitionszyklen. Zusätzlich entstehen durch Warentransporte unabsehbare ökologische Folgeschäden.

Eine zentrale Voraussetzung für globale Wirtschaftskreisläufe ist neben der Kapitalmobilität die Tatsache, daß der Transport von Waren so billig ist. Wären die Transportkosten höher, würde sich die Industrie räumlich entflechten, dem Kampf um den günstigsten Standort würde der Boden entzogen und regionale Strukturen gefördert werden. Es existiert bereits seit Jahren ein ausgearbeitetes Konzept, das Transporte sozialverträglich verteuern und die Auswüchse des deregulierten Warenverkehrs bändigen könnte – die Öko-Steuer.

Soziale Ungleichheit

Strukturelle Veränderungen sind nötig, die von Öko-Steuer und Tobin-Tax eingeleitet werden können. Zusätzlich müssen sie von sozialpolitischen Maßnahmen flankiert werden. Eine Gesellschaft, die auf Dauer dem Mechanismus »Reiche immer reicher, Arme immer ärmer« ausgesetzt ist, hat keine Zukunft. Technologischer Fortschritt muß der Gesellschaft als Ganzes zugute kommen. Dann ist es in den hochindustrialisierten Staaten auch möglich, jedem Menschen z. B. durch die Zahlung eines »Bürgergeldes« oder durch eine »bedarfsorientierte Grundsicherung« ein würdiges Leben zu ermöglichen.

Auf welchen Ebenen können Reformen umgesetzt werden?

Um einen Markt funktionsfähig zu halten und seine unerwünschten Ergebnisse zu korrigieren, ist ein handlungsfähiger Ordnungsrahmen vonnöten. Es muß Institutionen geben, die die Macht haben, einem Konzern zu verbieten, Löhne unterhalb der Armutsgrenze zu bezahlen oder Gift in Flüsse einzuleiten. Diese Macht kann von einem Staat, von Staatenverbindungen, von einem geeinten Europa oder einer geeinten Welt ausgeübt werden. Von all diesen Ebenen aus kann der Globalisierung und ihren Folgen Einhalt geboten werden.

- *Die globale Ebene*. Daß auf globaler Ebene prinzipiell Einigungen möglich sind, zeigen Konferenzen mit weltweiter Beteiligung, auf denen beispielsweise eine Verminderung der Produktion von FCKW[8] beschlossen wurde. Der auf dem Klimagipfel 1997 in Kyoto ausgehandelte Kompromiß ist ebenfalls ein Meilenstein im Lernprozeß zu weltweiter Kooperation. Natürlich ist der ausgehandelte Kompromiß einer um 5,2 % reduzierten Emission klimaschädigender Gase weder ausreichend noch bindend für die Unterzeichnerstaaten. Aber zumindest wurde das Problem global erkannt und global zu lösen versucht. Es wird jedoch aller Wahrscheinlichkeit nach noch lange ein Wunschtraum bleiben, daß eine geeinte Welt Kapital- und Warenmärkte notwendigen Beschränkungen unterwirft und für eine sozialere Ausrichtung der Wirtschaftspolitik Sorge trägt. So lange können wir aber nicht warten. Deshalb werden wir auf diese Ebene nicht näher eingehen – obwohl Reformen hier die größte Wirkung hätten.

- *Die europäische Ebene*. Wer spricht heute noch von »Europa« und nicht vom »Euro«? Bis vor nicht allzu langer Zeit lagen große Hoffnungen auf einem geeinten Europa, doch es wurde zu einer Wirtschaftsunion degradiert. Soziale und demokratische Elemente müssen wieder wesentliche Faktoren der europäischen Einigung werden. Damit ein geeintes Europa der übermächtigen Industrielobby die Stirn bieten kann, sind tiefgreifende Reformen nötig.
- *Die nationale Ebene*. Hier gibt es noch immer praktikable Möglichkeiten, regulierend in das Marktgeschehen einzugreifen. Nach über 15 Jahren neoliberaler Politik sind die Instrumente dazu zwar verkümmert und die Marktkräfte entfesselt. Doch Umsteuern ist möglich, und Reformen können immer auch im deutschen Alleingang beginnen.
- *Die individuelle Ebene*. Kann denn der einzelne wirklich nichts bewirken? Die Globalisierungsgewinner sind doch eigentlich nur eine Minderheit. Da Politiker in den seltensten Fällen zu den Globalisierungsverlierern gehören, haben sie auch nicht das Bestreben, Veränderungen herbeizuführen. Es wird keine sozialen Reformen, keine Tobin- und Öko-Steuer geben, wenn die Mitglieder der Gesellschaft sie nicht einfordern. Es gibt viele Möglichkeiten für den einzelnen, sich bemerkbar zu machen und Strukturen zu verändern.

Die Argumente auf einen Blick

Dreh- und Angelpunkt der Globalisierung sind Kapital- und Warenmobilität. Sie sind die Ursache von Konkurrenz- und Rationalisierungsdruck sowie des Transportwahnsinns. Das führt in letzter Konsequenz zu einer sozialen und ökologischen Katastrophe. Um das zu verhindern, muß die Ursache bekämpft werden. Lösungsansätze hierzu sind die Tobin-Steuer, die Öko-Steuer und eine Politik, deren Primat die Bekämpfung von Arbeitslosigkeit und Armut sowie eine umverteilende Sozialpolitik ist. Die Handlungsebenen, von der aus diese Politik durchgesetzt werden kann, sind in erster Linie die nationalen, wobei hoffentlich mittelfristig auch ein transnationaler Ordnungsrahmen dazukommt: die Europäische Union. Doch zu Reformen wird es nicht kommen, wenn die Handlungsbasis, die einzelnen Mitglieder der Gesellschaft, keinen Druck auf die politischen Entscheidungsträger ausüben (s. Abb. S. 174).

Strukturen verändern

Die Tobin-Steuer zur Reduzierung der Kapitalmobilität

»Die Finanzmärkte sind die Kontrollen der Staaten.«

H. Tietmeyer, Präsident der Deutschen Bundesbank

James Tobin, Nobelpreisträger für Wirtschaftswissenschaften von 1981, schlug 1972 vor, »etwas Sand ins Getriebe« der deregulierten Finanzwirtschaft zu streuen, denn ein zentrales Problem des globalen Marktes ist die Geschwindigkeit, mit der Kapital transferiert werden kann. Er schreibt: »Güter und Arbeit reagieren sehr viel langsamer auf internationale Preissignale als flüssige Mittel. Die Preise auf Güter- und Arbeitsmärkten verändern sich sehr viel langsamer in Reaktion auf Angebots- oder Nachfrageüberhänge als die Preise für Finanzaktiva einschließlich der Wech-

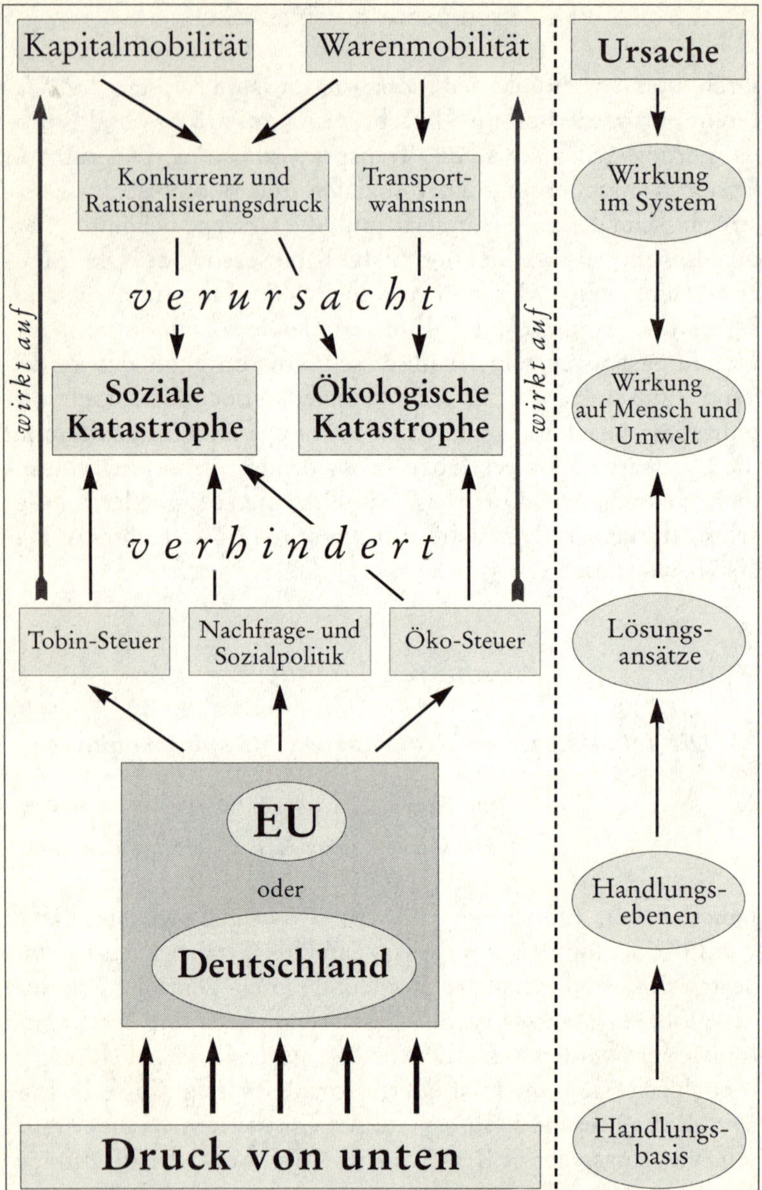
Kapitalmobilität
Warenmobilität
Ursache
Konkurrenz und Rationalisierungsdruck
Transport-wahnsinn
Wirkung im System
verursacht
wirkt auf
wirkt auf
Soziale Katastrophe
Ökologische Katastrophe
Wirkung auf Mensch und Umwelt
verhindert
Tobin-Steuer
Nachfrage- und Sozialpolitik
Öko-Steuer
Lösungs-ansätze
EU
oder
Deutschland
Handlungs-ebenen
Druck von unten
Handlungs-basis

selkurse.«[9] Durch die langsame Preisbildung im grenzüberschreitenden Güterhandel können ständig sogenannte »Arbitragegewinne« erzielt werden. Das sind Gewinne aufgrund kurzfristiger Zins- und Wechselkursschwankungen zwischen verschiedenen Ländern. Geldkapital fließt nicht mehr dorthin, »wo es zur Investition gebraucht wird, sondern dahin, wo es schnellen Gewinn machen kann«.[10]

Die Wirkungen der Tobin-Steuer

Nach Tobin soll jeder Kauf oder Verkauf einer Währung mit einer geringen Steuer belegt werden, er schlägt 1 % vor. Dies klingt nach sehr wenig, und dem Devisenumtausch für die Urlaubsfahrt wird sie nicht entgegenstehen. Der Währungsspekulation würde diese Steuer jedoch den Nährboden entziehen. Denn wer mit Devisen spekuliert, nutzt meist nur minimale kurzfristige Wechselkursschwankungen aus.

Ein Rechenbeispiel: Angenommen eine Währung schwankt um 0,01 % über einen Zeitraum von drei Stunden. Bei einem »Wetteinsatz« von 10 Mio. DM verdient der Spekulant in dieser Zeit 1000 DM. Auf das ganze Jahr umgerechnet würde der Zinssatz dieser »Anlageform« über 30 % betragen. Muß eine Tobin-Steuer von einem Prozent bezahlt werden, sind schon beim Kauf der Währung 100 000 DM an Gebühren fällig und beim Verkauf ebenfalls. Die Spekulation wäre damit völlig unrentabel und würde unterbleiben.

Durch die Tobin-Steuer ließe sich ein Großteil der Devisenspekulation verhindern. Bei 80 % der Devisengeschäfte finden Kauf und Verkauf innerhalb von maximal sieben Tagen statt, in den meisten Fällen sogar noch am selben Tag.[11]

Langfristige Wetten, z. B. auf die Abwertung des Dollars um 10 % in drei Monaten, können mit der Tobin-Steuer natürlich nicht unterbunden werden. Sie sind jedoch wesentlich riskanter und viel seltener als kurzfristige Spekulation. Außerdem sind langfristige Wechselkursänderungen oft durch kurzfristige Währungsspekulationen verursacht. Durch eine Tobin-Steuer hätten Währungsturbulenzen in Europa, Mexiko und Südostasien vermieden werden können, oder sie wären wesentlich langsamer abgelaufen, was die Möglichkeit zum Gegensteuern eröffnet hätte. Die Tobin-Steuer würde eine stabilisierende Wirkung auf die Wechselkurse ausüben.

Die Tobin-Steuer würde es den Ländern ermöglichen, unabhängig voneinander verschiedene Zinsniveaus zu realisieren. Viele Schuldtitel haben drei Monate Laufzeit.[12] Ein Anleger kauft einen solchen Wechsel und bezahlt dabei 1 % Tobin-Steuer. Wenn er ihn wieder verkauft, ist ein weiteres Mal die Gebühr fällig, genau wie bei den oben beschriebenen Devisentransaktionen. Somit beträgt die Besteuerung auf einen Schuldtitel wegen des nötigen Devisenumtausches 2 % in einem Vierteljahr. Damit ein deutscher Gläubiger sein Kapital in einem Land anlegt, das höhere Zinsen bietet als Deutschland, müßte das Zinsniveau in dem anderen Land auf das Jahr gerechnet um 8 % höher liegen. Das ist aber äußerst unwahrscheinlich. Somit kann ein Land unabhängig von anderen Ländern, z. B. um die Konjunktur anzukurbeln, das Zinsniveau senken, ohne daß das Kapital über Nacht das Land verläßt.

Die Umsetzung im Alleingang

Tobin geht davon aus, daß eine solche Steuer nur dann erfolgreich sein kann, wenn sie in allen wichtigen Finanzzentren der Erde gleichzeitig eingeführt wird. Und tatsächlich: Wenn ein Finanzzentrum die Steuer nicht erhebt, würde sich dort der gesamte Devisenhandel der Welt konzentrieren. Tobin schlägt selbst die Lösung dieses Problems vor: Die Länder, die die Tobin-Steuer einführen, müssen zusätzlich eine Steuer erheben, wenn sich »Ausländer« von ihnen Devisen ausleihen wollen. Damit würde man genau den Mechanismus erschweren, mit dem Spekulanten das Europäische Wechselkurssystem gesprengt haben, denn um gegen ein Land zu spekulieren, müssen sie sich dessen Währung kaufen.

Von der Steuer müssen auch ausländische Zweigstellen inländischer Banken erfaßt werden. »Damit wird die Möglichkeit abgeschnitten, daß etwa deutsche Banken D-Mark an ihre Zweigstellen in Tokio oder New York überweisen (hier fällt keine Devisenumsatzsteuer an), dort Devisengeschäfte tätigen und die Ergebnisse wieder nach Deutschland rücküberweisen.[13] Eine solche Besteuerung kann jedes Land für sich einführen, mit welchen Steuersätzen und unter welchen Modalitäten müßte in der Praxis erprobt werden. Eine Kapitalflucht großen Ausmaßes ist unwahrscheinlich, denn signifikant erhöhen sich nur die »Transaktionskosten« bei spekulativem kurzfristigem Devisenumtausch. Langfristige Anlagen werden kaum verteuert.

Eine Steuer zur Realisation einer Steuer entspricht natürlich nicht im geringsten dem Zeitgeist. Bei den vorgeschlagenen Steuern handelt es sich aber nicht um Verbote oder Reglementierungen, sondern nur um die Verteuerung unerwünschter Kapitalbewegungen, die den Volkswirtschaften mehr schaden als nutzen. Außerdem trifft diese Steuer ausschließlich Spekulanten, den einfachen Bürger betrifft sie nicht. Es geht einmal mehr darum, mit Steuern sinnvoll zu steuern.

Kapitalverkehrskontrollen wären zudem relativ einfach sowohl im EU-Rahmen als auch in Deutschland einzuführen: Normalerweise haben deutsche Banken, die im Ausland, etwa in Luxemburg, steuermindernde Anlagen anbieten, nur einen Generalvertreter. Alle anderen Aufgaben werden von Deutschland aus via Computer erledigt. Länderübergreifende Buchungen können, vor allem dank moderner Informationstechnologien, leicht kontrolliert und besteuert werden. Da der Computer in Banken allgegenwärtig ist, wäre die Erhebung der Steuer im wesentlichen ein informationstechnisches Problem. Die Struktur für diese Steuer zu schaffen hieße lediglich, die erforderliche Software für die Computer bereitzustellen. Und die juristischen Voraussetzungen können leicht geschaffen werden, wenn der Wille dazu besteht.

Doch obwohl die Vorteile der Tobin-Tax auf der Hand liegen und sie zudem recht einfach einzuführen wäre, stößt sie auf beachtliche ideologisch motivierte Widerstände. Als die Entwicklungsorganisation der UNO die Auswirkungen der Tobin-Steuer theoretisch untersuchen wollte, drohten die USA mit der Streichung all ihrer Beiträge, die Untersuchung unterblieb. Nach Meinung der ›Frankfurter Allgemeinen Zeitung‹ führt die Tobin-Steuer zur »Schaffung eines erdumspannenden ›Orwellschen Überwachungsstaates‹«.[14] Wenn es um die Verhinderung von vernünftigen, regelnden Strukturen geht, sind der Phantasie offensichtlich keine Grenzen gesetzt.

Die homöopathische Tobin-Steuer

Die Tobin-Steuer muß natürlich nicht 1 % des Geldwertes betragen, schon wesentlich kleinere Steuersätze hätten eine enorme Wirkung und könnten auch von einzelnen Staaten im Alleingang eingeführt werden. So würde die Wechselkursspekulation mit einem Kursunterschied von 0,01 % bereits durch den geradezu homöopathischen Steuersatz von 0,005 % unterbunden werden. Nun stellt sich die Frage, wen es stört, auf Devisentransaktionen einen derart geringen Steuersatz zu bezahlen? Bestimmt nicht den Urlauber: 1000 DM würden mit 5 Pfennig belastet werden, die Wechselgebühren der Banken sind um ein Vielfaches größer. Sie würden bestimmt auch keinen Investor stören, der längerfristig Kapital in eine reale wirtschaftliche Anlage investieren will. Lediglich kurzfristiges Kapital würde sich woanders tummeln und die Devisenmärkte in anderen Erdteilen destabilisieren.

Wie bei der Ökosteuer geht es darum, zunächst eine sinnvolle Struktur zu etablieren, die dann schrittweise ausgebaut werden kann. Zunächst wird die entsprechende Computersoftware installiert. Da diese Steuer von Null ausgehend langsam erhöht werden kann, könnten die Auswirkungen auf den Devisenmarkt genau beobachtet werden. Es ließe sich feststellen, ab welchen Steuersätzen es zu Kapitalflucht kommt oder ob es gar nicht dazu kommt.

Die homöopathische Tobin-Steuer würde wie ein Geschwindigkeitsregler funktionieren. Derzeit ist der Steuersatz gleich Null. Die Geschwindigkeit der Transaktionen ist nur durch die Lichtgeschwindigkeit begrenzt, jede Wechselkursschwankung kann Gewinne in den Kassen der Spekulanten ergeben. Nun drehen wir am Regler und stellen ihn auf 0,0001 % ein. Bereits dieser wahrlich homöopathische Wert wird Spekulanten zu Verhaltensänderungen zwingen, zu einem bißchen mehr an Geduld, jedoch keinen langfristigen Anleger irgendwie beunruhigen. Höhere Steuersätze würden Devisenspekulanten dazu zwingen, genau zu überlegen, wo sie ihr Geld für *längere Zeit* anlegen wollen. Kapital, das sich langfristig binden will, wird mit homöopathischen Steuersätzen nicht vertrieben.

Ein erfreulicher Nebeneffekt sind die Einnahmen aus dieser Steuer, weshalb sie auch immer wieder auf der Tagesordnung der Weltpolitik steht. So etwa im Vorfeld des Weltsozialgipfels in Kopenhagen, als die Entwicklungsabteilung der UN (UNDP) den Vorschlag machte, mit einem Steuersatz von 0,05 % weltweit 100 Mrd. Dollar für Soziales einzunehmen. Bei einem Steuersatz von 1 % rechnet man mit Einnahmen in der Größenordnung von 720 Mrd. Dollar.[15] Selbst ein deutscher Alleingang dürfte bei winzigen Steuersätzen (z. B. 0,02 %) immer noch mehrere hundert Mio. DM an Steuereinnahmen ergeben. Geld, das Spekulanten genommen würde und zur Bekämpfung von Arbeitslosigkeit und Armut verwendet wird, stellt eine sinnvolle Umverteilung von oben nach unten dar.

Die Politik beginnt umzudenken

Die Zahl der Kritiker eines grenzenlos freien Kapitalverkehrs nimmt zu, vor allem angesichts der Südostasienkrise. Etwa Jacques Delors, der ehemalige Präsident der Europäischen Kommission: »Auch Banker dürfen nicht einfach handeln, wie es ihnen gefällt. Warum sollten wir nicht ein paar Spielregeln aufstellen?«[16] Boutros Boutros-Ghali, ehemals Generalsekretär der UNO und Barber Conable, ehemals Präsident der Weltbank, gehören ebenfalls zu den Befürwortern der Tobin-Steuer.[17] Offensichtlich haben einige Politiker bereits eingesehen, daß Fehler begangen wurden. Das zuzugeben und die Konsequenzen daraus zu ziehen erfordert Mut. Das Hauptproblem bei der Durchsetzung der Steuer: Sie beträfe nicht den einfachen Bürger, sondern den Kapitaleigner, also Menschen mit großer Macht. Die Devisenspekulanten haben bereits »vorsorglich« mit der Auswanderung in einen »staatsfreien Raum« gedroht: Falls der Staat in die Devisenlotterie regulierend eingreift, »installieren wir unsere Hauptquartiere eben auf Schiffen, die mitten im Ozean schwimmen«.[18]

Hans-Helmut Kotz, Chef der Deutschen Girozentrale, attestiert der Tobin-Tax, »theoretisch einwandfrei« zu sein.[19] Die Tobin-Steuer sei ein »marktförmiger (und somit weltmarktkonformer) Ersatz für nationalstaatliche Konvertibilitätsbeschränkungen …«.[20] Wenn wir es nicht schaffen, bei offenen Grenzen und frei tauschbaren Devisen die Probleme der Devisenmärkte zu lösen, »werden in Zukunft sicherlich einzelne Regierungen dazu übergehen (müssen), die freie Konvertibilität der Kapitalbewegungen zu revozieren«.[21]

Noch gab es keine Gelegenheit für die Tobin-Steuer, sich in der Praxis zu bewähren. In jüngerer Zeit hat lediglich Chile durch eine Reihe von Maßnahmen gegen kurzfristige Geldbewegungen eine größere Geldstabilität und mehr langfristige Investitionen erreicht als jene Länder Lateinamerikas, die eine völlig unbeschränkte Kapitalzirkulation zugelassen haben.[22] Kapitalverkehrskontrollen sind also möglich. Die Einführung der Tobin-Tax wäre nur der Anfang, um die Geschwindigkeit des Geldhandels zu reduzieren und den Ländern die Zinshoheit zurückzugeben. Um den übersteigerten Renditezwang zu reduzieren, werden noch viel weitergehende Maßnahmen nötig sein, beispielsweise eine Reform des Aktienrechts.

Die ökologische Steuerreform zur Reduzierung der Warenmobilität

> »Nur alte Steuern sind gute Steuern. Bereits bestehende Steuern und Abgaben betrachtet man meist als mehr oder weniger legitime Einnahmequellen des Staates, während jede neue Steuer zunächst einmal suspekt ist.«
>
> *Heide Simonis, Ministerpräsidentin von Schleswig-Holstein* [23]

Zu hohe Warenmobilität schädigt unser Wirtschaftssystem und unser Ökosystem. Voraussetzung für den billigen Warenaustausch über riesige Entfernungen sind niedrige Transportkosten. Durch eine ökologische Steuerreform können die Probleme der Warenmobilität größtenteils in den Griff bekommen werden. Eine ökologische Steuerreform, also eine Verteuerung von Energie, ist in diesem Zusammenhang momentan so etwas wie der »Stein der Weisen«. Die *ökologischen* und die *sozialen* Folgen globalen Wirtschaftens lassen sich durch eine Regionalisierung, die durch die Transportkostenverteuerung ausgelöst würde, vermindern.

Die Ideologie der langen Wege

In der staatlichen Subventionierung von Flugbenzin (durch Nichtbesteuerung) und in niedrigen Benzin- und Rohstoffpreisen haben sowohl die neue Dimension des globalen Wirtschaftens als auch das »Outsourcing« ihren Ursprung. Denn nur bei niedrigen Transportkosten lohnt sich die Verlagerung der Produktion von Vorprodukten in weit entfernte Gebiete. Unsere Wirtschaftsweise basiert auf immer längeren Wegen und immer höheren Geschwindigkeiten und benötigt deshalb neue Straßen und schnellere Verkehrsmittel. Gerade wegen der geringen Energiekosten – und deshalb geringer Transportkosten – können immer längere Wege zurückgelegt werden. Diese Entwicklung verfestigt wiederum die Notwendigkeit langer Wege. Ob große räumliche Trennung von Wohnort und Arbeitsplatz, Einkaufszentren vor der Stadt oder Verlagerung von Industrien in Niedriglohnländer, es werden Strukturen geschaffen, die niedrige Transportkosten benötigen. Eine schrittweise Transportkostenerhöhung würde diese Entwicklungen unrentabel machen und zwänge die globale Industriegesellschaft, ihre Strukturen der neuen Preissituation anzupassen.

Wohl auch deswegen sind Öko-Steuern so schwer durchzusetzen. Unsere Ökonomie und unsere gesamte Lebenswelt sind abhängig von billigen Treibstoffen, weil sie sie zu ihrer Voraussetzung gemacht haben. Und das ist auch der Hauptgrund für Outsourcing: Absatzmärkte können EU-weit beliefert werden, Vorprodukte für Waren deutscher Unternehmen in der Bundesrepublik können in weit entfernten Ländern wie Portugal oder Spanien gefertigt werden. Das geht nicht nur zu Lasten der deutschen Arbeitnehmer, sondern vor allem auf Kosten der Umwelt. Die derzeitigen Preise von Öl und anderen fossilen Energieträgern spiegeln nicht die ökologischen Realitäten wider, denn ihr Verbrauch verursacht Umweltschäden in Milliardenhöhe. Diese Kosten werden einerseits »externalisiert«, denn nicht die Verursacher, sondern die Bürger bezahlen für die Schäden, z. B. durch eine Zunahme von Neurodermitis, Asthma oder Allergien. Andererseits wird ein Großteil der Kosten in die Zukunft umgebucht – die Folgen des Treibhauscffekts sind uns noch weitgehend unbekannt und können kaum abgeschätzt werden. Doch irgendwann muß die Zeche bezahlt werden.

Wenn die Transportkosten höher wären, gäbe es weniger soziale und ökologische Folgeprobleme der globalen Konkurrenz. Betriebe müßten wieder vor Ort, also in der der Nähe des Endverbrauchers, produzieren, um konkurrenzfähig zu bleiben. Der Standortdebatte würde die Substanz entzogen, weil ein Standort nicht mehr gegen einen anderen ausgespielt werden könnte. Die Versorgung der Konsumenten muß gewährleistet bleiben, doch am wirtschaftlichsten kann das dann für viele Produkte nur noch eine vor Ort produzierende Industrie leisten.

Nachhaltige Entwicklung

Das zentrale ökologische Problem ist die Erwärmung des Weltklimas (Treibhauseffekt). Der entscheidende Schadstoff, mit dem wir den Treibhauseffekt verstärken, ist das Kohlendioxid (CO_2). Es ist eigentlich ein ungefährliches Gas, das bei jedem Verbrennungsprozeß (also im Verkehr, bei der Raumheizung, bei der Stromerzeugung mit Kohle, Gas oder Öl) entsteht. Die Weltmeere binden jährlich sehr große Mengen CO_2, wodurch die Konzentration des Gases in den letzten Jahrtausenden nahezu konstant blieb. Durch Industrie und Individualverkehr wird seit einigen Jahrzehnten jedoch wesentlich mehr CO_2 freigesetzt, als die Weltmeere aufnehmen können. Deshalb steigt die CO_2-Konzentration und verstärkt den Treibhauseffekt, was zu einer Erhöhung der mittleren Erdtemperatur führt.[24] Die katastrophalen Folgen des Treibhauseffekts erkennt man schon heute unter anderem daran, daß Versicherungen bestimmte Regionen der Erde (z. B. in den USA) nicht mehr gegen Naturkatastrophen versichern. Diese Zusammenhänge sind mittlerweile weltweit anerkannt; gehandelt wird deshalb noch lange nicht.

Der Begriff »sustainable development« oder »nachhaltige Entwicklung« beschreibt den Versuch, Wirtschaftskreisläufe so zu gestalten, daß die Natur nicht über Gebühr durch Schadstoffe wie z. B. CO_2 belastet wird. Die Weltmeere haben die Eigenschaft, CO_2 zu »schlucken«, das bedeutet, daß der Mensch eine bestimmte Menge CO_2 freisetzen kann, ohne das Klima zu beeinflussen. Die Menge an CO_2, die jährlich in den Weltmeeren gebunden wird, schätzt man auf 14 Mrd. Tonnen pro Jahr.[25] Wir können die Umwelt zwar belasten, aber nur in gewissen Grenzen. Bei einer Weltbevölkerung von 6 Milliarden Menschen wäre also eine jährliche Emission von 2,2 Tonnen CO_2 pro Kopf noch »sustainable«, d. h. die CO_2-Menge in der Atmosphäre würde nicht erhöht werden. In Deutschland kommen auf einen Einwohner jedoch 12 Tonnen.

Land	CO_2-Emission pro Kopf und Jahr
Deutschland	12,1 t
Italien	7,0 t
USA	19,8 t
Indien	0,8 t
China	2,4 t
Weltdurchschnitt	3,8 t
»sustainable«	2,2 t

Tabelle 6: CO_2-Emission einiger Länder. Die 20 % der Weltbevölkerung, die in den Industriestaaten leben, verbrauchen 80 % der Energie.

Quelle: Zukunftsfähiges Deutschland, Misereor, BUND, ›Die Zeit‹, 17. 10. 1997

Deutschland müßte, um »nachhaltig« zu wirtschaften, seine CO_2-Emissionen um 80 % reduzieren. Natürlich ist das kurzfristig nicht zu leisten. Die Industrienationen haben bereits beschlossen, den CO_2-Ausstoß bis zum Jahr 2010 um 15 % zu verringern, die OECD geht aber davon aus, daß er um 13% steigen wird.[26] 1996 stieg er in Deutschland um 2 %, was die größte Steigerungsrate seit 1988 ist.[27] Durch den Zusammenbruch der Industrie in den fünf neuen Bundesländern war der CO_2-Ausstoß gesunken, was jedoch stets als erfolgreiche Bemühung für den Umweltschutz verkauft wurde.

Das Konzept des Deutschen Instituts für Wirtschaftsforschung (DIW)

Natürlich dürfen die Energiepreise nicht schlagartig angehoben werden. Das würde zu sozialen Ungerechtigkeiten und Unternehmenspleiten aufgrund der plötzlichen Kostenbelastung führen. Eine Protestwelle wäre die Folge, die binnen kurzem zur Abschaffung der neuen Steuern führen würde. Deshalb sehen alle derzeit diskutierten Modelle vor, die Energiesteuern schrittweise über einen langen Zeitraum hinweg zu erhöhen. Das hätte den Vorteil, daß keine Strukturbrüche wie der plötzliche Zusammenbruch von Teilen der Automobilindustrie oder untragbare Härten für Schlechtverdiener auftreten würden und sich die gesamte Gesellschaft an die sich langsam verändernde Kostensituation anpassen könnte.

Das Deutsche Institut für Wirtschaftsforschung (DIW) schlägt ein Modell vor, mit dem die CO_2-Emissionen bis zum Jahr 2010 um 21 % gesenkt werden könnten. Das ist zwar noch viel zu wenig für eine »nachhaltige Entwicklung«, es wäre jedoch ein erster sinnvoller Schritt weg vom »rollenden Lager« und hin zu einer ökologischeren Produktionsweise. Für eine bestimmte Menge fossiler Energie sollen die Preise über 15 Jahre jährlich real um 7 % erhöht werden. Das bedeutet, die Energie aus nicht-regenerativen Quellen wie Kohle, Öl, Gas und Strom, die z. B. eine Energiemenge von 1 GJ (1 Giga-Joule = 280 kWh) ergibt und 1990 im Mittel 9 DM gekostet hat, wird um 7 % (= 63 Pfennig) teurer. Da es egal ist, welcher Energieträger die Natur belastet, wird nicht der Endpreis, sondern der Preis eines Energieträgers ohne Steuern um 7 % erhöht. Benzin wird derzeit wesentlich höher besteuert als z. B. Kohle, würde sich im ersten Jahr effektiv also nur um 2 % verteuern.

Das Steueraufkommen einer ökologischen Steuerreform würde von 9 Mrd. DM im ersten Jahr auf 205 Mrd. DM im 15. Jahr steigen.[28] Diese Einnahmen würden aber vollständig an die Steuerzahler zurückgegeben werden. Da die Industrie etwa 71% der

Energie verbraucht, wird sie 71 % der Öko-Steuern bezahlen müssen. Nach dem DIW-Konzept bekommt sie aber auch die gleiche Summe wiedererstattet. Die Industriebetriebe, die viel Energie verbrauchen, bekommen relativ gesehen weniger Geld aus den gutgeschriebenen Arbeitgeberanteilen der Sozialversicherungsbeiträge erstattet als die Betriebe, die sparsam mit Energie umgehen. Denn die Rückerstattung bemißt sich nach dem *durchschnittlichen* Energieverbrauch. Was von der Industrie seit Jahren vehement gefordert wird, könnte gerade die Öko-Steuer leisten: Die Lohnnebenkosten in Form von Sozialversicherungsbeiträgen sinken, und die Arbeit wird billiger. Die restlichen 29 % der Energie verbrauchen Privathaushalte, also fließen 29 % der Steuereinnahmen in die Kassen der Privathaushalte zurück. Bei der Industrie wie bei den Haushalten wird stets von denjenigen viel genommen, die viel Energie verbrauchen, aber das Geld nach dem »Gießkannenprinzip« zurückverteilt. Damit wird Energiesparen belohnt.

Ein Rechenbeispiel: Betrachten wir zwei Haushalte mit einem verfügbaren Einkommen von 4000 DM. Im ersten Haushalt gibt es im Gegensatz zum zweiten zwei Autos, und die Familie badet häufiger, weswegen die reinen Energiekosten dieses Haushalts 400 DM im Monat betragen, während der zweite, der sparsame Haushalt mit 150 DM auskommt. Durch die Öko-Steuern sind die Energiekosten im Jahr darauf um 7 % gestiegen, also auf 428 DM und 160 DM. Wenn die durchschnittlichen Energiekosten aller Haushalte 250 DM betragen, bekommen alle Haushalte die durchschnittliche Steigerungsrate zurück, also 15 DM. Somit sind trotz einer steigenden Öko-Steuer die Kosten des umweltbewußten zweiten Haushalts von 150 DM auf 145 DM im Monat gesunken, die des ersten aber von 400 DM auf 413 DM gestiegen.

An dieser Stelle möchten wir das Schreckgespenst des Benzinpreises von 5 DM pro Liter als ein populistisches Argument gegen die ökologische Steuerreform entlarven. Bei einem gegenwärtigen Preis von 1,70 DM pro Liter würde dies eine Verdreifachung des Benzinpreises bedeuten, die für viele Haushalte, die auf tägliche Fahrten mit dem Auto angewiesen sind, existenzbedrohlich wäre. Unberücksichtigt ist in diesem Argument allerdings, daß schon heute Autos technisch realisierbar sind, die unter 3 Liter Kraftstoff auf 100 Kilometer verbrauchen. Allein die Tatsache, daß Benzin so billig ist, hat ihren Bau bis heute verhindert. Gegenwärtig liegt der Benzinverbrauch bei durchschnittlich 9 Litern pro 100 Kilometer. Würde der Verbrauch gedrittelt, entstünden trotz der Verdreifachung des Benzinpreises keine Mehrausgaben. Da ein Teil der Mehrkosten für Benzin in Form des Öko-Bonus an die privaten Haushalte zurückflösse, würde es unterm Strich bei energiesparendem Verhalten sogar eine Einkommenssteigerung bedeuten. Großer Gewinner ist die Umwelt – Verlierer wären die Mineralölkonzerne.

Das Wissen um die jährliche Preissteigerung würde schon heute ein völlig verändertes Verhalten beim Kauf von Neuwagen ergeben, denn in fünf oder acht Jahren, wenn das neue Auto immer noch fährt, wird das Benzin wesentlich teurer sein, also wird gleich ein benzinsparendes Auto gekauft. Eine heute verbindlich festgeschriebene Erhöhung des Benzinpreises für die nächsten 15 Jahre würde einen Nachfrageboom für spritsparende Autos auslösen. Daraus ergäbe sich ein riesiger Innovations- und Nachfrageschub für die deutsche Autoindustrie. Diese mögliche globale Vorreiterrolle wäre eine große Chance. Es liegt auf der Hand, daß es langfristig zu einer deutlichen Reduktion des Spritverbrauchs keine Alternative gibt. Die Industrie, die als erste dieses Wissen in die Tat umsetzt, erhielte dann einen entscheidenden Wettbewerbsvorteil und könnte ökologisches Know-how weltweit exportieren. Statt ständig über die mangelnden Innovationen am Standort Deutschland und über zu hohe Löhne zu klagen, sollte die deutsche Industrie – nicht nur die Automobilindustrie – die Chancen eines weltweiten Exports von Umwelttechnologie erkennen und nutzen. Wirtschaft und Umweltschutz müssen einander nicht ausschließen. Unter dem Druck langsam steigender Energiepreise wird die Industrie effizientere und ökologisch optimierte Prozesse entwickeln.

Durch steigende Energiepreise werden Wohlhabende weitaus stärker belastet als der Durchschnitt, da sie tendenziell Autos mit hohem Treibstoffverbrauch fahren und große Häuser beheizen. Die Öko-Steuer ist daher, genau wie die Tobin-Steuer, eine sozial gerechte Steuer, die von Reich zu Arm umverteilt – wohl gerade deshalb ist sie so schwer durchzusetzen. Wo sie in Einzelfällen Ungerechtigkeiten erzeugt, müssen diese natürlich abgemildert werden; erforderlich sind lediglich politische Entscheidungen, die den Strukturwandel lenken.

Das DIW legt in seiner Studie weiterhin dar, daß durch den einsetzenden Strukturwandel hin zu Umwelttechnologien netto 600 000 neue Arbeitsplätze geschaffen werden könnten (zur Erinnerung: 100 000 Arbeitslose belasten die Kassen mit 3,5 Mrd. DM). Außerdem zahlt jeder neue Arbeiter Sozialversicherungsbeiträge und ermöglicht so eine weitere Senkung der Lohnnebenkosten, da die Beitragssätze sinken, wenn mehr Beschäftigte in die Sozialversicherungskassen einzahlen. Die Arbeitskosten sinken, die Reallöhne steigen, und die Arbeitslosenquote fällt.

Wie eingangs erwähnt, ist eine wesentliche Konsequenz der erhöhten Treibstoffpreise eine Verkürzung der Transportwege in der Industrie. Die derzeitigen umweltruinösen Praktiken der »Just-in-time-production«, des »rollenden Lagers«, des Trends »von der Schiene auf die Straße« würden unbezahlbar und müßten zugunsten umweltverträglicher Transportmethoden aufgegeben werden. Oft ist es nur wegen des Energiepreisdumpings möglich, Sozial- und Arbeitsgesetze durch Betriebsverlagerung ins Ausland zu umgehen.

Öko-Steuern als praktikabler Weg aus der Globalisierungsfalle

In Dänemark und Schweden sind ähnliche Steuern bereits eingeführt worden, in beiden Ländern haben sie einen Rückgang des Energieverbrauches bewirkt, die Steuereinnahmen erhöht und zu vielen Protesten seitens der Industrie geführt, die jedoch mitnichten abwanderte – was ein Hauptargument gegen die ökologische Steuerreform widerlegt. Das Institut für nachhaltiges Wirtschaften und Ökologistik in Augsburg sieht als Hauptprofiteure niedriger Transportkosten »vor allem Großkonzerne mit vielen Produktionsstellen und aufwendigen Logistikabteilungen«.[29] Deshalb ist es zu erwarten, daß sich auch in Deutschland die Vertreter dieser Unternehmen gegen Öko-Steuern mit Händen und Füßen wehren werden.

In Schweden wurde Anfang der 90er Jahre eine CO_2-Steuer eingeführt, wodurch der Ausstoß des Gases deutlich reduziert wurde. Nach der Regierungsübernahme der Konservativen wurde die Steuer jedoch wieder halbiert. Die Folge war ein CO_2-Anstieg um 25 % zwischen 1993 und 1995; selbst der Industrieverband führte diesen auf die gefallenen Energiesteuern zurück. Daraufhin wurde die CO_2-Steuer 1996 wieder erhöht. Auch in den Niederlanden, Belgien und Finnland wird intensiv mit ökologischen Steuern experimentiert. In Holland wird bereits seit zehn Jahren eine CO_2-Steuer auf Benzin, Heizöl oder Kohle erhoben. Natürlich gibt es bei steigenden Energiepreisen Gewinner- und Verliererbranchen, wenn sie, wie oben beschrieben, an die Unternehmen nach dem Gieskannenprinzip zurückgegeben werden. Verliererbranchen muß es jedoch geben, wenn wir einen Strukturwandel wollen. Zu vermeiden sind Strukturbrüche, was durch das moderate Anheben der Energiepreise gesichert ist.

Durch eine Öko-Steuer würden regenerative Energien gegenüber den fossilen verbilligt, wodurch vermehrt unproblematische Energieträger wie Biomasse, Wind, Sonne und Wasser zum Einsatz kämen. Um einen ökologischen Strukturwandel weiter zu forcieren, können die Einnahmen der Öko-Steuer zum Teil in ökologische Projekte investiert werden und nur z. B. zu 80 % zur Senkung der Lohnnebenkosten verwendet werden.

Energiesteuern einzuführen ist weder aufwendig noch grundgesetzwidrig. Lenkungssteuern gibt es schon lange in den verschiedensten Bereichen, und sie sind auch vom Bundesverfassungsgericht 1977 als verfassungskonform bezeichnet worden. Um Öko-Steuern einzuführen, bräuchte nicht einmal EU-Recht geändert zu werden, denn solche steuerlichen Alleingänge sind immer möglich, solange keine Benachteiligungen für Importprodukte auftreten.

Die ökologische Steuerreform soll darauf hinwirken, den Warentransport auf ein vernünftiges Maß zu reduzieren. Sie ist aus drei Gründen ein wesentlicher Stützpfeiler für die zukunftsorientierte Politik und eine realistische Alternative zum globalen Wettbewerb:

1. Die Wirtschaftstätigkeit wird ökologischer gestaltet.
2. Durch Förderung neuer Technologien und eine Senkung der Lohnnebenkosten können netto 600 000 neue Arbeitsplätze geschaffen werden.
3. Globaler Wettbewerb und speziell die Verlagerung von Produktionsstätten ins Ausland werden auf ein ökologisch und sozial sinnvolles Minimum zurückgeführt, und der beginnenden sozialen und ökologischen Abwärtsspirale kann Einhalt geboten werden.

Wege aus der sozialen Katastrophe

Bekämpfung der Arbeitslosigkeit

»80 Prozent mehr Arbeitslose unter Kohl«
›Die Tageszeitung‹, 7. 2. 1997

Tobin-Steuer und ökologische Steuerreform sind wirksame Maßnahmen, um die arbeitsplatzvernichtenden Mechanismen der

Globalisierung zu bändigen. Diese Alternativen packen das Übel an der Wurzel. Doch zur Schaffung von Arbeitsplätzen und sozialer Gerechtigkeit müssen gleichzeitig weitere Maßnahmen eingesetzt werden. Die Machtwechsel in Großbritannien und Frankreich 1997 lassen darauf hoffen, daß auf europäischer Ebene Reformprozesse in diese Richtung angestoßen werden. Wir müssen jedoch in Deutschland sofort damit beginnen. Denn mit den Rezepten des Neoliberalismus läßt sich das Problem Arbeitslosigkeit nicht beseitigen:

- Selbst lange Phasen wirtschaftlichen Aufschwungs verringern die Arbeitslosenquote kaum.
- Auch bei niedrigeren Löhnen und Lohnnebenkosten werden Menschen durch Maschinen ersetzt.
- Leistungskürzungen für Arbeitslose und Sozialhilfeempfänger, um »Anreize« zur Arbeitssuche zu liefern, schaffen keine neuen Arbeitsplätze.
- Angebotspolitik, die auf günstige Unternehmensbedingungen und hohe Unternehmensgewinne setzt, scheitert seit mehr als 15 Jahren, da die Gewinne kaum zur Schaffung neuer Arbeitsplätze verwendet werden.
- Innovation bringt vielleicht neue Produkte, diese werden jedoch überwiegend von Robotern und nicht von Menschen hergestellt werden.

Vorhandene Arbeit solidarisch umverteilen

> »Die Menschen, die vor 30 000 Jahren die Höhlenmalereien von Lascaux schufen, arbeiteten 20 Stunden pro Woche, um sich mit Nahrung, Kleidung, Unterkunft zu versorgen.«
>
> *Michael Crichton, aus: ›DinoPark‹,*
> *Roman zum Film ›Jurassic Park‹*

Angenommen, in einem Urwalddorf werden Pfeil und Bogen erfunden. Die Folge ist, daß die Hälfte der Bevölkerung nicht mehr für die Jagd benötigt wird, die Hälfte der bisherigen Jäger »produziert« genug Nahrung für alle. Die Erfindung hat aber nur dann Vorteile für das ganze Dorf, wenn die Jäger ihre Jagdbeute mit den »Arbeitslosen« teilen, was aber nicht ganz gerecht wäre. Optimal wäre es, sich bei der Jagd abzuwechseln. Alle hätten mehr Freizeit, und die Nahrung würde trotzdem für alle reichen. Arbeit und Freizeit würden solidarisch miteinander geteilt.[30]

Die Zahl der bezahlten Arbeitsstunden in Deutschland betrug 1966 etwa 55 000 Mio. und sinkt seitdem beständig. Derzeit werden noch 45 000 Mio. Arbeitsstunden pro Jahr geleistet, was einen Rückgang des Arbeitsvolumens um 18 % bedeutet.[31] Gleichzeitig werden immer mehr Güter und Dienstleistungen produziert – Pfeil und Bogen werden gewissermaßen täglich verbessert. Aus gesamtgesellschaftlicher Perspektive steigt dadurch der Wohlstand. Doch wer heutzutage nicht mehr »für die Jagd« benötigt wird, wird in die Arbeitslosigkeit entlassen. Sogar bei den produktiver gewordenen »Jägern« kommt nichts von den Wohlstandszuwächsen an, sie bleiben beim Besitzer von »Pfeil und Bogen«. In einer komplexen Gesellschaft wie der unseren werden Erfindungen, die das Leben der Menschen erleichtern sollen, nicht zum Nutzen aller verwendet, sondern zum optimalen Nutzen weniger.

Damit technologischer Fortschritt allen Mitgliedern der Gesellschaft zugute kommt, haben sich Gewerkschaften gebildet. Sie kämpfen für eine gerechtere Verteilung der vorhandenen Arbeit durch Arbeitszeitverkürzungen und für höhere Löhne, die natürlich immer gegen den Willen der Industrie durchgesetzt werden mußten und müssen. Fast 20 Jahre dauerte es, bis die Forderung der IG Metall von 1978 nach einer 35-Stunden-Woche zum Teil umgesetzt wurde. Nach einer Studie des DIW hat die Verkürzung der durchschnittlichen wöchentlichen Arbeitszeit um drei Stunden zwischen 1985 und 1991 ca. eine Million Arbeitsplätze geschaffen.[32] Hierzulande wohl bekanntestes Beispiel für beschäftigungserhaltende Arbeitszeitverkürzung ist das »VW-Modell«. Durch die Verkürzung der wöchentlichen Arbeitszeit auf 28 Stunden bei entsprechend sinkenden Löhnen in

VW-Werken in Deutschland ist ein Viertel der Belegschaft vor drohenden Entlassungen bewahrt worden. Würde eine 30-Stunden-Woche innerhalb von Deutschland umgesetzt, so ergäben sich durch diese Arbeitszeitverkürzung um 20 % etwa drei Millionen neue Arbeitsplätze.

Die Arbeitszeitverkürzung mit entsprechenden Lohneinbußen konnte bei VW nur aufgrund eines überdurchschnittlich hohen Lohnniveaus von den Arbeitnehmern akzeptiert werden. Eine Umsetzung des Konzeptes in anderen Branchen würde eine Senkung der Nettoeinkünfte um durchschnittlich 16 % bedeuten. Für viele Arbeitnehmer ist das inakzeptabel, und vor allem für die unteren Einkommensschichten wäre es unzumutbar. Schon heute lebt rund ein Drittel aller Haushalte trotz vollen Lohns an der Armutsgrenze von 50 % des Durchschnittseinkommens.[33] Daher muß für die niedrigsten Einkommen eine Arbeitszeitverkürzung bei vollem Lohnausgleich durchgesetzt werden, unterstützend sollte der Staat die Einsparungen in der Arbeitslosenversicherung zu Lohnkostensubventionen verwenden und damit Arbeit statt Arbeitslosigkeit finanzieren.

Die Möglichkeiten, durch neue Arbeitszeitmodelle mehr Arbeitsplätze zu schaffen, sind noch lange nicht ausgeschöpft. Beispiele für die Beschäftigungswirkung alternativer Arbeitszeitpolitik gibt es genügend: In Dänemark wurde 1993 ein kreatives Urlaubsgesetz verabschiedet. Danach erhalten Arbeitnehmer, die sich für insgesamt ein Jahr in beliebig gestaltbaren Zeitabschnitten »beurlauben« lassen, einen Lohnausgleich in Höhe von 80 % des Arbeitslosengeldes, bei vollem Rückkehrrecht auf ihren Arbeitsplatz. Dadurch ließ sich die Beschäftigung bei der Müllabfuhr in Århus um 25 % steigern, und der Staat verbuchte Einsparungen bei der Zahlung von Arbeitslosengeld. Statt Arbeitslosigkeit wurde Beschäftigung finanziert.[34]

Solidarische Umverteilung von Arbeit ist dann mehrheitsfähig, wenn Besserverdienende mehr belastet werden als niedrige Einkommen. Denkbar wäre z. B. ein Stufenmodell für den öffentlichen Dienst: Die oberen Gehaltsgruppen verzichten auf 10 % ihres Einkommens und arbeiten 10 % weniger, die mittleren jeweils 5 %. So spart der Staat zwischen 17 und 20 Mrd. DM, die zweckgebunden für Neueinstellungen verwendet werden können. Ohne jede Mehrbelastung für den Staat ließen sich so bis 500 000 Teil- oder Vollzeitarbeitsplätze schaffen.[35]

Überstunden sind nahezu unbegrenzt zugelassen, schließlich müssen Unternehmen im globalen Wettbewerb ihre Arbeitnehmer »flexibel« einsetzen können. Diese Mehrarbeit mag zeitweise nötig sein, doch sollte gesetzlich verankert werden, daß sie nur durch Freizeit ausgeglichen werden darf und daß es ein festgelegtes Maximum gibt. So machten 1995 45 % aller beschäftigten Arbeitnehmer regelmäßig Überstunden. »Anstatt die verbleibende Arbeit sinnvoll zu verteilen, gehen bei uns vier Millionen Menschen spazieren, während andere 1,8 Milliarden Überstunden knüppeln.« Rein rechnerisch sind das rund eine Million Arbeitsplätze.[36] Durch einfachste politische Beschlüsse, wie differenzierte Überstundenobergrenzen oder eine extrem hohe Besteuerung von Überstunden, könnten in kürzester Zeit neue Arbeitsplätze entstehen.

Die positiven Effekte einer Überstundenbeschränkung zeigt das Beispiel von Thyssen in Bielefeld: Geschäftsleitung und Betriebsrat kamen überein, Überstunden nicht mehr auszubezahlen, sondern ausschließlich in Freizeit umzuwandeln. Für viele Beschäftigte bedeutet das zwar reale Lohneinbußen, aber dafür haben sie mehr Freizeit und eine Arbeitsplatzgarantie. Es wurden Arbeitszeitkonten eingerichtet, die maximal auf 70 Überstunden anwachsen dürfen. Ausnahmen müssen vom Betriebsrat genehmigt werden. Schon bei 50 Überstunden hat der Betriebsrat das Recht zu prüfen, ob Neueinstellungen sinnvoll sind. Durch 180 Neueinstellungen wuchs die Belegschaft auf 1550 Arbeitnehmer an.[37]

Das Institut für Arbeitsmarkt- und Berufsforschung (IAB) hat in einer Studie ermittelt, daß »fast die Hälfte der Männer und mehr als die Hälfte der Frauen kürzer arbeiten wollen« – selbst bei Einkommenseinbußen.[38] Neue Arbeitszeitmodelle lassen sich auf breiter Basis aber nur durch ein neues gesellschaftliches Verständnis vom »Normalarbeitszeitverhältnis« durchsetzen. In den meisten Unternehmen gilt Teilzeit als »Karriere-Barriere«, viele Arbeitnehmer fürchten den Neid der Kollegen und den Verlust an Sozialprestige, wenn sie weniger als »die üblichen« 40 bis 60 Stunden pro Woche arbeiten.[39]

Um weitgehenden Arbeitszeitverkürzungen (und sozial abgesicherter Teilzeitarbeit) eine größere Akzeptanz zu sichern, müssen sich deshalb die Wertvorstellungen unserer Gesellschaft ändern. Derzeit lautet sie: »Wer lange arbeitet, gilt als tüchtig, wer kürzer arbeitet als schräger Vogel.[40] Doch wer einmal seine Freizeit zu gestalten weiß, kommt schnell auf den Geschmack: »Ich werde nie wieder soviel arbeiten wie früher, denn ich habe inzwischen gelernt, wie schön Freizeit ist«, weiß ein Arbeiter von Thyssen in Bielefeld zu berichten.[41]

Nur wenn Arbeit gerecht verteilt wird, besteht die Chance, die Arbeitslosigkeit von Millionen Menschen in Arbeitsplätze umzuwandeln. Die reale Entwicklung schlägt derzeit genau die umgekehrte Richtung ein. Ob in der Metallindustrie (die Firma Viessmann verlängert die Arbeitszeit auf 38 Stunden und bietet im Gegenzug eine Jobgarantie und 250 Neueinstellungen) oder in der Softwareindustrie (die Firma mb-Programme praktiziert wieder die 42-Stunden-Woche ohne Lohnausgleich) – Arbeitszeitverlängerung ist an der Tagesordnung.[42] Der Globalisierungswettlauf erfordere mehr Leistung und flexiblere, das heißt längere statt kürzere Arbeitszeiten. Tarifverträge werden mit Zustimmung der Gewerkschaften (!) außer Kraft gesetzt.[43] Wenn Unternehmen die Arbeitszeiten ihrer Beschäftigten je nach Ertragslage frei variieren können, sind sie selten bereit, Neueinstellungen vorzunehmen. Ein ähnlicher Irrweg wird im Zusammenhang mit der Lebensarbeitszeit beschritten. Statt kürzer sollen ältere Arbeitnehmer immer länger arbeiten; diskutiert werden schon Zahlen bis 70 Jahre, um die Rentenversicherung zu entlasten. Hier wird ein Problem nur umgebucht: Einer Entlastung der

Rentenversicherung steht dann eine Belastung des Arbeitsmarktes gegenüber, Folge wäre z. B. steigende Jugendarbeitslosigkeit.

Die nachfrageorientierte Politik von Keynes

»Ohne Moos nix los! Wenn die Kaufkraft fehlt, bleiben die Regale voll.«

›Die Tageszeitung‹, 7. 10. 1997

Im Rahmen der deutschen Einheit wurde in den neuen Ländern ein gigantisches Nachfrageprogramm durchgeführt. Über Nacht entstand ein riesiger Markt, der mit staatlichen Geldern auf Kredit kaufkräftig gemacht wurde. Seine Bedienung durch die westliche Industrie bescherte Deutschland 1990 und 1991 ein Wachstum von über 5 % und eine sinkende Arbeitslosenquote. Der Arbeitsmarkt in Westdeutschland blieb damit von der weltweiten Rezession Anfang der 90er Jahre verschont.

Diese Entwicklung bestätigt die seit der »Wende« 1982 totgesagte Theorie von John Maynard Keynes, der genau die nachfrageorientierte Politik als beschäftigungswirksam erkannte. Er analysierte Krisen, die aufgrund von Konjunkturschwankungen immer wieder vorkamen, und konstatierte, daß gerade in Zeiten wirtschaftlicher Probleme zuwenig Nachfrage vorhanden ist. Alle meinen sparen zu müssen: der Staat an seinen Ausgaben, da Steuereinnahmen wegfallen, die Unternehmen an ihren Löhnen und die Haushalte an ihren Konsumausgaben. Die sowieso schon schlechte wirtschaftliche Lage wird genau dadurch noch schlechter, die Rezession wird noch tiefer. In dieser Situation ist der Staat gefordert. Er leiht sich Geld, senkt die Steuern für die privaten Haushalte und vergibt Staatsaufträge an die notleidende Industrie oder stellt selbst mehr Beschäftigte ein und steigert so die Nachfrage. Das wurde in der Vergangenheit schon wiederholt praktiziert, zumeist zu zaghaft oder zu spät, aber nie mit negativen Ergebnissen. Ist das Konjunkturtal überwunden, drosselt der Staat seine Nachfrage wieder und bezahlt seine Schulden zurück – was natürlich der schwierigere und unbeliebtere Teil der sogenannten »antizyklischen Fiskalpolitik« ist und deshalb in der Vergangenheit meist unterblieb. Keynesianismus ist deshalb auch noch nie konsequent praktiziert worden, die Staaten verschuldeten sich immer weiter. Das aber spricht nicht gegen die Umsetzbarkeit der keynesianischen Theorie.

Keynes würde sich im Grabe umdrehen, müßte er die derzeitige Wirtschaftspolitik mitverfolgen. Gegen jede Vernunft wird in ganz Europa für den Euro gespart und so europaweit die Beschäftigungskrise verschärft. Stagnierenden Löhnen und damit einer immer geringeren Nachfrage stehen immer höhere Produktionszahlen gegenüber. Die Produkte werden aber wenig nachgefragt, also reagieren die Arbeitgeber wieder mit Entlassungen und verschärfen dadurch das Problem ihrerseits. Am Ende verlieren beide, Konsumenten wie Produzenten. Die derzeitige Angebotspolitik, die nur die Unternehmen besserstellt, führt nicht zu mehr Beschäftigung, denn Unternehmen investieren nur, wenn sie auch Absatzmärkte sehen. 1997 boomte denn auch nur die Exportindustrie, die Inlandsnachfrage stagnierte.

Eine Lohnerhöhung schlägt sich zunächst zu 100 % als Mehrkosten bei den Unternehmen nieder. Ein Teil des höheren Lohnes wird von den Haushalten gespart, ein Teil für Importwaren ausgegeben, aber der größte Teil des Lohns wird in Form von Nachfrageerhöhung an die einheimischen Unternehmen zurückgegeben. Die meisten Konzerne mit ihren enormen Gewinnspannen können Lohnerhöhungen gut verkraften. Für manche kleine und mittlere Unternehmen, die knapp kalkulieren müssen, kann ein Lohnkostenschub jedoch das Aus bedeuten. Differenzierte Lohnpolitik ist also gefragt.

Neben Lohnerhöhungen kann staatliche Nachfragesteigerung Arbeitsplätze schaffen. Ein Argument gegen kreditfinanzierte Investitionsprogramme ist, daß sie aufgrund internationaler Industrieverflechtungen unwirksam geworden seien. Erhöht ein Staat seine Nachfrage, so könne diese auch über Importe aus anderen Ländern befriedigt werden, wodurch Arbeitsplätze im Ausland statt im Inland entstehen würden. Doch dieser Einwand ist durch den Boom der deutschen Einheit widerlegt, welcher größtenteils durch die enormen Produktionskapazitäten der deutschen Industrie abgedeckt wurde. Das zeigt, daß Nachfragepolitik auch im nationalen Rahmen möglich ist, aber natürlich im EU-Rahmen wünschenswert wäre.

Als weiteres Argument gegen staatliche Investitionsprogramme wird die hohe Staatsverschuldung Deutschlands genannt, die durch die Wiedervereinigung von 40 % des BIP 1990 auf 60 % des BIP 1997 stieg. Inzwischen müssen rund 20 % des Staatshaushaltes allein für Zinsen und Tilgung aufgewandt werden. Eine weitere Staatsverschuldung kann sich jedoch als die billigere Alternative erweisen, wenn das Geld für Zukunftsinvestitionen und zur Schaffung neuer Arbeitsplätze verwendet wird. 1997 beliefen sich die jährlichen Kosten der Arbeitslosigkeit in der Bundesrepublik auf 170 Mrd. DM.[44] Sollte man nicht statt dessen die Infrastruktur verbessern und den drastisch reduzierten Bildungsetat wieder spürbar erhöhen, um die Zukunftsinvestition schlechthin zu tätigen: nämlich das Bildungsniveau der Bürger zu erhöhen?

Wenn der Staat Gelder vergibt, ob nun für Autobahnbau oder Grundlagenforschung, tritt er immer als Großkunde auf, und die Wirtschaft wird diese Nachfrage befriedigen. Deshalb fordern in Japan, das seit längerem in eine Rezession schlittert, selbst Neoliberale dazu auf, die Staatsausgaben zu erhöhen.

Stellt der Staat das geschickt an, werden dadurch Arbeitsplätze geschaffen. Der Staat hat kurzfristig drei Möglichkeiten, das hierfür benötigte Geld zu beschaffen. Einerseits durch Steuererhöhungen, womit er jedoch die Kaufkraft senkt. Das wäre kontraproduktiv, denn die Nachfrage würde sinken, und ein Rückgang der Arbeitslosigkeit wäre nicht sicher. Andererseits kann er Kredite aufnehmen, was oben bereits erläutert wurde. Die dritte Möglichkeit, kurzfristig Arbeitsplätze zu schaffen, ist eine Erhöhung der Geldmenge. Das schafft nicht sofort mehr Arbeitsplätze, kann jedoch die Nachfrage erhöhen, die dann über verstärkte Investitionstätigkeit Arbeitsplatzzuwächse produziert. Wenn die Notenbank dem Staat Geld zur Verfügung stellt oder billiges Geld an die Banken abgibt, dann wird der (private oder staatliche) Konsum erhöht, und die Nachfrage steigt. Die Konsequenz ist eine Erhöhung des Preisniveaus, die Inflation wird »angeheizt«. Man kann jedoch voraussagen, wie sich eine Geldmengenerhöhung auf die Inflation auswirkt. Die Geldmenge kann so erhöht werden, daß die Inflation von z. B. 1,5 % auf nicht mehr als 3 % oder 4 % steigt.

> Erhöht die Bundesbank die Geldmenge um 1 %, also um etwa 8 Mrd. DM, so würde ein dreijähriges Beschäftigungs- und Konjunkturprogramm mit einem Gesamtvolumen von 24 Mrd. DM die Inflationsrate um höchstens 2 % erhöhen. Berechnet man die Kosten eines Arbeitsplatzes mit 60 000 DM pro Jahr, so ließen sich rein rechnerisch 135 000 neue Vollzeitjobs schaffen. Zusätzlich spart der Staat die Zahlung des Arbeitslosengeldes an diese Beschäftigten, so daß alles in allem 200 000 neue staatliche Arbeitsplätze finanzierbar wären.[45]

Selbst wenn die Finanzierung dieser Arbeitsplätze nach drei Jahren eingestellt wird, heißt das nicht, daß danach die Arbeitslosigkeit wieder so hoch ist wie vorher. 200 000 Menschen mehr, die Lohn beziehen, ermöglichen eine Senkung der Sozialversicherungsbeiträge. Die Nettolöhne steigen, damit die Nachfrage, und die Unternehmen könnten Neueinstellungen vornehmen. Bereits eine geringfügig höhere Nachfrage und ein daraus resultierendes leicht erhöhtes Inflationsniveau kann einen neuen Aufschwung bewirken. Dieses Prinzip war in den 70er Jahren als »Lohn-Preis-Runden« bekannt. Die Gewerkschaften rannten der Inflation allerdings nicht hinterher, sondern konnten satte Gehaltserhöhungen für die Arbeiterschaft erkämpfen, die weit über den Inflationsraten lag. Dagegen sind die Reallohnerhöhungen trotz der niedrigen Inflationsraten gegen Ende dieses Jahrhunderts mitunter negativ. Geld wird knapp gehalten und durch hohe Zinsen teuer gemacht, was die Inflationsraten immer weiter sinken läßt. In Japan betrug sie 1997 -0,5 %, die Preise sanken. Deflation beschreibt einen Zustand geprägt von Kaufzurückhaltung und rapidem Kaufkraftverlust der privaten Haushalte. In Deutschland gibt es bereits in vielen Bereichen defelationäre Entwicklungen (z.B. Möbel, Einzelhandel). Weitere Lohnzurückhaltung, restriktive Geldpolitik und Preiskriege durch billige Importe könnten das labile Gleichgewicht der Preisniveaustabilität in die Deflation kippen lassen. Dies würde direkt in die Rezession führen und die Arbeitslosigkeit kräftig erhöhen.

Die oben aufgeführten Maßnahmen allein können natürlich die Arbeitslosigkeit nicht beseitigen, stellen jedoch ein alternatives Instrument im Kampf gegen die größte Schande des Industriezeitalters dar. Der Staat hat Handlungsmöglichkeiten in Krisenzeiten, nur nutzt er sie nicht. Statt dessen unterwirft er sich einer monetaristisch motivierten Sparpolitik, die in Zeiten hoher Arbeitslosigkeit ähnlich unsozial wie eine Hyperinflation wirkt. Das Modell »Deutsche Bundesbank«, welches mittlerweile in ganz Europa kopiert worden ist, ist durch das kompromißlos verfolgte einzige Ziel der Stabilitätspolitik mit- wenn nicht sogar hauptverantwortlich für die steigende Arbeitslosigkeit in ganz Europa.

Arbeit ist genug vorhanden

Bildung ist ein klassischer staatlicher Aufgabenbereich, und die Zahl der Arbeitsplätze in Lehre und Ausbildung sollte in Zukunft zunehmen, um uns auf die Anforderungen eines zukünftigen Arbeitsmarktes vorzubereiten. Während Arbeitslosenunterstützung lediglich sicherstellt, daß Betroffene Geld erhalten, um ihren Lebensunterhalt zu bestreiten, sollte eine »aktive« Arbeitsmarktpolitik die Chancen auf einen Arbeitsplatz erhöhen. Derzeit werden ABM, Umschulungen und Fortbildungsmaßnahmen über die Arbeitslosenversicherung finanziert, was in Zeiten hoher

Arbeitslosigkeit zu Finanzierungsschwierigkeiten bei diesen Projekten führt. Doch gerade in Krisenphasen und in einem Strukturwandel, wie wir ihn derzeit erleben, müßten solche Programme verstärkt eingesetzt werden. Sie sollten daher nur durch Steuern finanziert werden. Arbeitslosigkeit ist ein gesamtgesellschaftliches Problem, und eine Finanzierung aktiver Maßnahmen aus Steuermitteln trägt dem eher Rechnung.

Arbeit gibt es genug – nur wird sie immer weniger finanziert, da sie nicht genügend Mehrwert produziert, um einen Investor zu finden. Die Sanierung von Altlasten gehört hierher, genauso wie Kinder- und Jugendhilfe, Alten- und Krankenbetreuung und Resozialisierung sowie vielfältige wichtige Aufgaben im Naturschutz und im Bildungssektor. Vor allem im sozialen Bereich fehlen Hunderttausende von Arbeitskräften. Diesen dritten Sektor zu erschließen und auch diese Arbeitsplätze vernünftig zu entlohnen ist die große Herausforderung des 21. Jahrhunderts.[46] Und es geht nicht anders, denn uns geht die profitable Arbeit aus – das können Roboter zumeist besser, was aber nicht von Nachteil sein muß: »Die dank High-Tech überflüssig gewordene Arbeitskraft gäbe uns die Möglichkeit, endlich mehr Energie in den sozialen Wohlstand unserer Mitbürger zu investieren.«[47] Nur müssen dafür die Gewinne der High-Tech-Produktion durch den Staat auch entsprechend besteuert werden. Wir brauchen keinen schlanken, magersüchtigen Staat, sondern einen wohlgenährten mit vollen Kassen, der in der Lage ist, Arbeit im sozialen Bereich auch zu finanzieren. Die Lösung kann nicht die von Ulrich Beck »Bürgerarbeit« genannte Strategie sein, auf das freiwillige Engagement Arbeitsloser zu setzen, die dann in Höhe der Sozialhilfe, die jedem zustehen soll, entlohnt werden.

Sozialer Ausgleich

> »Die Planwirtschaft ernährt ebenso wie die überwundene ›freie Wirtschaft‹ überflüssige Nutznießer in Wirtschaft, Verwaltung und Politik. Nur die soziale Marktwirtschaft vermag das Schmarotzertum auf allen Gebieten auszuschalten.«
>
> *»Düsseldorfer Leitsätze« der CDU von 1949*

Die Begründer der Sozialen Marktwirtschaft hatten aus den negativen sozialen Folgen des im 19. Jahrhundert praktizierten Wirtschaftsliberalismus gelernt, der zu unbeschreiblichem sozialen Elend führte. Soziale Marktwirtschaft stand für den unausgesprochenen Konsens, den durch die Marktwirtschaft geschaffenen Wohlstand zur solidarischen Unterstützung Schwächerer zu nutzen und die Wirtschaftspolitik in den Dienst des Menschen zu stellen. Heute driften die europäischen Gesellschaften auseinander. Über 50 Millionen Menschen in der EU gelten als arm.[48] In der Bundesrepublik steigt die Zahl der Einkommensmillionäre prozentual genauso schnell wie die der Sozialhilfeempfänger. Noch hält das Gummiband staatlicher Umverteilungs- und Sozialpolitik, doch die »Spannung« steigt, je weiter sich Reich und Arm voneinander entfernen. Wird diese Entwicklung nicht umgekehrt, droht eine gesellschaftliche Entwicklung wie in den USA, mit gut bewachten »Ghettos« für Millionäre und Slums für eine wachsende Unterschicht. Das kann und darf nicht das Ziel von Wirtschafts- und Sozialpolitik in Deutschland und Europa sein.

Umverteilung durch Steuern

»Die Kleinen bluten, die Großen lachen sich ins Fäustchen.«[49] Denn für »die Großen« existieren hohe Steuerbelastungen nur auf dem Papier. Gerade Spitzenverdiener haben im Gegensatz zu »Otto Normalverbraucher« zahllose Abschreibungsmöglichkeiten, um ihre Steuerschuld manchmal bis auf Null zu reduzieren.

Die Ungleichverteilung von Vermögen wird selbst vom Bundesverfassungsgericht gedeckt. Eine Sonderabgabe für Multimillionäre wäre eine Möglichkeit zur Umverteilung, die z. B. von Rudolf Scharping gefordert wird. Wer Millionen hat, könne leicht 2 bis 3 % davon abgeben – er zahlt ja dank unbegrenzter Abschreibungsmodelle sonst keine Steuern. Diese Extrasteuer ist verfassungswidrig, denn zusammen mit der Einkommensteuer würde der Vermögens*ertrag* mit über 50 % besteuert werden.

Es existiert eine Unzahl von legalen Möglichkeiten für Firmen, Selbständige und Spitzenverdiener, ihre Steuerzahlungen zu verringern. Besonders findig sind die Großkonzerne. »Die 1000 größten Kapitalgesellschaften in Deutschland mit einer Wertschöpfung von 20 bis 30 % zahlen hierzulande nur 2,6 % der Unternehmenssteuern, während Klein- und Mittelbetriebe 80 % aufbringen.«[50] Die tatsächlich bezahlten Steuern auf Kapitaleinkommen in Deutschland sanken zwischen 1986 und 1996 von 24 % auf 15 %. In den USA sind es 21 %, in der Schweiz 24 % und in Japan 27 %.[51] Daimler-Benz mußte 1995 von 1,02 Mrd. DM Steuerschuld nur 250 Mio. an den Fiskus abführen.[52] Die Siemens AG erhielt im Geschäftsjahr 1995/96 trotz einer Gewinnsteigerung sogar noch eine Steuergutschrift von 60 Mio. DM.[53] Aber auch Besserverdienende können ohne Schwierigkeiten ihren Steuersatz halbieren. Steuererhöhungen sind also nicht nötig, sondern lediglich eine höhere reale Besteuerung. Sonderrechte müssen abgeschafft werden – nur so kann der Staat seine Handlungsfähigkeit in finanzieller Hinsicht zurückerlangen. Der Königsweg hier ist eine einheitliche europäische Steuerpolitik.

Eine Erhöhung der Mehrwertsteuer zur Finanzierung von staatlichen Aufgaben ist keine Lösung. Das ist nicht nur kontraproduktiv bezüglich einer Stärkung der Binnennachfrage, sondern gerade unter sozialen Gesichtspunkten abzulehnen.

Mehrwertsteuererhöhungen könnten aber sozial differenziert vorgenommen werden. Die Güter, die sich überwiegend Oberschichten leisten und nicht zu den Grundbedürfnissen zählen, könnten mit einer höheren Mehrwertsteuer belegt werden.

Nichts spricht gegen höhere Mehrwertsteuersätze auf Luxusprodukte wie Yachten, Swimmingpools oder teure Weine, die nur von den Wohlhabenden konsumiert werden.

> Hierzu ein Rechenbeispiel: Betrachtet werden ein Durchschnittsverdiener (D) mit einem Einkommen von 1900 DM netto und ein Besserverdienender (B) mit 5000 DM netto. Beide haben in etwa dieselben Lebenshaltungskosten, diese betragen bei D 80 % des Nettogehaltes, bei B 35 % des Nettogehaltes. Den Rest ihres Einkommens können sie sparen, oder sie geben ihn für entbehrliche Luxusgüter aus. Eine Steigerung der Mehrwertsteuer um 2 Prozentpunkte erhöht bei D die »Grundkosten« auf 81,6 % (2 % von 80), bei B auf 35,7 %. Die relative Erhöhung der Steuer um 2 Prozentpunkte bedeutet also beim Durchschnittsverdiener eine Steuererhöhung um 1,6 Prozentpunkte, beim Besserverdiener um 0,7 Prozentpunkte. Eine Mehrwertsteuererhöhung belastet die Haushalte um so stärker, je weniger sie verdienen.

Eine Änderung des Steuerrechts muß zusätzliche »Rahmenbedingungen schaffen, die soziales Verhalten, Hilfsbereitschaft und Freiwilligkeit viel stärker belohnen«.[54] Bis zum Jahr 2000 wird ein Vermögen von 3600 Mrd. DM an die Erbengeneration weitergegeben.[55] Eine Möglichkeit zu mehr sozialer Gerechtigkeit sind höhere Erbschaftssteuern, gestaffelt nach Höhe der Erbschaft. Damit dieses Geld aber wirklich für soziale Zwecke und nicht zum Stopfen von Haushaltslöchern oder für den Rüstungsetat verwendet wird, muß eine Zweckbindung erreicht werden. Durch soziale Stiftungen lassen sich die entsprechenden steuerlichen Anreize schaffen. Bis heute existieren sie hauptsächlich in Form von Unternehmensstiftungen.[56] Hier könnten auch entsprechende Anreize für Nichtunternehmer geschaffen werden: Falls sich die Erben entschließen, statt der Erbschaftssteuer eine Stiftung z. B. für Behinderte oder Obdachlose zu gründen oder weiterzufinanzieren, wird ihnen ein Teil der Erbschaftssteuer erlassen.

Eine Grundsicherung für alle

»Moderne Technologien machen noch keine moderne Gesellschaft aus.«

›Le Monde Diplomatique‹, 01/1996

Wer aus dem Erwerbsleben ausscheiden will oder muß, sei es aufgrund eines Unfalls, einer Krankheit, Arbeitslosigkeit, Erziehungsurlaub oder als Frührentner, dem wird aus unterschiedlichsten Töpfen Geld bezahlt, um sein materielles Überleben zu sichern. In Zukunft sollte hier auch die Subvention nicht rentabler, aber gesellschaftlich sinnvoller Arbeit hinzukommen, die über Lohnkostenzuschüsse durch den Staat ermöglicht wird. Sozialhilfe soll dann all denen zuteil werden, die trotz dieser Sicherungssysteme nicht genug zum Leben haben. Obwohl ein (noch) weitgespanntes soziales Netz vorhanden ist, fallen immer mehr Menschen selbst durch dessen engste Masche, die Sozialhilfe. Unser bestehendes Sozialsystem ist nicht darauf ausgelegt, Massenarmut zu bekämpfen, sondern nur darauf, Menschen in Ausnahmesituationen zu helfen. Ein zentrales Problem in Deutschland ist die mangelnde Inanspruchnahme der Sozialhilfe, sei es aus Scham – für viele ist der Weg zum Sozialamt erniedrigend und Ausdruck einer persönlichen Lebensniederlage – oder aus Unwissenheit darüber, ob überhaupt ein Anspruch auf Sozialhilfe besteht.

Unter dem Vorwand, mehr Selbständigkeit und Eigenverantwortung zu fördern, beschneidet die Politik das Sozialsystem. Die staatliche Garantie sozialer Sicherheit wird allmählich auf ein Maß reduziert, das zum menschenwürdigen Dasein nicht mehr ausreicht. Bei Rente, Pflege, Krankheit oder Armut wird auf Eigenvorsorge der Bürger gesetzt, Lebensrisiken werden privatisiert. Doch die zentrale Frage bleibt unbeantwortet: Wer soll diejenigen schützen, die aufgrund von Arbeitslosigkeit oder ihres geringen Einkommens nicht in der Lage sind, sich privat entsprechend abzusichern? Und der Wegfall des »Normalarbeitsverhältnisses« – 40 Jahre in derselben Firma zu arbeiten – verbunden mit dem Zwang zur Flexibilität bedeutet immer häufigere Jobwechsel, die oft mit Arbeitsunterbrechungen und Unsicherheit verbunden sind. Durch »Globalisierungspolitik« wurde das Ende der Erwerbsgesellschaft, wie wir sie kennen, eingeläutet. Wenn aber immer weniger Menschen Arbeit haben, darf soziale Absicherung nicht mehr wie bisher an den Arbeitsplatz gebunden sein. Damit auch in Zukunft jeder Bürger ein Recht auf ein menschenwürdiges Dasein hat, muß über eine Grundsicherung gesprochen werden. Grundsätzlich lassen sich zwei Modelle unterscheiden:[57]

1. *Die bedarfsorientierte Grundsicherung*: Sobald ein Mensch weniger Geld aus der Sozialversicherung erhält, als sie oder er für ein menschenwürdiges Leben in der Gesellschaft benötigt, wird der Fehlbetrag durch den Staat zugezahlt. Bekommt jemand eine zu geringe Rente oder ein zu niedriges Arbeitslosengeld, wird die Auszahlung automatisch durch die jeweilige Sozialversicherung erhöht. Bei diesem Modell der »bedarfsorientierten Grundsicherung« bleibt den Bedürftigen der entwürdigende Gang zum Sozialamt in vielen Fällen erspart. Sozialhilfe erreicht wieder ihren ursprünglichen Stellenwert als Unterstützung in besonderen Notlagen. Das Modell könnte leicht in das bestehende Sozialsystem integriert werden.
2. *Das Bürgergeld*: Beim »Bürgergeld-Modell« wird jedem Menschen – ob bedürftig oder nicht – ein gewisser Betrag auf sein Konto überwiesen, z. B. 1000 DM. Wird jede zusätzlich verdiente Mark z. B. zu 50 % versteuert, läßt sich leicht berechnen, daß ab einem Zuverdienst von 2000 DM die abgeführte Steuer höher ist als das Bürgergeld[58] – Besserverdienenden wird dann keine Unterstützung mehr gewährt. Der Vorteil dieses Modells wäre, daß der Verwaltungsapparat hochgradig vereinfacht werden könnte und die Bürger sich nicht mehr durch den Dschungel der Sozialbürokratie kämpfen müßten, um ihren Lebensunterhalt bestreiten zu können. Wenn dieses Modell umgesetzt werden soll, wären größere Strukturveränderungen erforderlich. Mit dem Bürgergeld wäre auch das Problem des zu gerin-

gen Abstandes zwischen Sozialeinkommen und niedrigstem Arbeitseinkommen gelöst, da bei jedem Zusatzverdienst netto mehr Geld beim Bürger bleibt.[59]

Bei beiden Modellen wird ein Niveau materieller sozialer Sicherheit etabliert, das weitere Lohnsenkungen bei Niedrigeinkommen verhindern könnte. Durch die ausschließliche Finanzierung der Modelle aus Steuermitteln wird Armut solidarisch von der gesamten Gesellschaft bekämpft und nicht nur über die Beitragszahler zur Sozialversicherung. Grundsicherungsmodelle stellen das Selbstverständnis der gegenwärtigen Gesellschaft in Frage, nach welcher das Recht zu leben unmittelbar mit der Pflicht zu arbeiten erkauft werden muß.[60] Mit einer Grundsicherung wären die Industriegesellschaften des ausgehenden 20. Jahrhunderts in der Lage, die Armut in einem ersten Schritt zumindest aus ihren eigenen Reihen zu verbannen.

Ein Bürgergeld ist sicher nicht von heute auf morgen zu finanzieren. Die Grundsicherung müßte auf sehr niedrigem Niveau beginnen. Doch ist es wichtig, genau wie bei Tobin-Tax oder der Öko-Steuer, schon heute Strukturen zu schaffen, die dann kontinuierlich ausgebaut werden können. Langfristiges Ziel einer sozialen Politik muß das Bürgergeld sein. Die realistischere Alternative ist im Moment jedoch die bedarfsorientierte Grundsicherung, da sie einfacher umzusetzen und auch heute schon finanzierbar wäre.

Es mutet selbst den Autoren seltsam an, in einer Zeit, in der Leistungsfähigkeit mehr als alles zählt und die Schwachen glauben, sie seien an ihrem Schicksal selbst schuld, für eine Grundsicherung für alle zu plädieren. Doch sie ist bitter nötig, um der Armut im Reichtum ein Ende zu setzen. In der neoliberalen Gesellschaft werden Bürger zu Egoisten erzogen; Solidarität und soziale Gerechtigkeit haben keinen Platz mehr. Erst wenn Arbeitslose und Sozialhilfeempfänger nicht mehr den Status von Sozialschmarotzern haben, wenn sie erkennen, daß sie Opfer sind, auf sich aufmerksam machen und auch von der Gesellschaft als

Ausgegrenzte begriffen werden, ist eine sozialere Politik mehrheitsfähig. Und nur so wird unsere demokratische Gesellschaft eine Zukunft haben.

Die Handlungsebenen

Ein Europa für alle

> »So richtig leben können in diesem Europa nur die Hochfinanz, das Spekulantentum, Teile der Exportwirtschaft und Mafiosi.«
>
> *Werner Raith, Korrespondent der ›Tageszeitung‹*[61]

Zwei Weltkriege, die von deutschem Boden ausgingen, verwüsteten Europa. Heute sollen 375 Millionen Menschen aus dem europäischen Kulturkreis demokratisch und solidarisch zusammenleben. Zumindest sollte es so sein. Wie sieht jedoch die Realität aus? Im hochindustrialisierten, wohlhabenden Europa gab es 1997 offiziell fast 18 Millionen Arbeitslose – Tendenz steigend. In Spanien waren 1995 über 50 % der 15–18jährigen arbeitslos, im Osten Deutschlands beträgt in einigen Bundesländern, nach einer von naiver Marktgläubigkeit geprägten Wiedervereinigung, die offizielle Arbeitslosigkeit mehr als 20 %. Wenn heute von »Europa« geredet wird, meint man im allgemeinen den »Euro«, Subventionen für Großbauern oder fragwürdige Einheitsnormen, die ausschließlich der Industrie nutzen, wie die für Traktorensitze oder Apfeldurchmesser. Oberste Priorität hat der gemeinsame Markt. Schon der Versuch, ökologische oder soziale Politik auf nationaler Ebene durchzuführen, wird heute mit dem Hinweis sabotiert, das wäre nach EU-Recht nicht möglich. Eine rein materialistische Integration, wie sie derzeit stattfindet, verdient nicht, so genannt zu werden; sie ist nichts anderes als eine immer tiefere Spaltung zwischen Arm und Reich und sozialer Kahlschlag zur Erreichung der Zahl »3,0«.

Offenbar nutzt dieses Europa vorwiegend den Banken, den Kapitalbesitzern, der Exportwirtschaft und Spekulanten. Daher formiert sich überall in der EU Widerstand gegen ein Europa, in dem das Wohl der Konzerne über dem der Bürger steht. Wen wundert daher, daß neofaschistische und rechtspopulistische Politiker mit »Anti-Europa-Statements« riesige Erfolge verzeichnen können wie in Österreich Haider, in Frankreich Le Pen oder in Italien Berlusconi. Die Schweiz lehnte in einem Referendum den Beitritt zur EU ab (50,3 % votierten mit »Nein« bei 78,3 % Wahlbeteiligung), Dänemark stimmt mit 50,7 % gegen den Maastricht-Vertrag (bei einer Wahlbeteiligung von 82,9 %), Frankreich befürwortet den Vertrag von Maastricht mit knappen 51,05 % der abgegebenen Stimmen bei 70 % Wahlbeteiligung und nach 5900 Tonnen »Propaganda- – pardon – Informationsmaterialien«.[62] England »verweigert« eine Teilnahme am Euro vor dem Jahr 2002.

Demokratische Strukturen ermöglichen Reformen

> »Ich sehe noch den Bonner Innenminister und amtierenden Ratspräsidenten Manfred Kanther vor unserem Innenausschuß sitzen und mit der allerfreundlichsten Miene erklären, daß es einen Entwurf der Europol-Konvention noch gar nicht gibt, obwohl ich das Papier auf Umwegen und dank guter Kontakte in diesem Moment schon in Händen hatte und ihm daraus vorlas…«
>
> *Claudia Roth, Mitglied des Europaparlaments*[63]

Daß in Europa etwas bewegt werden kann, zeigt gerade die Währungsunion. Reformprojekte, die im Rahmen eines vereinten Europa umgesetzt werden können, wie die Tobin-Tax, Öko-Steuern und eine Politik, die auf eine langfristig stabile Gesellschaft setzt, würden die im nationalen Rahmen zu erwartenden positiven sozialen und ökologischen Effekte potenzieren. Die EU-Verträge würden die Verwirklichung von sozialen und ökologischen Zielen auf europäischer Ebene problemlos ermöglichen. Nur sind keine Mehrheiten dafür vorhanden. Das Parlament hätte die Möglichkeit, sogar die Kommission zu blockieren – wozu jedoch ein länder- und parteienübergreifender Konsens vorhanden sein müßte. Das Parlament ist zerstritten, nicht nur die Parteien, sondern vor allem die Länder untereinander, die alle ihre eigenen Interessen vertreten. Das fällt der Öffentlichkeit nicht weiter auf, denn ein europäisches Bewußtsein fehlt – man erkennt es leicht daran, daß sich die Journalisten lieber in Bonn als in Brüssel tummeln.

Im Vertrag von Maastricht heißt es: »Dieser Vertrag stellt eine neue Stufe bei der Verwirklichung einer immer engeren Union der Völker Europas dar, in der die Entscheidungen möglichst bürgernah getroffen werden.«[64] Den Bürgern fehlt jedoch das Interesse an Europa, nicht aber der Industrie, denn 5000 Lobbyisten traktieren täglich die Parlamentarier und Kommissare. Dem stehen kaum mehr als 10 Gewerkschafter gegenüber. Es ist daher nicht verwunderlich, daß die Forderungen der Industrie fast wörtlich als EU-Richtlinien übernommen werden, so etwa in Sachen Gen-Technik. Ein Ausbau der europäischen Arbeitsmarkt- und Sozialpolitik ist jedoch nicht erkennbar.[65]

Das Europäische Parlament ist auch deshalb unfähig, Reformen durchzusetzen, weil es nicht die normalen Gesetzgebungs- und Budgetkompetenzen eines nationalen Parlaments besitzt. Es muß »immer noch darum kämpfen, bei der Regierungskonferenz überhaupt Gehör zu finden, geschweige denn irgendeinen Einfluß zu nehmen«.[66] Europa wird vom Ministerrat und von der Kommission gestaltet, die beide kaum demokratisch legitimiert sind. 80 % aller Entscheidungen fällt der Ministerrat in nichtöffentlichen Sitzungen. »Die Spitzen der nationalen Verwaltungen reisen aus den europäischen Hauptstädten an, erklären sich in Brüssel zur Legislative, schreiben sich ihre eigenen Gesetze, die sie dann, in ihre Länder zurückgekehrt, ausführen – und wenn dort Kritik laut wird, dann erklären sie, daß man gegen den mächtigen Gesetzgeber in Brüssel nichts machen könne.«[67]

Das Demokratiedefizit der Europäischen Union ist offensichtlich. Wenn es den politischen Führern Europas wirklich ernst wäre mit der »Sache Europa«, könnte es behoben werden. Dazu muß das Europäische Parlament mit umfangreichen zusätzlichen Kompetenzen ausgerüstet werden. Als erstes müßte das Parlament die Kommission wählen und kontrollieren. Die Berufung durch die Regierung der Mitgliedsstaaten widerspricht dem Ziel einer europäischen Einigung und war höchstens für eine Übergangszeit akzeptabel. Weiterhin muß auch der Ministerrat einsehen, daß ein vereintes Europa unter Umständen andere Interessen vertritt als eine Ansammlung nationaler Minister. Deshalb kann der Ministerrat (ähnlich dem Bundesrat) höchstens ein Kontrollgremium des Europaparlaments sein.

Und das wäre das langfristige Ziel: Ähnlich dem deutschen Föderalismus könnte das Parlament die Regierung wählen, auf europäischer Ebene eben die »Kommission«, und es würde von den Mitgliedsländern der Gemeinschaft durch den Ministerrat kontrolliert. Es »... läßt sich voraussagen, daß die Umwandlung des Parlaments von einer Beratungs- in eine Entscheidungsinstanz über kurz oder lang eine Europäisierung des Parteiensystems nach sich ziehen würde«.[68] Parteien organisieren sich noch immer rein national, auch das wird sich erst dann ändern, wenn das Europäische Parlament wesentliche Entscheidungsbefugnisse erhält. Wer entmachtet sich schon gern selbst, könnte man fragen, denn die Stärkung des Parlaments bedeutet eine Schwächung der Nationen und nationalen Politiker. Das Modell eines »föderalistischen europäischen Bundesstaates« ist ein Vorschlag unter vielen möglichen.

Eine nach obigem Modell konstruierte Europäische Union wäre auch eine demokratischere. Denn erst wenn sich Parteien und vor allem auch Interessenverbände europaweit organisieren, werden auch die Diskurse in den Ländern europäisiert. Und erst, wenn »Europa« allgegenwärtig ist und sich nicht in Brüssel konzentriert, kann man hoffen, daß nicht nur die Wahlbeteiligung bei Europawahlen steigt, sondern auch ein Verlangen der Bürger nach Reformen auf europäischer Ebene entstehen wird. Denn »ein Parlament ist nur so leistungsfähig wie sein zivilgesellschaftliches Fundament«.[69] Die Fixierung auf den Euro hat die Diskussion um eine Demokratisierung Europas verdrängt. So irreal ein vollwertiges Europäisches Parlament derzeit auch erscheint, für ein sozial und demokratisch geeintes Europa führt kein Weg daran vorbei.

Eine gemeinsame Steuergesetzgebung

Die soziale Abwärtsspirale in Europa ist teilweise bedingt durch sinkende Steuereinnahmen aus dem Unternehmenssektor. Die europäischen Staaaten konkurrieren untereinander um neue Investitionen und Arbeitsplätze und gestalten deshalb ihre »Standorte« so attraktiv wie möglich. Die Unternehmen nutzen die verschiedenen Steuersysteme Europas aus und zahlen Steuern dort, wo sie am niedrigsten sind. Nach einer Umfrage des IFO-Instituts in Deutschland nutzen fast 45 % der Betriebe mit mehr als 500 Beschäftigten Steuervorteile im Ausland.[70] Durch diese Praxis gehen den EU-Finanzministern jedes Jahr Einnahmen von mindestens 100 Mrd. DM verloren.[71] Ein immer geringeres Steueraufkommen aus Unternehmertätigkeit muß durch eine höhere Abgabenbelastung der Arbeitnehmer gegenfinanziert werden, gleichzeitig werden Ausgaben für staatliche Sozialpolitik gekürzt. Deshalb ist das »Stopfen von Steuerschlupflöchern« auf europäischer Ebene durch eine einheitliche Steuergesetzgebung ein wesentlicher Integrationsschritt. Die Unternehmen müssen ihre Gewinne in angemessener Höhe versteuern, um Mitverantwortung für die Gestaltung der europäischen Gesellschaften zu übernehmen. Laut EU-Kommissar Mario Monti, zuständig für Steuerfragen, wäre die Arbeitslosigkeit in den EU-Mitgliedsstaaten ohne den Steuerwettbewerb um 30 % niedriger.[72]

Entwicklungsgefälle in Europa ausgleichen

Nach dem Vertrag von Maastricht hat die Europäische Union die Aufgabe, »dauerhaften wirtschaftlichen und sozialen Fortschritt« zu fördern »durch Stärkung des wirtschaftlichen und sozialen Zusammenhalts«.[73] Statt dessen vergrößert die derzeitige Politik die Unterschiede zwischen Arm und Reich, zwischen städtischen und ländlichen Regionen. »Lissabon boomt, derweil der Alentejo ausblutet; Hamburg lebt auf, während Mecklenburg-Vorpommern verfällt.«[74] Südliche EU-Länder erwirtschaften teilweise nur zwei Drittel des deutschen BIP pro Einwohner, manche Städte Portugals, Spaniens und Griechenlands haben ein BIP pro Kopf von weniger als einem Viertel von dem Hamburgs oder Brüssels. Um die Entwicklungsunterschiede in der EU abzubauen, wurden Strukturfonds eingerichtet. Hierzu gehört der Fonds für regionale Entwicklung, der z. B. Infrastruktur in weniger industrialisierten Regionen aufbauen hilft, der Sozialfonds, der z. B. Gelder zur Existenzgründung oder Umschulung bereitstellt. Als dritter Fonds hat der Agrarfonds die Aufgabe, ländliche Infrastruktur an neue Gegebenheiten anzupassen. Diese Fonds haben denselben Sinn wie der Länderfinanzausgleich, der innerhalb Deutschlands Gelder von »reichen« Bundesländern zu »armen« Bundesländern umschichtet. Die Summen, die in Europa verschoben werden müßten, um einen Ausgleich zwischen den Regionen zu ermöglichen, sind gigantisch. Insgesamt werden derzeit etwa 55 Mrd. DM durch diese Fonds in der EU umverteilt. Doch bestehen Zweifel, ob die jetzige Organisationsform geeignet ist, ein sozial gerechteres Europa zu schaffen. Rund ein Drittel der Gelder fließt nicht in die ärmsten Regionen,[75] sondern wird in Gebiete gelenkt, die von den jeweiligen Ländern selbst versorgt werden könnten. Und die Vergaberichtlinien führen dazu, daß viele der »Töpfe« nicht ausgeschöpft werden können, da die Regionen bei EU-Projekten einen Teil der Kosten selbst tragen müssen – diese Mittel jedoch oft nicht aufbringen können.

Das 70 Mrd. DM schwere Landwirtschaftsbudget der EU hat

die Aufgabe, den Strukturwandel in der Landwirtschaft zu begleiten und entstehende Härten abzufedern – trotzdem sind seit 1980 fünf Millionen Arbeitsplätze in der Landwirtschaft verschwunden. Den Subventionen kommen gewichtige Aufgaben zu, doch führt die Brüsseler Vergabepraxis dazu, daß 80 % der Gelder den profitabelsten Betrieben zufließen, und das sind nur 20 % aller Betriebe. »Den Reibach machen Großagrarier, Kleinbauern und Landarbeiter gehen fast leer aus.«[76]

Das Beispiel Strukturfonds zeigt, daß es in der EU zwar Ansätze zu sozialerer Politik gibt, der Schuß in vielen Fällen aber nach hinten losgeht. Europäische Politik ist wirtschaftlich dominiert und zielt in vielen Fällen auf eine Zementierung bestehender, sozial ungerechter Strukturen. Es wäre beispielsweise einfach, Landwirtschaftsbetrieben nur noch bis zu einer bestimmten Obergrenze an landwirtschaftlicher Nutzfläche, an Großtiereinheiten etc. Zuschüsse zu gewähren, um gezielt eine gesunde, kleinbäuerliche, arbeitsplatzintensive und v. a. ökologische Landwirtschaft zu fördern.

Eine Währungsunion?

> »Wenn Maastricht verwirklicht wird, gehen die europäischen Länder auf einen Abgrund zu. Es ist doch keineswegs rückwärtsgewandt, in dieser Lage umzudrehen. Seit alle versuchen, die Maastricht-Kriterien zu erfüllen, um die Budgetdefizite zu senken, stockt alle andere Kooperation. Das lebendige Europa steht still.«
>
> *Emmanuel Todd, französischer Historiker* [77]

Mit der Verpflichtung zu einem hyperstabilen Euro begeben sich die EU-Länder der Möglichkeit, durch Zins- und Geldmengensteuerung Arbeitsmarktpolitik zu betreiben. »Statt Regierungen könnte man künftig Computer hinstellen, die aus den statistischen Daten die Wirtschaftspolitik errechnen.«[78] Falls die Monetaristen recht haben und es allein um Geldwertstabilität geht, wäre das kein Problem. Doch auch in der ›Zeit‹ liest man: »Ein Großteil der 18 Millionen Arbeitslosen in der EU ist somit gewiß Folge der Entwöhnung vom süßen Gift der Inflation.«[79] Wirtschafts- und Fiskalpolitik muß eben weitergesteckte Ziele haben als nur eine stabile Währung. Einige Politiker mißtrauen mittlerweile der Währungsunion, nur geben sie es selten offen zu. Erinnert sei hier an Oskar Lafontaine, der meinte, die EWU dürfe kein »gesamteuropäisches Rezessionsprogramm« werden.[80] Und davor warnte er schon 1995, lange vor dem Waigelschen »Stabilitätspakt«, der die Teilnehmer an der Gemeinschaftswährung zu rigidem Sparen zwingt. Henning Voscherau (SPD) meinte fast zwei Jahre später: »Der Euro muß nicht 1999 kommen … Eine einheitliche europäische Währung sollte es nur geben, wenn die Vertiefung der demokratischen Union Europas gelingt.«[81] Wäre es den Regierungen Ernst mit einer sozialverträglichen Währungsunion, würden sie jetzt gemeinsam gegen Währungsspekulationen im europäischen Rahmen vorgehen. Durch die Einführung der Tobin-Tax und fixierter Wechselkurse könnten aber heute schon die meisten Vorteile erreicht werden, die mit einer gemeinsamen Währung erzielt werden sollen. Danach könnte man in aller Ruhe beobachten, ob sich die Inflations- und die Produktivitätsentwicklung angleichen und die Wechselkurse über die Jahre keine Korrekturen mehr erfordern.

Neben den rein monetären müssen weitere gesellschaftlich relevante Kriterien für eine Europäische Währungsunion berücksichtigt werden. Zu diesen realen Konvergenzkriterien gehören beispielweise die Arbeitslosenquote, die durchschnittliche Besteuerung von Unternehmen und Privathaushalten oder die durchschnittliche Sozialabgabenquote. Sie zeigen an, ob Länder wirklich »konvergieren«. Eine Währungsunion muß mit einer Vereinheitlichung des Steuer- oder Sozialrechtes einhergehen. Dem wäre oberste Priorität einzuräumen, denn viele EU-Länder betreiben Sozial-Dumping oder sind Steueroasen, profitieren also von den unterschiedlichen wirtschaftlichen Standards. Kurz gesagt, Deutschlands Bürger wollen nicht »absteigen«, die britische Regierung und Industrie wollen ihre Bürger nicht auf deutschem Sozialstandard sehen. Der übereilte Aktivismus, den die Herren aus Brüssel an den Tag legen, läßt doch eher auf enormen Druck von Seiten der Großindustrie schließen, die vom Euro als einzige profitiert. Anstatt der Bürger Europas werden kleine Papierscheinchen geeint.

Deutschland im Alleingang

> »Diese neue Regierung ist notwendig geworden, weil sich die alte, die bisherige Regierung als unfähig erwies, gemeinsam die Arbeitslosigkeit zu bekämpfen, das Netz sozialer Sicherheit zu gewährleisten und die zerrütteten Staatsfinanzen wieder in Ordnung zu bringen.«
>
> *Helmut Kohl in seiner ersten Regierungserklärung, 13. 10. 1982*

Kapitalkontrollen, Öko-Steuern und nachfrageorientierte Sozialpolitik sollten die drei zentralen Reformprojekte der Wirtschaftspolitik in Deutschland sein. Sie sind auf nationaler Ebene durchführbar, denn der Ordnungsrahmen »Deutschland« funktioniert immer noch recht gut, auch wenn wir das Gegenteil davon glauben sollen. Es besteht durchaus die Möglichkeit einer alternativen Wirtschaftspolitik. Genauso wie in den letzten 15 Jahre Wirtschaftspolitik im Zeichen des »schlanken Staates« und von »Sozialabbau« durchgesetzt wurde, können auch andere Prioritäten gesetzt werden.

Was sagt die EU dazu?

Reformvorschläge können in manchen Punkten dem EU-Vertrag widersprechen und damit gegen europäisches Recht verstoßen. Das darf aber kein Hindernis sein. Wer diesen Einwand gelten läßt, dem sind offensichtlich neoliberale Strukturen wichtiger als neue Arbeitsplätze. Die Europäische Union ist derzeit keine Vereinigung zur Förderung der europäischen Idee, sondern eine Veranstaltung von Märkten und Industrien. Wenn ein soziales oder ökologisch ausgerichtetes Gesetz EU-Recht widerspricht, so deutet das darauf hin, daß dieses Gesetz von der herrschenden Markt- und Industrielobby nicht gewollt ist. Reformpolitik muß zwangsläufig mit dem »Europa der Konzerne« in Konflikt geraten.

Sozialpolitik zählt nicht zu den Aufgaben der EU, weshalb die Mitgliedsstaaten in diesem Bereich Gestaltungsfreiheit haben. Für den Themenbereich Ökologie gibt es eine »Schutzverstärkungsklausel«, auch hier können Staaten von anderen abweichende, strengere Gesetze einführen. Probleme gibt es nur, wenn die von den Staaten erlassenen Gesetze gegen Artikel 30 des EG-Vertrags verstoßen. Hier ist geregelt, daß von nationalen Gesetzen keine Wettbewerbsbeschränkungen ausgehen dürfen. Dies muß jedoch mit der »Schutzverstärkungsklausel« und den Besonderheiten eines Staates abgewogen werden, weshalb bei nationalen Alleingängen langwierige Gerichtsverfahren zu erwarten sind. Festzuhalten bleibt, daß Artikel 30 des EG-Vertrages, das zentrale Gesetz der neoliberalen europäischen Marktstruktur, dringend der Korrektur bedarf. Selbst wenn Strafen drohen: Die europäischen Mühlen mahlen langsam. So wurde die von der EG Anfang der 70er Jahre verabschiedete Vogelschutzrichtlinie bis 1990 in Deutschland nicht umgesetzt, im Saarland bis 1997 noch nicht. 24 Jahre nachdem ein EU-Gesetz verabschiedet wurde, konnte auf politischem Weg immer noch verhindert werden, daß es zu einer Zwangsgeldfestsetzung kommt (z. B. 2 Mio. DM pro Tag). Außerdem hätte es selbst bei fälligen Zahlungen keine Vollstreckungsmöglichkeit gegeben.

Wird die Industrie abwandern?

Immer wenn Reformen diskutiert werden, die für die Unternehmer Kostensteigerungen bedeuten, wird protestiert und mit

Standortverlagerung gedroht. Natürlich will der Unternehmer seinen Gewinn maximieren, und es ist sein gutes Recht, sich gegen drohende Kosten zu wehren und alles zu tun, um sie abzuwenden. Die hier vorgeschlagenen Reformen werden jedoch keinesfalls dazu führen, daß die Industrie aus Deutschland abwandert oder Arbeitsplätze vernichtet werden. Weder die Tobin-Tax noch die Öko-Steuer[82] oder eine nachfrageorientierte Wirtschaftspolitik werden, wie bereits dargelegt, die Industrie vertreiben.

Standortwechsel kosten viel Geld, erfordern Anpassung an andere gesellschaftliche und rechtliche Rahmenbedingungen und die Suche nach neuen Arbeitskräften, die zunächst angelernt werden müssen. Der Wechsel ins Ausland bedeutet für den Unternehmer erhebliche Kostenrisiken. Die Drohung mit Standortverlagerung ist daher in vielen Fällen nicht glaubwürdig und nur ein Argument, um die Lohnkosten zu drücken. Die Grenzöffnung nach Osten hat direkte Konkurrenz mit einigen Billiglohnländern wie Tschechien oder Polen gebracht. Aus anfänglicher Euphorie über die billigen Löhne sind viele mittelständische Betriebe 1990 auf die andere Grenzseite gewechselt – um nach einiger Zeit wieder reumütig zurückzukehren. Die Löhne in Deutschland sind zwar höher, aber dafür die Produktivität und weitere Standortfaktoren wesentlich besser als im Ausland. Ausbildung und Flexibilität der Arbeiter, Infrastruktur und Sozialsystem sind wichtige Standortfaktoren und werden in der populistischen Debatte um den Standort Deutschland unterbewertet.

Nachfrageorientierte Politik und Öko-Steuer erhöhen die Produktionskosten für manche Unternehmen, für die Mehrheit der Unternehmen aber sinken sie. Werden die Steuereinnahmen aus diesen Maßnahmen in eine Senkung der Lohnnebenkosten, in Infrastruktur, Bildung, Soziales und Umwelttechnik investiert, nimmt die Attraktivität des Standortes Deutschland zu. Außerdem ist Deutschland mit 80 Millionen Einwohnern der größte Binnenmarkt in Europa, und die Präsenz auf diesem Markt ist ein erheblicher Standortvorteil für Unternehmen.

Der Nutzen von Reformen im Alleingang

Das Argument, es sei nicht möglich, eine alternative Politik im Alleingang durchzusetzen, ist bekannt. Doch der Vorbildcharakter der Reformen und das politische Gewicht Deutschlands in Europa würden Druck auf andere Länder ausüben – Deutschland hätte bald Unterstützung bei der Durchführung seiner Reformen. Die Chancen stehen nicht schlecht, denn die Zeiten des Thatcherismus sind vorbei; die Mehrheit der Regierungen in der EU sind nicht mehr konservativ und nicht grundsätzlich gegen Reformen. Es fehlt nur der Mut und vor allem ein Vorreiter – dieser würde mannigfache Entwicklungsvorteile gegenüber denjenigen Ländern haben, die es nicht wagen, einen so großen Schritt in Richtung Zukunft zu gehen.

- *Beispiel Solarenergie*: Sie wird die Technologie der Zukunft sein, und wer sie zuerst in großem Maßstab fördert, wird auf diesem Gebiet weltweit führend sein. Die Energieversorger wie VEBA, RWE und Bayernwerke werden das natürlich mit aller Macht zu verhindern versuchen: Die Sonne kann jeder anzapfen, und das brächte den Konzernen keinen Profit. Der Mut der Regierungen ist gefordert, nicht nur einige Millionen, sondern viele Mrd. DM in die damit verbundenen Technologien zu investieren. Die staatliche Förderung von Energieerzeugung ist ja längst Realität. Die Erforschung der Kernenergie wurde bislang mit über 40 Mrd. DM staatlich bezuschußt. Die Öko-Steuer würde Solartechnologien marktkonform fördern. Deutschland würde wieder zu einem Standort, an dem die Technologie der Zukunft entwickelt wird und zum Einsatz kommt.
- *Beispiel Bildung*: Wir sind auf dem Weg von der Industrie- zur Wissensgesellschaft. Wissen ist der wichtigste »Rohstoff« der Zukunft, doch wird in Deutschland ein Student, der länger als vier Jahre studiert, bereits als »faul« tituliert, ganz unabhängig von seinen Gründen. Der Anteil von Forschung und Bildung

am BSP in Deutschland sinkt und wird in der EU nur noch von Griechenland und Portugal unterboten. Nur durch milliardenschwere Transfers, vor allem in »alternative« Schulmodelle und in die Grundlagenforschung, wird Deutschland eine führende Rolle in der Welt von morgen einnehmen. Eine breite Fachausbildung ist von unüberschätzbarem Nutzen – aus dieser Perspektive muß auf die Lehrstellenmisere reagiert werden.
- *Beispiel Demokratisierung der Wirtschaft*: Angestellte und Arbeiter, die Mitsprache- und Mitentscheidungsrechte haben, werden Perspektiven entwickeln, die ihnen langfristige Arbeitsplatzsicherheit gewähren und deshalb zu zukunftsfähigen Reformen ermuntern. Banken, Aktionäre und Spekulanten haben überwiegend kurzfristige Profitinteressen und müssen aus Entscheidungsprozessen zurückgedrängt werden.

So, wie das Konzept von einer sozialen Marktwirtschaft in den letzten Jahrzehnten weltweit Vorbild war, kann Deutschland durch den oben beschriebenen alternativen Weg wieder zum Modell eines zukunftsfähigen Standortes werden. Statt im Globalisierungswettlauf hinterherzuhecheln, besteht die Möglichkeit, bei einer alternativen Entwicklung die Führungsrolle zu übernehmen und einen Standort zu schaffen, der das Attribut »zukunftsfähig« auch verdient.

Woher soll das Geld für den Umbau kommen?

Wir schlagen vorwiegend Strukturveränderungen vor und nicht die Finanzierung von Projekten innerhalb bestehender Strukturen. Die fundamentalen Strukturveränderungen – Tobin- und Öko-Steuer – brächten nicht unerhebliche Mehreinnahmen für den Staat. Die Einnahmen aus der Öko-Steuer lägen im zweistelligen Milliardenbereich und sollten – neben einer Entlastung der Sozialversicherungen – zur Förderung des öffentlichen Personenverkehrs und regenerativer Energien wie z. B. der Solartechnologie verwendet werden. Ebenso brächte die Tobin-Steuer einen unbekannten, aber nicht unerheblichen Betrag in die leeren öffentlichen Kassen.

Darüber hinaus würde sich der Staat mehr finanziellen Spielraum schaffen, wenn er sich von der hyperstabilen D-Mark verabschiedet. Die Angst der Deutschen vor Extremen ist berechtigt: Hyperinflation ist schlecht für alle. Das deutsche Volk hat sie nach den beiden Weltkriegen zweimal erleben müssen. In Vergessenheit geraten ist die Tatsache, daß eine rein stabilitätsorientierte Geldpolitik bei Rekordarbeitslosigkeit aber auch alles andere als wünschenswert ist. 1929, während der Weltwirtschaftskrise, gab es ebenfalls hyperstabiles Geld und viele Millionen Arbeitslose. Eine Deflation, also sinkende Preise aufgrund fehlender Nachfrage, erstickte damals die Konjunktur – trotzdem hielt die Reichszentralbank an ihrer Politik des stabilen Geldes fest, was mit zum Untergang der Weimarer Republik beitrug. Staatliche Ausgaben müssen in Krisenzeiten kurzfristig über niedrige Zinsen und durch eine Erhöhung der Geldmenge finanziert werden. Solche Programme wirken wie »Schmieröl« und können schon nach kurzer Zeit wieder eingestellt werden, dann sozusagen, wenn der Motor läuft.

Es gibt viele mögliche Geldquellen für die Reformen:

- Unternehmen und Besserverdiener müssen nicht höher besteuert werden, es reicht, die Sonderregelungen im Steuerrecht zu streichen. In einem ersten Schritt muß das amerikanische Bilanzierungssystem auch in Deutschland angewendet werden. Zentraler Angriffspunkt ist hier die Praxis der Unternehmen, »stille Reserven« zu bilden, was steuerfreie Rückstellungen in Milliardenhöhe ermöglicht, wie z. B. bei Daimler in Höhe von 11 Mrd. DM.[83]
- Für eine kurzfristige Geldspritze wäre es möglich, den ökonomisch sinnlosen Goldvorrat der Bundesbank, der einen Marktwert von etwa 60 Mrd. DM hat, stufenweise abzubauen.[84]
- Das IFO-Institut stellte 1993 fest, daß durch ökologisch kontraproduktive Regelungen dem Staat jährlich Steuereinbußen

von 63 Mrd. DM entstehen, vor allem durch das Mineralölsteuergesetz, das z. B. Flugbenzin von der Steuer befreit.

Druck von unten

»Nichts ist schwerer und nichts erfordert mehr Charakter, als sich im offenen Gegensatz zu seiner Zeit zu befinden und laut zu sagen: ›Nein!‹«

Kurt Tucholsky

Wir hoffen, es gelang uns darzustellen, daß extreme Ungleichverteilung der Reichtümer, Rekordarbeitslosigkeit und Umweltzerstörung keine zwangsläufigen Entwicklungen sind, sondern daß realistische Alternativen existieren. Aber allein das Wissen um die Gefahren der Globalisierung und um die »Lügen« neoliberaler Wirtschaftspolitik setzt noch keine Reformen durch. Solange die Politik nicht den Eindruck gewinnt, daß die Bevölkerung keinen »Hurra-Kapitalismus«, sondern eine stabile und soziale Gesellschaft will, werden sich auch die Prioritäten in der Politik nicht ändern.

Wenn man als einzelner etwas gegen das neoliberale Globalisierungsmodell unternehmen will, so kommt man nicht darum herum, sich zu organisieren. Es gibt Parteien, Gewerkschaften, Bürgerinitiativen, soziale Initiativen oder Vereine, die für Reformen eintreten und gegen diese Form der Globalisierung kämpfen. Die Schlagkraft aller dieser Organisationen hängt von ihrem Mitgliederbestand, ihrer finanziellen Ausstattung und vor allem von dem Engagement ihrer Mitglieder ab. Je mehr Menschen aktiv sind, desto effektiver werden sie. In der Bundesrepublik mußten höhere Löhne und Sozialleistungen sowie eine gerechtere Einkommensverteilung selbst in den Wirtschaftswunderjahren stets erkämpft werden. In einer Marktwirtschaft werden Reiche automatisch immer reicher, sie müssen sich nicht dafür engagieren. Teilen werden sie den »Kuchen« nur, wenn sie dazu gezwungen werden.

Heute sind die Rahmenbedingungen für »Druck von unten« geradezu traumhaft, verglichen mit den Schwierigkeiten, mit denen die Arbeiterbewegung des vorigen Jahrhunderts zu kämpfen hatte, die unter ärmlichsten Bedingungen, unter ständiger Gefahr für Leib und Leben aus dem Nichts Parteien und Gewerkschaften aufbauen mußte. Aber sie hatte Erfolg, und wir zehren noch heute von den Rechten, die sie für uns erkämpft hat. Politiker werden erst umdenken, wenn die Bevölkerung Reformen einklagt. Was Engagement und massenhafter Bürgerprotest bewegen können, zeigt das Beispiel deutsche Einheit. Erst unter dem Druck der Straße begann das starre Regime über strukturelle Reformen nachzudenken. Doch das Politbüro bewegte sich zu spät, der real existierende Sozialismus ging an seiner Reformunfähigkeit zugrunde.

Fatal ist, daß gerade diejenigen, die am stärksten unter sozialen Ungerechtigkeiten leiden und eigentlich am lautesten protestieren müßten, keine Stimme haben. Scham und das Gefühl, nutzlos oder wertlos zu sein, verhindern jede Initiative und jedes Aufbegehren. Den immer mächtigeren Konzernen stehen immer apathischere, sozial ausgegrenzte Menschen gegenüber. Ihre Zahl wächst, und trotzdem werden sie schwächer, ihre Stimmen immer leiser. »Sie werden dazu gebracht, sich als der Gesellschaft unwürdig zu betrachten, vor allem aber als verantwortlich für ihre Situation, die sie als erniedrigend und sogar verwerflich ansehen. So beschuldigen sie sich selbst einer Sache, deren Opfer sie doch sind. Sie urteilen über sich mit dem Blick derer, die über sie urteilen ...«[85]

Gleichzeitig nimmt die Angst, eines Tages zu der Gruppe der Ausgestoßenen zu gehören, auch bei denen zu, die heute noch einen Arbeitsplatz besitzen. Ängstlich klammern sie sich an die Logik neoliberaler Wirtschaftspolitik. Fast jeder soziale Einschnitt wird akzeptiert, in der Hoffnung, daß der eigene Arbeitsplatz erhalten bleibt. So wird ein Großteil der Arbeitnehmerschaft ruhiggestellt, Sozialabbau vorangetrieben und die Schlagkraft der Gewerkschaften geschwächt. Zuerst erkannten Arbeitslose in

Frankreich daß ihnen dieses Denken die Kraft raubt, die sie bräuchten, um sich gegen die wahren Verantwortlichen ihrer Misere zu wenden. Erst dadurch regte sich Protest, wurden Arbeitslosigkeit und Armut sichtbare Probleme, mit denen sich die Politik ernsthaft auseinandersetzen muß.

Auch in der Bundesrepublik versuchen seit dem Frühjahr 1998, Arbeitslose auf ihre Lage aufmerksam zu machen. Sie organisierten sich in Initiativen, die jeden Monat bei der Bekanntgabe der Arbeitslosenzahlen zu einem landesweiten Protest aufrufen.

Gewerkschaften: Die Lobby gegen den Neoliberalismus

> »So mancher Manager … träumt von einer neuen Arbeiterbewegung, die ihm die Entscheidung abnimmt!«
>
> *Jeremy Rifkin*[86]

Ohne Gewerkschaften gäbe es weder reguläre Arbeitszeiten mit weniger als 40 Stunden pro Woche noch das bisher erreichte Lohnniveau noch bezahlten Urlaub. Nur die Gewerkschaften machen den Unternehmern ihre Profite streitig. Und wenn die Kraft der Gewerkschaft schwindet, steigt der Gewinn der Unternehmer – wie das Absinken der Lohnquote zwischen 1982 und 1997 zeigt.

Welche Konsequenzen geschwächte Gewerkschaften haben, läßt sich an den USA und Großbritannien erkennen: sinkende Löhne und eine wachsende Spaltung zwischen Arm und Reich. Doch völlig von der Bildfläche sind sie auch dort nicht verschwunden: »Der größte US-Arbeitskampf seit 25 Jahren«[87] wurde möglich, weil unabgesicherte, schlechtbezahlte Teilzeitjobs auch in den USA nicht beliebt sind. Da bei dem Paketdienst UPS von 46 000 neugeschaffenen Jobs 38 000 Teilzeitstellen waren, streikten fast 200 000 Menschen über zwei Wochen erfolgreich für sozial abgesicherte Beschäftigungsverhältnisse und einen besseren Tarifvertrag. Der Konzern, der Umsatzeinbußen von 600 Mio. US-Dollar pro Streiktag hinnehmen mußte, sagte die Schaffung von 10 000 Vollzeitarbeitsplätzen zu, der Stundenlohn steigt über die 5jährige Laufzeit des Tarifvertrages von 20 auf 23 Dollar für Festangestellte und um 37 % für die Teilzeitbeschäftigten, die bis zum Streik 11 Dollar die Stunde erhielten.[88]

Die Gewerkschaften sind auch in Deutschland nicht tot. Das zeigte die Demonstration im Sommer 1996, als 300 000 Gewerkschaftsmitglieder in Bonn gegen die Sparpläne der Regierung demonstrierten. In Frankreich fand »der erste Aufstand gegen die Globalisierung«[89] im Dezember 1995 statt. Damals gingen die Angestellten des öffentlichen Dienstes auf die Straße. Auslöser waren radikale Einschnitte in das französische Sozialsystem, um die Maastrichter Konvergenzkriterien für den Euro erfüllen zu können. Nach einer Umfrage sprachen sich 80 % der Franzosen gegen die Sparpläne aus,[90] man solidarisierte sich und ging gemeinsam auf die Straße.

Doch den Gewerkschaften fällt es immer schwerer, Arbeitnehmerinteressen zu vertreten, stellen sie sich doch mit ihren Forderungen nach mehr Lohn und Arbeitszeitverkürzung gegen den Zeitgeist. Das tägliche Bombardement mit neoliberalen Glaubenssätzen zeigt Wirkung. Daß die Beschäftigten heute auf Reallohnerhöhungen verzichten müssen, glaubt selbst der DGB-Vorsitzende Schulte. Das sei »beschäftigungspolitisch richtig und bleibt notwendig«.[91] So ist es nicht verwunderlich, wenn mittlerweile auch viele Arbeitnehmer daran glauben, daß die Löhne in Deutschland zu hoch sind oder daß Lohnverzicht Arbeitsplätze sichert.

Immer mehr Arbeitnehmer verzichten freiwillig oder gezwungenermaßen auf eine sozialversicherungspflichtige Anstellung und machen sich unter Beibehaltung ihres alten Jobs selbständig. Schließlich hat eine scheinselbständige Sekretärin die Möglichkeit, ihr Bruttoeinkommen fast zu verdoppeln, wenn sie keine Sozialversicherungsbeiträge mehr bezahlt. Ein abhängiger Freiberufler erhält vom Chef eine nicht unerhebliche Lohnzulage, da jetzt Lohnfortzahlung im Krankheitsfall und jeglicher Kündigungsschutz wegfallen. Diese neuen Selbständigen werden sich in keiner Gewerkschaft organisieren. Rente, Krankheit und Arbeitslosigkeit werden zur Privatsache, und Beiträge zur Unterstützung von Bedürftigen werden nicht mehr geleistet. Die Schwächung der Gewerkschaften und der Solidargemeinschaft wird hinter den Schlagwörtern von mehr Eigenverantwortung und Flexibilität versteckt. Solidarität wird zum Fremdwort.

Je globaler Unternehmen operieren, desto globaler müßten auch die Gewerkschaften agieren. Wo immer aufstrebende Industrienationen entstehen, muß diese Entwicklung von einer Organisation der Arbeiterschaft begleitet sein, damit am zunehmenden Wohlstand die Gesamtbevölkerung teilhaben kann. Die Gewerkschaften müssen sich so schnell wie möglich europäisieren, da die industriellen Verflechtungen immer weiter fortschreiten. Erste Ansätze hierzu sind zu erkennen. Im Februar 1997 kündigte Renault die Schließung eines Werkes in Belgien an, wovon der Betriebsrat von der Konzernleitung nicht vorab informiert wurde – ein klarer Rechtsbruch.[92] Doch Renault hatte sich verrechnet, die Renault-Beschäftigten in Frankreich und Spanien gingen für ihre Kollegen in Belgien auf die Straße, und das, obwohl ihnen die Werkschließung zugute gekommen wäre, würden doch die eigenen Arbeitsplätze durch den Abbau von Produktionskapazitäten sicherer.

Starke Gewerkschaften sind die Grundvoraussetzung für eine solidarische Verteilung erwirtschafteter Reichtümer. Stärken kann sie jeder, ob durch Engagement oder durch schlichte Mitgliedschaft, wobei von sozial Schwächeren und Arbeitslosen nur minimale Beiträge erhoben werden. Die Drohung mit dem Arbeitskampf ist ein unverzichtbares Druckmittel, welches die soziale Marktwirtschaft der letzten 50 Jahre überhaupt erst möglich gemacht hat. Doch wirkt die Drohung nur glaubhaft, wenn die Gewerkschaft auch über eine gefüllte Streikkasse verfügt und die entsprechenden Mitgliederzahlen aufzuweisen hat. Manchmal mußte gestreikt werden, meist aber war ein Streik nicht erforderlich.

Exkurs: Das Wesen der Flächentarife

Drei Standbeine haben unsere Gewerkschaften: Streikrecht, Tarifautonomie und das Prinzip der Flächentarifverträge. Während die Garantie des Streikrechts keiner Erläuterung bedarf und Tarifautonomie schlicht bedeutet, daß sich der Staat nicht in die Lohnverhandlungen einmischen darf, geht es bei Flächentarifen darum, nicht nur einzelne Betriebe, sondern ganze Industriebranchen auf von den Gewerkschaften ausgehandelte Arbeitsverträge zu verpflichten. Das ist ein wesentlicher Machtfaktor für die Gewerkschaften in Deutschland. Zukünftig sollen, auch nach dem Willen von DGB-Chef Dieter Schulte,[93] Tarifverträge flexibler gehandhabt und mit »Öffnungsklauseln« versehen werden. Ausgehend von einem (möglichst dünnen?) Manteltarifvertrag soll der Betriebsrat für seinen Betrieb einen eigenen Tarifvertrag aushandeln können.

Bislang lag das Hauptaugenmerk der Republik auf Tarifverhandlungen, die ganze Branchen gleichzeitig betrafen. Durch die hohe Zahl betroffener Menschen wird das von den Medien aufmerksam verfolgt. Wenn in einem Rahmentarifvertrag nur noch soziale Mindeststandards festgelegt werden, die über Jahre konstant bleiben, und wesentliche Festlegungen in betriebseigene Verträge verschoben werden, wird das öffentliche Interesse verlorengehen. Ob Arbeitszeiten, Urlaubs- und Gehaltsansprüche, Freizeitausgleich etc., ein einzelner Betriebsrat hat niemals die Möglichkeit, eine größere Öffentlichkeit als die am Standort des Betriebes zu erreichen, weshalb er sich der Sachzwang-Rhetorik der Unternehmer beugen muß – weit stärker, als es die Gewerkschaften ohnehin schon tun.

Olaf Henkel, Chef des Bundesverbandes der Deutschen Industrie (BDI), ließ im Dezember 1996 verlauten: »Man muß auch den Betriebsräten die Gelegenheit geben, unabhängig von Flächentarifverträgen Abschlüsse mit ihren eigenen Betriebsleitungen zu machen. Diese gesetzliche Möglichkeit haben sie heute nicht.«[94] So formuliert klingt die Entmachtung der Gewerkschaften doch gleich viel positiver, es klingt vielmehr nach: »Die Gewerkschaften blockieren die Betriebsräte.« Im selben Atemzug moniert Henkel auch die zu große Macht der Gewerkschaften, nur: Wann ist die Macht der Gewerkschaften für einen Unternehmer je zu klein gewesen?

Die Demokratisierung der Gesellschaft

Die Weiterentwicklung demokratischer Strukturen ist zentrale Aufgabe unserer Zeit. Momentan wird Mitbestimmung durch die Bürger vorwiegend von der Politik und der Industrie als störend empfunden. Wann immer die Wirtschaft betroffen ist, ist die Meinung der Bürger nicht gefragt, wie das Beispiel der Beschleunigungsgesetze bei Genehmigungsverfahren eindringlich zeigt.

Basisdemokratische Strukturen sind bestens dazu geeignet, den Gedanken »Wir können sowieso nichts tun« aus den Köpfen der Menschen zu verbannen. Demokratisierung zu fordern und zu unterstützen ist auf vielen Ebenen möglich. So existiert z. B. ein Verein, der sich zum Ziel gesetzt hat, Bürgerentscheide auch deutschlandweit durchzusetzen. Damit sollen wichtige Entscheidungen, wie der Vertrag von Maastricht oder die Einführung des Euro, auch über Volksentscheide gefällt werden können.

Selbsterhaltende Strukturen schaffen

Menschen immer und immer wieder davon zu überzeugen, ihr Auto stehen zu lassen und mit Bahn, Bus oder Fahrrad zu fahren, ist eine anstrengende Sache. Warum sollte man auf sein Auto verzichten, wenn es in der Garage steht? Erst wenn jemand sein Auto verkauft, hat sich das Problem erledigt – zwangsläufig wird auf öffentliche Verkehrsmittel oder das Fahrrad zurückgegriffen. In unserer Gesellschaft ist man oft auf ein Auto angewiesen, es ist ein Statussymbol, und Auto fahren macht sicher auch Spaß. Nur wenige werden deshalb von sich aus ganz auf ihr Auto verzichten. Ziel ökologischen Engagements muß es daher sein, eine Struktur zu schaffen, in der Autofahrer von sich aus ökologisch sinnvolle Verkehrsmittel wählen und gleichzeitig immer noch auf ein Auto zurückgreifen können.

Das Beispiel »Mehr Demokratie in Bayern«

Wo immer man Menschen Gestaltungsraum läßt, sie nutzen ihn: Durch einen bayernweiten Volksentscheid – Volksentscheide sind sehr selten, da extrem hohe Hürden die Zulassung erschweren – wurde 1996 der kommunale Bürgerentscheid durch die Bürgerinitiative »Mehr Demokratie in Bayern« durchgesetzt. Seitdem gab es eine Vielzahl von Bürgerbefragungen zu diversen kommunalen Themen. In Regensburg initiierte die Bürgerinitiative »Sperrung der Steinernen Brücke« ein Bürgerbegehren, um die älteste erhaltene Steinbrücke Europas für den Autoverkehr zu sperren – mit Erfolg. Die Debatte wurde nüchtern, engagiert, manchmal emotional geführt, Gewinner war die »autofreie« Brücke und vor allem die Demokratie: Die Menschen wurden für ihr Engagement im öffentlichen Raum belohnt. Ob es die Aktivisten waren, die den Stein ins Rollen brachten, oder die Menschen, die nicht umsonst irgendeine Unterschrift leisteten, sie wurden ermutigt, sich einzumischen.
Kritiker behaupten, daß Bürgerentscheide mit geringer Wahlbeteiligung eine Politik ermöglichen, die sich gegen die Bevölkerungsmehrheit richtet. Das sei eine Gefahr für die Demokratie. An einer Wahlbeteiligung, die zwischen 15 und 90 % schwankt, läßt sich jedoch nur ablesen, wie hoch das Interesse an einem ganz bestimmten Volksentscheid ist, und nicht das Interesse an Demokratie im allgemeinen. Denn die Wahlbeteiligungen schwanken breit, so sind in kleineren Gemeinden Wahlbeteiligungen bis zu 80% möglich, in großen Städten interessieren sich weit weniger Bürger für kommunale Anliegen. Das ist eher ein Problem der Verbundenheit mit einer Stadt, aber keines der Demokratie.

Eigendynamische Strukturen zu unterstützen und Menschen zu deren Benutzung zu überreden ist wesentlich effektiver als die Bevölkerung immer wieder davon überzeugen zu müssen, daß ökologisches Handeln sinnvoll ist, weil der Impuls dazu nur für kurze Zeit ein anderes Verhalten bewirkt. Es gibt jedoch genug Beispiele für geringfügig veränderte Lebensgewohnheiten, die zu nachhaltigen Strukturveränderungen führen :

1. *Das »Autofahrer-Dilemma«* kann mittels »Car-sharing« (Auto-Teilen) gelöst werden: Mehrere Personen schließen sich (z. B. zu einem Verein) zusammen, um Autos gemeinschaftlich zu nutzen. Das bedeutet keine Einschränkung der Mobilität, sondern eine bessere Nutzung des Autos, verbringen doch die »teuren Geschosse« 95 % ihrer Lebensdauer damit, parkend vor sich hin zu rosten. Die Struktur »Car-sharing« zwingt automatisch zu einem vernünftigen Autogebrauch und ist obendrein für durchschnittliche Autobenutzer billiger als ein eigenes Auto. Mittlerweile gibt es in allen größeren Städten die Möglichkeit zum »Auto-teilen«, und sogar auf dem Land findet die Idee immer mehr Anhänger. Wer einmal sein Auto verkauft hat und sich den PKW mit anderen teilt, muß nicht mehr ständig zur Benutzung öffentlicher Verkehrsmittel überredet werden.
2. *Der Bio-Bauernhof*: Besser als Leute immer und immer wieder zu ermutigen, ökologische Lebensmittel zu kaufen, ist es, Landwirte davon zu überzeugen, ihren Hof auf ökologische Landwirtschaft umzustellen. Damit schafft man Multiplikatoren, die von sich aus diese Struktur erhalten wollen und für ihre Produkte werben werden. Das erfordert natürlich auch eine parallele staatliche Unterstützung dieser Bauernhöfe.
3. *Mitbestimmung der Arbeitnehmer*: Ein Unternehmen wird auf lange Sicht davon profitieren, wenn es die Belegschaft mitentscheiden läßt. Die Mitarbeiter haben keine kurzfristigen Profitinteressen, sondern sind an langfristiger Arbeitsplatzsicherheit interessiert. Also umgeht man das permanente Problem kurzfristiger Profitmaximierung, indem man mehr Mitbestimmungs- und Entscheidungsrechte der Angestellten bzw. des Betriebsrates einfordert. Die Motivation von Mitarbeitern trägt zum Erfolg des Unternehmens bei. Demokratische Strukturen führen dazu, daß Probleme frühzeitig erkannt werden, Mitspracherechte helfen diese zu lösen.

Wider das falsche gute Gewissen

An den fatalen Folgen einer Klimaveränderung zweifelt kein ernstzunehmender, unabhängiger Wissenschaftler. Doch abstrakte Umweltprobleme sind konkreteren gesellschaftlichen Problemen gewichen. Auch hebt die wiederholte Darstellung immer gleicher Sachverhalte durch die Medien nicht deren Attraktivität, egal wie wichtig sie sind. Wenn mittlerweile der Leser darum gebeten wird, sich ökologisch vernünftig zu verhalten, so klingt das schon wieder nach »immer der gleichen Leier«. Doch nur wenn sich unsere Einstellung zu Mobilität und Geschwindigkeit einschneidend ändert, können ökologische Probleme gelöst werden. Hier hat der »individuelle Handlungsrahmen« seine Bewährungsprobe. Akzeptiert der Leser diese Argumente und versucht dann tatsächlich, in seinen Sachzwängen Handlungsalternativen für sich zu orten, so kann er in der Regel nicht umhin, die Funktionsweisen und Grundlagen dieser Gesellschaft zu kritisieren. Aber der Homo sapiens sapiens ist ein erstaunliches Wesen: Er bemerkt nicht, daß er widersprüchliche Informationen aufnimmt und stets die ihm genehmere abruft. Markantes Beispiel ist das reine Gewissen der Menschen, die Energiesparlampen benutzen oder ihren Müll fein säuberlich trennen, die noch immer Joghurtbecher abwaschen und sammeln und meinen, damit der Umwelt entscheidend geholfen zu haben – um dann in den wohlverdienten Urlaub nach Miami zu fliegen. Die Energie, die ein Flug in die USA und zurück pro Fluggast verbraucht, ist so groß wie die Energie, die eine 60-Watt-Glühbirne verbraucht, wenn sie 400 Jahre durchgehend leuchtet.

Ein 13stündiger Flug schadet der Umwelt soviel wie 4 ½ Jahre durchschnittliches Autofahren. Will man das Auto so nutzen, daß es das Klima nicht aufheizt, darf man höchstens 1500 Kilometer pro Jahr fahren – weniger als ein Zehntel des deutschen Durchschnitts. Mülltrennen oder Energiesparlampen zu kaufen ist nur dann sinnvoll, wenn der eigene Energieverbrauch durch die individuelle Mobilität nicht um Größenordnungen über den so erreichten Energieeinsparungen liegt. Wir verhalten uns wie jemand, der sich über jeden gesparten Groschen freut, die großen Scheine aber aus dem Fenster wirft. Nun könnte man sagen: »Ja, aber es ist doch immerhin etwas.« Falsch! Es ist gerade deshalb nichts, weil sich Menschen auf diese Art ein reines Gewissen durch – aus ökologischer Gesamtperspektive – lächerliche Kleinigkeiten erkaufen – und eine wirkliche Umorientierung damit ausbleibt. So werden keine Strukturen verändert und der Umwelt mehr geschadet als genutzt. Wir raten also all denen, die Flugreisen oder – trotz zumutbarer umweltverträglicher Alternativen – regelmäßige Autobenutzung für eine Selbstverständlichkeit halten, auf pseudoökologisches Verhalten zu verzichten. Das gute Gewissen ist in diesem Fall Selbstbetrug.

Die zentralen ökologischen Probleme werden durch immer längere Wege verursacht, die Waren und Menschen zurücklegen wollen oder müssen. Mobilität ist der entscheidende Faktor – einmal mehr: Zur Kapitalmobilität und Warenmobilität kommt als zentrales Problem des ausgehenden 20. Jahrhunderts die individuelle Mobilität. Wir leben in einer Gesellschaft, die Mobilität zu einem ihrer Götter erklärt hat. Erst wenn dieses Grundübel ernsthaft hinterfragt wird, werden wir der »Globalisierungsfalle« entrinnen können.[95]

Fazit

»Eine Organisierungswelle schwappt durch den Bundesstaat Chiapas, an die mancher ›Solidaritäts‹-Funktionär nur in seinen kühnsten Träumen zu denken gewagt hätte. Ethnologen und Anthropologen haben stets behauptet, daß ein solcher Organisationsgrad Jahrzehnte an Animations- und Überzeugungsarbeit erfordern würde. Innerhalb weniger Wochen wurde ein ›Rat der Indianer- und Bauernorganisationen in Chiapas‹ gebildet, in dem annähernd 300 Gruppen – ethnische, kommunale, genossenschaftliche, kulturelle und soziale Organisationen – vertreten sind ... Durch viele Rathäuser des Bundesstaates weht ein völlig neuer Wind ...«[96]

Wie erwähnt, ging der Aufstand in Chiapas der Mexikokrise voraus. Es war ein blutiger Aufstand, der die Aufmerksamkeit der Welt auf die Ärmsten lenkte, ein Ereignis, das offenbarte, daß Marktwirtschaft allein weder Wohlstand noch Gerechtigkeit schafft. Die Einsicht, daß man nicht hilflos ist, kann sich offenbar ziemlich schnell einstellen. Warum sollten wir warten, bis sich Spannungen militant entladen? Es wäre der industrialisierten westlichen Welt angemessener, auf demokratischer Ebene die gerechte Verteilung der Güter zwischen allen Menschen dieser Welt voranzutreiben, anstatt repressiv Besitzstände zu verteidigen.

Es gibt Alternativen, nur fehlt der Wille, sie zu realisieren. Deshalb ist »Druck von unten« nötig. Es gibt viele Betätigungsfelder im öffentlichen Raum, in denen jeder einen Beitrag dazu leisten kann, die neoliberale Ideologie als solche zu entlarven und damit einem menschenfreundlichen Denken und sozialen und ökologischen Strukturen den Weg zu bereiten.

Anmerkungen

Anmerkungen zu
I. Das Zeitalter der Globalisierung

1 Die Gruppe von Lissabon, S. 53
2 Zeitpunkte, Nr. 1/97
3 Altvater/Mahnkopf, S. 19
4 J. Espenhorst: Zeit der Wohlstandswende, in: Aus Politik und Zeitgeschehen, Beilage zur Wochenzeitung Das Parlament 3-4/96
5 Die Zeit, 28. 3. 97
6 Sparkassenpräsident Horst Köhler, zit. aus Institut für sozial-ökologische Wirtschaftsforschung Nr. 26, S. 1
7 FAZ, 8. 7. 97
8 Die Zeit, 28. 3. 97
9 Jörg Becker/Daniel Salamanca: Globalisierung, elektronische Netze und Export von Arbeit, in: Aus Politik und Zeitgeschehen. Beilage zur Wochenzeitung Das Parlament, B 42/97
10 Zeitmagazin, Nr. 7, März 97
11 Der Spiegel, Nr. 50/96
12 Martin/Schumann, S. 79
13 Institut für sozial-ökologische Wirtschaftsforschung, Nr. 20
14 Vgl. Krisztina Koenen sowie Martin/Schumann
15 taz, 20. 5. 94
16 SZ, Nr. 46/96
17 FAZ, 8. 7. 97
18 Institut für sozial-ökologische Wirtschaftsforschung, Nr. 17, S. 6
19 Spiegel Spezial ›Die Erde‹, 1993
20 FAZ, 8. 7. 97
21 ebd.
22 Die Zeit, 19. 9. 97
23 SZ, 4. 4. 97
24 taz, 7. 6. 96
25 Schrägstrich, Nr. 9/10/97
26 taz, 22. 7. 97
27 FAZ, 8. 7. 97
28 Wirtschaftswoche, 11. 12. 97 und taz, 9. 12. 97
29 Altvater/Mahnkopf, S. 208
30 ebd., S. 205
31 Gerald Boxberger: Sozialpolitik und Transformationsprozesse, Frankfurt am Main, 1997
32 Altvater/Mahnkopf, S. 179
33 ebd., S. 180
34 Michel Camdessus, Chef des IWF, in: Altvater/Mahnkopf, S. 160

35 Ulrich Mercker: Mexiko zwischen Angst und Hoffnung, Blätter für deutsche und internationale Politik, Nr. 5/94, S. 587
36 ebd., S. 591
37 Altvater/Mahnkopf, S. 191
38 ebd., S. 179
39 Martin/Schumann, S. 65
40 ebd., S. 65
41 ebd., S. 66
42 ebd., S. 67
43 Blätter für deutsche und internationale Politik 4/95, Rainer Falk: Neue Regeln für die Weltwirtschaft, S. 432, Zitate von Andrew Crocket, Ex-Weltbankchef
44 Fischer Weltalmanach 1997
45 ebd.
46 Altvater/Mahnkopf, S. 484
47 ebd., S. 485
48 Martin/Schumann, S. 70
49 Le Monde Diplomatique, Nr. 02/98
50 DIW Wochenbericht, Nr. 01/98
51 Le Monde Diplomatique, Nr. 02/98
52 ebd.
53 Blätter für deutsche und internationale Politik, Nr. 01/98
54 Vortrag von Dr. Paul Struk, Direktor Deutsch-Thailändische Handelskammer, Bangkok
55 DIW-Wochenbericht, Nr. 01/98
56 SZ, 10. 10. 97
57 taz, 9. 12. 97, Le Monde Diplomatique, Nr. 02/98
58 FAZ, 24. 1. 98
59 taz, 4. 2. und 16. 2. 98
60 Frankfurter Rundschau, 21. 1. 98, taz, 5. 1. 98
61 Le Monde Diplomatique, Nr. 01/98
62 FAZ, 10. 1. 98
63 Wirtschaftwoche, 11. 12. 97
64 taz, 14. 1. 98
65 DIW Wochenbericht, Nr. 01/98
66 nach Georg Soros um 20–25%, in: Die Zeit, 15. 1. 98
67 So die konservative US-amerikanische Denkfabrik »Heritage-Foundation«, FAZ, 10. 1. 98
68 taz, 13. 2. 97 und Le Monde Diplomatique, Nr. 02/98
69 FAZ, 10. 1. 98
70 nach Michel Camdessus, geschäftsführender Direktor des IWF

Anmerkungen zu
II. Die 10 Globalisierungslügen

1 Hardes u. a. 1995
2 ebd.
3 SZ, 22. 9. 97
4 Wirtschaftswoche, Nr. 52/93
5 taz, 16. 10. 97
6 Le Monde Diplomatique, Nr. 02/98. Weitere Informationen über das MAI-Abkommen sind auch dem englischen Originaltext sowie der taz vom 31. 1. 98 entnommen.
7 29 Mitglieder, darunter die reichen Industriestaaten wie z. B. Deutschland und die USA
8 Le Monde Diplomatique, Nr. 02/98
9 ebd.
10 Gruppe von Lissabon, S. 24
11 Das Parlament, 8./15. August 97
12 SZ, 29. 8. 97
13 taz, 22. 9. 97
14 Die Zeit, 30. 5. 97
15 ebd., 5. 11. 97
16 Der Spiegel, Nr. 41/97
17 taz, 3. 9. 97
18 Volker Offermann: Sozialhilfe versus Bürgergeld, in: Arbeit und Sozialpolitik, Nr. 5–6/97, S. 31 ff.
19 SZ, 17/18. 1. 97
20 Statistisches Jahrbuch 1997
21 Faust, Nr. 3/97
22 taz, 3. 9. 97
23 in seiner Laudatio auf den Träger des Friedenspreises des Deutschen Buchhandels 1997, Yasar Kemal
24 taz, 3. 9. 97
25 aus: Lampert: Lehrbuch der Sozialpolitik, Berlin 1994
26 Nürnberger Institut für Arbeitsmarkt- und Berufsforschung, in: Wochenschau, Nr. 1/97
27 taz, 8. 10. 97
28 Institut für sozial-ökologische Wirtschaftsforschung, Nr. 25, S. 23, Zahlen von WSI und Statistisches Bundesamt
29 Basisjahr 1983, Nettolohnquote aus »Nettolohn- und Gehaltssumme«, Statistische Jahrbücher
30 Le Monde Diplomatique, 14. 2. 97
31 taz, 30. 5. 96
32 Institut für sozial-ökologische Wirtschaftsforschung, Nr. 20, S. 9
33 taz, 30. 5. 96

34 ebd.
35 ebd., 3. 9. 97
36 SZ, 15. 2. 96
37 Memorandum 97, S. 74
38 SZ, 15. 3. 96
39 in: ZeitPunkte, Nr. 01/97
40 Thema Europa – Die europäische Sozialpolitik, herausgegeben von den SPD-Abgeordneten im Europäischen Parlament, September 1996
41 Focus, Nr. 38/97, S. 40/41
42 Gerald Boxberger: Sozialpolitik und Transformationsprozesse, Frankfurt am Main 1997
43 SZ, 9. 12. 92
44 Institut für sozial-ökologische Wirtschaftsforschung, Nr. 25
45 Martin/Schumann, S. 180
46 FAZ, 8. 7. 97, Die 100 größten Unternehmen
47 Martin/Schumann, S. 181
48 FAZ, 8. 7. 97, Die 100 größten Unternehmen
49 ebd.
50 ebd.
51 Mittelbayerische Zeitung, 18. 12. 96
52 Der Spiegel, Nr. 12/97
53 FAZ, 8. 7. 97, Die 100 größten Unternehmen
54 Martin/Schumann, S. 149
55 Der Spiegel, Nr. 12/97
56 A. Henzler/Lothar Späth: Sind die Deutschen noch zu retten? München 1993
57 Martin/Schumann, S. 9 ff.
58 im AZ-Interview, 17. 2. 96
59 zit. nach »Entlasten statt entlassen: Für eine Trendwende am Arbeitsmarkt«, Köln, 14. 1. 97
60 Heiner Flassbeck (DIW): Standort Deutschland in Gefahr, in: Wochenschau II, Nr. 01/97
61 ebd.
62 IFO-Institut, in: Ehrenberg, S. 63
63 Ehrenberg, S. 256
64 Institut für sozial-ökologische Wirtschaftsforschung, Nr. 25, S. 8
65 Handelsblatt, 29. 12. 95
66 Institut für sozial-ökologische Wirtschaftsforschung, Nr. 25, S. 13
67 z. B. Wochenschau, Nr. 01/97, S. 8
68 Heiner Flassbeck, (DIW), zitiert aus: Wochenschau, Nr. 1/97, S. 19
69 Blätter für deutsche und internationale Politik, Nr. 11/96
70 Harald Unfried, Juso-Landesvorsitzender in Bayern, in: Faust, Nr. 3/97
71 in: Focus, Nr. 34/97
72 SZ, 29. 8. 97
73 ebd.

74 Freie Zeiten – die Werbung für den Kapitalismus. http://www.nineties.com/freiezeiten/03-07-97/share.html
75 Adam, S. 162
76 Die Zeit, 5. 9. 97
77 ebd.
78 aus: Forum Wissenschaft, Nr. 12/95
79 taz, 24. 2. 97
80 Wirtschaftswoche, Nr. 43/97
81 Altvater/Mahnkopf, S. 192
82 Forum Wissenschaft, Nr. 12/95
83 ebd.
84 Frankfurter Rundschau, 7. 10. 97
85 ebd.
86 Diese Vorschläge sind mittlerweile Gesetz. Sie wurden am 26. 6. 96 im Umweltausschuß beraten und verändert und einen Tag später im Bundestag verabschiedet.
87 Es handelt sich u. a. um das »Genehmigungsverfahrensbeschleunigungsgesetz« und das »Gesetz zur Beschleunigung und Vereinfachung immissionsschutzrechtlicher Genehmigungsverfahren«.
88 Hill/Weber: Vollzugserfahrungen mit umweltrechtlichen Zulassungsvorhaben in den neuen Ländern, Baden-Baden 1996
89 Stern, Nr. 46/95
90 Focus, Nr. 37/97, S. 260
91 ebd.
92 Wir sprechen pauschalisierend von Auslandsinvestitionen, meinen damit jedoch Auslandsdirektinvestitionen.
93 Ehrenberg, S. 72
94 Der Spiegel, Nr. 17/96
95 Altvater/Mahnkopf, S. 250
96 Die Zeit, 20. 12. 96
97 FAZ, 19. 3. 96
98 Altvater/Mahnkopf, S. 258
99 ebd., S. 254
100 ebd.
101 ebd., S. 252
102 Weltinvestitionsbericht 1997 der Handels- und Entwicklungskonferenz der Vereinten Nationen (UNCTAD)
103 Altvater/Mahnkopf, S. 257, Frankfurter Rundschau, 22. 9. 97
104 Altvater/Mahnkopf, S. 249
105 ebd., S. 251
106 Institut für sozial-ökologische Wirtschaftsforschung, Nr. 25, S. 8
107 Memorandum 1997, S. 75
108 FAZ, 19. 3. 96
109 Institut für sozial-ökologische Wirtschaftsforschung, Nr. 25, S. 8
110 ebd., S. 9

111 ebd., S.16
112 Memorandum 1997, S. 74
113 ebd., S. 75
114 DIW Wochenbericht, Nr. 14/92
115 Ehrenberg, S. 74
116 WSI-Mitteilungen, Nr. 11/95
117 Blätter für deutsche und internationale Politik, Nr. 5/97
118 Altvater/Mahnkopf, S. 265
119 ebd., S. 266
120 ebd., S. 267
121 Zitiert nach: Ratgeber Euro, hrsg. vom Europäischen Parlament
122 Der Spiegel, Nr. 8/97
123 Die Zeit, 18. 7. 97
124 22 Fragen zu Europa, herausgegeben vom Presse- und Informationsamt der Bundesregierung
125 im SZ-Interview, 8. 10. 97
126 22 Fragen zu Europa, herausgegeben vom Presse- und Informationsamt der Bundesregierung
127 Eine Abwertung der Währung erfolgt über eine Erhöhung der Geldmenge durch die Zentralbank des Landes.
128 FAZ, 8. 7. 97
129 ebd.
130 Die Zeit, 4. 4. 97
131 ebd., 21. 3. 97
132 Martin/Schumann, S. 106 ff.
133 Foreign Affairs, Nr. 7/8/97
134 taz, 10. 9. 97
135 ebd., 21. 5. 97
136 ebd., 6. 2. 97
137 Beim BSP werden die im Inland hergestellten Produkte dazugezählt, deren Produktionsfaktoren sich in der Hand von Ausländern befinden, und die im Ausland hergestellten Produkte abgezogen, deren Produktionsfaktoren sich in der Hand von Inländern befinden.
138 Die Zeit, 13. 12. 96
139 SZ, 8. 10. 97
140 Focus, Nr. 35/97
141 Tim Genett: Europäische Dekomposition, in: Lettre, Nr. 1/97
142 taz, 16. 10. 97
143 Der Spiegel, Nr. 8/97
144 taz, 13. 5. 97
145 Professor an der Uni Magdeburg, in: Das Parlament, 8./15. August 97
146 Detmar Doering, Liberales Institut, Königswinter, in: Das Parlament, 8./15. August 97
147 Der Spiegel, Nr. 17/97
148 Martin/Schumann, S. 171

149 nach OECD-Statistik April 96, zitiert aus: Wochenschau, Nr. 01/97
150 Ulrich Beck, Kapitalismus ohne Arbeit, in: Der Spiegel, Nr. 20/96
151 Le Monde Diplomatique, Nr. 01/97
152 Focus, Nr. 34/97, S. 55.
153 Frankfurter Rundschau, 15. 1. 98
154 Oliver Blanchard in: manager magazin, 09/96
155 Jörg Huffschmid in: Blätter für Deutsche und Internationale Politik, Nr. 4/96
156 Fischer Weltalmanach 1997
157 Victor Gotbaum, zit. aus: Die Zeit, 17. 5. 97
158 Die Zeit, 17. 5. 96
159 taz, 17. 5. 96
160 Die Zeit, 17. 5. 96; Martin/Schumann, S. 166
161 Die Zeit, 30. 5. 97
162 Harald Unfried, Juso-Landesvorsitzender in Bayern in: Faust, Nr. 3/97
163 Konkret, Nr. 09/97
164 Forschungsstipendiat am CSIS (Center for Strategic and International Studies) in Washington
165 Le Monde Diplomatique, Nr. 01/96
166 Faust, Nr. 3/97
167 Mittelbayerische Zeitung, 13. 12. 96
168 Martin/Schumann, S. 283
169 The Independent, 23. 4. 97
170 taz, 22. 3. 97
171 ebd., 18. 9. 97
172 SZ, 19. 9. 97
173 manager magazin, Nr. 09/96
174 Focus, Nr. 34/97
175 K. Deschner: Der Moloch, München 1994
176 DIW-Wochenbericht, Nr. 16/97
177 SZ, 19. 9. 97
178 Interview in der taz, 16. 12. 96
179 taz, 13. 6. 97
180 Die Gruppe von Lissabon, S. 79
181 Die Zeit, 17. 10. 97
182 Die Gruppe von Lissabon, S. 110
183 taz, 28. 10. 97
184 Die Gruppe von Lissabon, S. 56
185 ebd., S. 57
186 Altvater/Mahnkopf, S. 256
187 Martin/Schumann, S. 40
188 taz, 17. 9. 97
189 Institut für sozial-ökologische Wirtschaftsforschung, Nr. 17, S. 31; FAZ-Grafik aus dem Welternährungsbericht 1992
190 taz, 21. 3. 97 und 17. 10. 97

191 ebd., 17. 10. 97
192 ebd., 21. 3. 97
193 ebd., 13. 6. 97
194 Strahm, S. 138
195 Jeremy Rifkin: Das Ende der Arbeit und ihre Zukunft, Frankfurt am Main 1996, S. 154
196 ebd.
197 taz, 23. 9. 96
198 Strahm, S. 123
199 taz, 23. 9. 96
200 ebd.
201 ebd, 13. 12. 96
202 ebd, 28. 10. 97
203 Beilage »5 Jahre nach RIO«, Nr. 06/97; taz, 18./19. 10. 97
204 Die Gruppe von Lissabon, S. 112
205 Martin/Schumann, S. 43
206 zit. nach Martin/Schumann, S. 28
207 Die Gruppe von Lissabon, S. 30
208 Das Parlament, 8./15. August 97
209 Die Gruppe von Lissabon, S. 31
210 Gerald Boxberger: Sozialpolitik und Transformationsprozesse, Frankfurt am Main 1997
211 Ernst U. von Weizsäcker, in: Bild der Wissenschaft, Nr. 2/96
212 taz, 24. 6. 97
213 BUND/Misereor, S. 172
214 Postman, S. 156
215 Martin/Schumann, S. 28, und taz, 30. 10. 97
216 Postman, S. 158
217 Benjamin R. Barber, in: Lettre, Nr. 03/97
218 ebd.
219 BUND/Misereor, S. 173
220 Die Gruppe von Lissabon, S. 100
221 Martin/Schumann, S. 32
222 Benjamin R. Barber, in: Lettre, Nr. 03/97
223 Die Gruppe von Lissabon, S. 30
224 Die Zeit, 17. 10. 97
225 Pierre Bourdieu, in: Der Spiegel, Nr. 50 /96
226 Die Gruppe von Lissabon, S. 66
227 Roman Herzog: Aufbruch ins 21. Jahrhundert
228 Ulrich Beck, in: Manfred Bissinger (Hg.), Stimmen gegen den Stillstand, Hamburg 1997
229 Barratt-Brown, Michael: Why does no one Listen – as the Plague of Unemployment Spreads? in: Lipietz, Alain, u. a.: Labour Markets and Employment Policy in the European Union (FEG-Studie Nr. 10), Marburg 1997, S. 127–142

Anmerkungen zu III. Realistische Alternativen

1 Le Monde Diplomatique, Nr. 06/97
2 Misik
3 Lettre International, Nr. 01/97
4 Huffschmid in: Blätter für deutsche und internationale Politik, Nr. 8/95, S. 1003 und Bank für internationalen Zahlungsausgleich, vgl. Le Monde Diplomatique, Nr. 02/97
5 Die Zeit, 17.10.97
6 Huffschmid, Blätter für deutsche und internationale Politik, Nr. 8/95, S. 1003
7 Altvater/Mahnkopf, S. 584
8 Diese sind für die Zerstörung der Ozonschicht verantwortlich.
9 J. Tobin: Proposal for International Monetary Reform, in: The Eastern Economic Journal, Nr. 7/10/78, zit. aus Huffschmid, Blätter Nr. 8/95, S. 1004
10 Huffschmid, Blätter Nr. 8/95, S. 1004
11 Le Monde Diplomatique, Nr. 02/97
12 Martin/Schumann, S. 119
13 Huffschmid, Blätter, Nr. 7/95
14 FAZ., 17.3. 95, zit. nach Martin/Schumann, S. 22
15 David Felix in: Future, Nr. 2/95, aus Blätter Nr. 8/95, S. 1007
16 Wall Street Journal, 16. 9. 93, zit. nach Martin/Schumann, S. 123
17 Le Monde Diplomatique, Nr. 2/97
18 Zit. aus Gregory Millman: The Vandals Crown, New York 1995, S. 231, nach Martin/Schumann, S. 121
19 Martin/Schumann, S. 120, Gespräch zwischen den Autoren und Hans-Helmut Kotz
20 Altvater/Mahnkopf, S. 584
21 ebd.
22 Le Monde Diplomatique, Nr. 2/97
23 Die Woche, 4. 4. 97
24 Das vom Menschen ausgeatmete CO_2 geht nicht in die Rechnung ein, da es zuvor als Nahrung und Sauerstoff aufgenommen wurde. Und am Beginn der Nahrungskette stehen immer Pflanzen und die Umwandlung von CO_2 in Sauerstoff und Biomasse, weshalb es sich bei diesem Stoffkreislauf um ein nahezu geschlossenes System handelt.
25 BUND/Misereor, S. 56
26 taz, 26. 5. 97
27 Berechnungen des Worldwatch Institute in: taz, 26. 5. 97
28 Die Woche, 4. 4. 97.
29 taz., 29. 9. 97
30 J. Rifkin in: taz, 17. 12. 96

31 Jürgen Espenhorst: Zeit der Wohlstandswende, in: Aus Politik und Zeitgeschichte, Bd. 3–4/96
32 Faust, Nr. 02/97, S. 11 f.
33 SZ, 17/18. 1. 97
34 Martin Kempe, in: Jeremy Rifkin: Das Ende der Arbeit und ihrer Zukunft, Frankfurt am Main 1996, S. 231
35 Die Zeit, 26. 4. 96
36 SZ, 18./19. 10. 97
37 taz, 10. 10. 97
38 ebd., 7. 5. 97
39 SZ 18./19. 10. 97
40 B. Teriet vom Institut für Arbeitsmarkt- und Berufsforschung IAB, in: taz, 7. 5. 97
41 taz, 10. 10. 97
42 SZ, 26. 8. 97
43 Unfried, in: Faust, Nr. 03/97
44 Die Zeit, Nr. 12/96
45 Prof. Kuhbier, FU Berlin, in: taz, 24. 2. 97
46 Rifkin: Das Ende der Arbeit und ihre Zukunft, Frankfurt am Main 1996
47 J. Rifkin, in: taz, 17. 12. 97
48 Das Parlament, 8./15. August 97
49 Die Zeit, 17. 10. 97
50 taz, 29. 9. 97
51 Prof. Gustav Obermair, Universität Regensburg, persönliches Gespräch am 22. 9. 97
52 taz, 8. 10. 97
53 Institut für sozial-ökologische Wirtschaftsforschung, Nr. 25, S. 23
54 Die Zeit 17. 10. 97
55 SZ, 15. 2. 96
56 AZ, 8.7.97
57 Volker Offermann: Sozialhilfe versus Bürgergeld, Arbeit und Sozialpolitik, Nr. 5–6/97
58 Das Bürgergeldkonzept wird auch unter dem Begriff »negative Einkommensteuer« seit mehr als 15 Jahren von vielen Ökonomen befürwortet.
59 Unter dem Schlagwort »negative Einkommensteuer« werden solche Modelle schon seit 15 Jahren diskutiert.
60 Viviane Forrester
61 Zit. aus: taz, 7. 2. 97
62 taz, 21. 9. 1992
63 Schrägstrich, Nr. 7-8/96
64 Auszug aus dem Maastrichter Vertrag, Titel I, Art. A
65 Martin/Schumann, S. 302
66 Wolfgang Ullmann, MdEP, in: taz, 29. 3. 97
67 Claudia Roth, MdEP, in: Schrägstrich, Nr. 7-8/96

68 Dieter Grimm: Der Mangel an europäischer Demokratie, in: Der Spiegel, Nr. 43/1992
69 taz, 24. 6. 195
70 Wirtschaftswoche, 14. 11. 96
71 taz, 2. 10. 97
72 ebd.
73 Maastrichter Vertrag, Titel I, Art. A
74 Die Zeit, 8. 11. 196
75 taz, 3. 12. 96
76 Die Zeit, 8. 11. 96
77 taz, 13. 5. 97
78 Kommentar von Alois Berger, in: taz, 30. 11. 96
79 Claus Noé in: Die Zeit, 22. 11. 96
80 taz, 13. 12. 95
81 ebd., 26. 8. 97
82 Institut für empirische Wirtschaftsforschung, in: taz, 27. 5. 97
83 Der Spiegel, Nr. 52/96
84 Ehrenberg, S. 119
85 Forrester, S. 13
86 taz, 17. 12. 96
87 ebd., 20. 8. 97
88 ebd.
89 Le Monde Diplomatique, Nr. 01/95, S. 10
90 Le Monde, 17. 11. 95
91 taz, 7. 10. 97
92 ebd., 5. 3. 97
93 ebd., 20. 5. 97
94 dpa-Gespräch in der Mittelbayerischen Zeitung, 31. 12. 96
95 Mobilität bedeutet hier, daß wir immer längere Wege zurücklegen können, denn die Reisezeit pro Person bleibt dank verbesserter Verkehrsinfrastruktur in etwa konstant. Auch die Anzahl der Ziele, die wir täglich ansteuern, ist eine Konstante und etwa gleich drei. Zwang zu höherer »Mobilität« dieser Art führt auf Dauer immer zu Streß.
96 Ulrich Mercker: Mexiko zwischen Angst und Hoffnung, in: Blätter für deutsche und internationale Politik, Nr. 5/94

Literatur

Hermann Adam: ›Wirtschaftspolitik und Regierungssystem der Bundesrepublik Deutschland‹, Bonn 1995

Elmar Altvater, Birgit Mahnkopf: ›Grenzen der Globalisierung‹, Münster 1996

Arbeitsgruppe Alternative Wirtschaftspolitik: ›Memorandum '97‹, Köln 1997

Benjamin R. Barber: ›Coca-Cola und Heiliger Krieg‹, Bern 1996

BUND/Misereor, Wuppertal-Institut für Klima, Umwelt, Energie: ›Zukunftsfähiges Deutschland‹, Basel 1996

Herbert Ehrenberg: ›Die große Standortlüge‹, Bonn 1997

Viviane Forrester: ›Der Terror der Ökonomie, Wien 1997

Greenpeace (Hg.): ›Der Preis der Energie – Plädoyer für eine ökologische Steuerreform‹, München 1995

Hardes/Krol/Rahmeyer/Schmid: ›Volkswirtschaftslehre – problemorientiert‹, Tübingen 1995

Krisztina Koenen: ›George Soros‹, München 1996

Heinz Lampert: ›Lehrbuch der Sozialpolitik‹, Berlin 1994

Die Gruppe von Lissabon: ›Grenzen des Wettbewerbs‹, Neuwied 1997

Hans-Peter Martin, Harald Schumann: ›Die Globalisierungsfalle‹, Reinbek 1996

Robert Misik: ›Mythos Weltmarkt‹, Berlin 1997

Neil Postman: ›Wir amüsieren uns zu Tode‹, Frankfurt am Main 1988

Rudolf H. Strahm: ›Warum sie so arm sind‹, Wuppertal 1986

Aktuelle Themen im dtv

Noam Chomsky
Wirtschaft und Gewalt
Vom Kolonialismus zur neuen Weltordnung
dtv 4665

Karin Jäckel
Der gebrauchte Mann
Abgeliebt und abgezockt – Väter nach der Trennung
dtv 15103

Dagobert Lindlau
Der Mob
Recherchen zum organisierten Verbrechen
dtv 30070

Asit Datta
Welthandel und Welthunger
dtv 30372

Liane von Billerbeck
Frank Nordhausen
Satanskinder
Der Mordfall Sandro B.
Eine sensible, erschütternde Hintergrundreportage
dtv 30582

Andrew Kimbrell
Ersatzteillager Mensch
Die Vermarktung des Körpers
dtv 30586

Martin Lell
Das Forum
Protokoll einer Gehirnwäsche
Der Psycho-Konzern Landmark Education
dtv 36021

dtv

Auslandsberichte im dtv

Noam Chomsky
Wirtschaft und Gewalt
Vom Kolonialismus zur neuen Weltordnung
dtv 4665

Asit Datta
Welthandel und Welthunger
dtv 30372

John King Fairbank
Geschichte des modernen China 1800 bis 1985
dtv 4497

Lois Fisher-Ruge
Freiheit auf russisch
Der harte Alltag im neuen Moskau
dtv 36027

Peter Scholl-Latour
Der Tod im Reisfeld
Dreißig Jahre Krieg in Indochina
dtv 30336

Harro von Senger
Strategeme. Anleitung zum Überleben
Chinesische Weisheit aus drei Jahrtausenden
dtv 30549

Dorothee Sölle
Gott im Müll
Eine andere Entdeckung Lateinamerikas
dtv 30040

Bassam Tibi
Die Verschwörung
Das Trauma arabischer Politik · dtv 30438

Jennifer Toth
Tunnel-Menschen
Das Leben unter New York City · dtv 30564

Michael Weithmann (Hg.)
Der ruhelose Balkan
Die Konfliktregionen Südosteuropas
dtv 4612

Hoimar von Ditfurth im dtv

»Hoimar von Ditfurth hat schon früh die Aufgabe übernommen, das Großartige des sich entfaltenden naturwissenschaftlichen Weltbilds einem breiten Publikum zu vermitteln.«
Ernst Peter Fischer

Innenansichten eines Artgenossen
Meine Bilanz
dtv 30022
Ditfurths letztes und reifstes Buch.

Wir sind nicht nur von dieser Welt
Naturwissenschaft, Religion und Zukunft des Menschen
dtv 30058

Der Geist fiel nicht vom Himmel
Die Evolution unseres Bewußtseins
dtv 30080

Kinder des Weltalls
Der Roman unserer Existenz · dtv 30091

Das Erbe des Neandertalers
Weltbild zwischen Wissenschaft und Glaube
dtv 30433

Die Sterne leuchten, auch wenn wir sie nicht sehen
Über Wissenschaft, Politik und Religion
dtv 30533

Die Wirklichkeit des Homo sapiens
Naturwissenschaftliches und menschliches Bewußtsein
dtv 33000

Im Anfang war der Wasserstoff
dtv 33015

Arno Gruen im dtv

»Arno Gruen ist der erste Psychoanalytiker, der von Nietzsche geschätzt worden wäre.«
Henry Miller

Der Verrat am Selbst
Die Angst vor Autonomie bei Mann und Frau
dtv 35000
Heute aktueller denn je: der Begriff der Autonomie, der nicht Stärke und Überlegenheit meint, sondern die volle Übereinstimmung des Menschen mit seinen eigenen Gefühlen und Bedürfnissen. Ein Buch, das eine Grunddimension menschlichen Daseins erfaßt.

Der Wahnsinn der Normalität
Realismus als Krankheit: eine grundlegende Theorie zur menschlichen Destruktivität
dtv 35002
Arno Gruen legt die Wurzeln der Destruktivität frei, die sich nicht selten hinter vermeintlicher Menschenfreundlichkeit oder »vernünftigem« Handeln verbergen. Er führt vor Augen, daß dort, wo Innen- und Außenwelt auseinanderfallen, Verantwortung und Menschlichkeit ausbleiben.

Falsche Götter
Über Liebe, Haß und die Schwierigkeit des Friedens
dtv 35059
Der Psychoanalytiker Arno Gruen zeigt, daß die Entmachtung der Mächtigen nur im Inneren beginnen kann, indem jeder die Verantwortung für sich selbst übernimmt.

Der Verlust des Mitgefühls
Über die Politik der Gleichgültigkeit
dtv 35140
Solange Schmerz und Leid zu empfinden als Schwäche gilt, ist unser Menschsein verarmt und unvollständig. Das Buch entwickelt Wege, wie wir uns der Politik der Gleichgültigkeit bewußt werden und einen Ausweg aus der Sackgasse zu immer mehr Gewalt und weniger Mitgefühl finden können.